André Kostolany

. . . und was macht der Dollar?

André Kostolany

. . . und was macht der Dollar?

Im Irrgarten der Währungsspekulationen

ECON Verlag
Düsseldorf · Wien · New York

Bildnachweis:
DWS Deutsche Gesellschaft für Wertpapiersparen (5),
Globus Kartendienst (4)

CIP-Kurztitelaufnahme der Deutschen Bibliothek

Kostolany, André:
. . . und was macht der Dollar? : Im Irrgarten d.
Währungsspekulationen / André Kostolany. –
Düsseldorf; Wien; New York : ECON Verl. 1987.
ISBN 3-430-15636-X

Gesetzt aus der Times der Linotype GmbH
Satz: ICS Communikations-Service GmbH, Bergisch Gladbach
Papier: Papierfabrik Schleipen GmbH, Bad Dürkheim
Druck und Bindearbeiten: Ebner, Ulm
Printed in Germany
ISBN 3-430-15636-X

Wer den Dollar nicht hat, wenn er fällt,
hat ihn auch nicht, wenn er steigt.

Inhalt

Vorwort

Dieses Buch soll kein wissenschaftliches, geschweige denn ein Nachschlagewerk sein, vielmehr eine Kaminplauderei mit Anekdoten und alten Geschichten aus der Devisenspekulation, und es soll meine Gedanken über den Dollar von gestern, heute und morgen widerspiegeln. Es ist von mir wie ein impressionistisches Bild gedacht, welches eine schöne (und wilde) Landschaft mit einigen Farbklecksen und Pinselstrichen darstellt.

Nichtsdestoweniger können Devisenhändler, Geldmanager, Geschäftsleute, sogar Politiker und Notenbankdirektoren von meinen Erfahrungen profitieren, da sie die Macht und die Auswirkungen der internationalen Devisenspekulation oft unterschätzen.

Alle diejenigen, die heutzutage auf die Devisenkurse einen Einfluß haben (wie zum Beispiel die »Golden Boys«), leben stark über ihre intellektuellen Verhältnisse. Der Unterschied zwischen den professionellen Devisenhändlern und mir ist der, daß deren Meinung nur bis zu den nächsten zehn Minuten und höchstens sechs Stunden weit reicht, ich mir jedoch über die kommenden Jahre Gedanken mache. Deswegen gehe ich das Risiko ein – so lange, bis sich meine Gedanken verwirklichen –, als Narr angesehen zu werden.

Was den Dollar betrifft, so gebe ich meine persönlichen

Auffassungen wieder, die ich niemandem aufdrängen will, insbesondere nicht den Professoren, den geschulten Volkswirten und Statistikern, die zwar gut rechnen können, Soll und Haben auswendig wissen, aber selten die Wahrheit hinter den Zahlen suchen.

Oft habe ich fixe Ideen, bleibe aber meinen Überzeugungen treu, denn seit fünfzig Jahren habe ich öfter richtig als falsch gelegen, auch wenn es manchmal Jahre dauerte, bis ich recht bekam. Und so halte ich an dem Spruch fest, den ich einmal von zwei Wienerinnen hörte: »A Dollar is a Dollar.« Ich gebe zu, daß der Dollar heute nicht mehr der Dollar der vierziger Jahre ist, er ist aber immer noch die Währung der Vereinigten Staaten, und das will schon etwas heißen! Mein persönliches Urteil über Amerika habe ich mir in den schweren Jahren zwischen Pearl Harbor und Victory Day bilden können.

Viele Menschen, insbesondere in der Bundesrepublik, werden mit mir nicht einverstanden sein, doch das stört mich nicht, denn viele Millionen teilen meine Auffassungen, und dazu noch zwei Großmächte – die Sowjetunion und China.

Den genauen Wert des Dollars kann der perfekteste Computer nicht berechnen, aus dem einfachen Grunde, weil er von den unterschiedlichsten Einflußfaktoren wie zum Beispiel der Politik, Soziologie, Massenpsychologie, Wissenschaft und Technik abhängig ist, und dies nicht nur heute, sondern auch auf die kommenden Jahre hin – darum: »Wer für die Zukunft sorgen will, muß die Gegenwart mit Mißtrauen aufnehmen« (Joubert).

André Kostolany,
im November 1987

Der Dollar und seine Trabanten

Der Dollar – Tagesgespräch seit siebzig Jahren

. . . und was macht der Dollar? Wohin geht er?

Während ich diese Zeilen schreibe, geht er nicht, er hüpft herum. Das ist nicht überraschend, denn seit Jahren ist der Dollar der Fußball der »Devisenspieler«. Ich sage bewußt »Spieler« und nicht »Spekulanten«! Denn der Bezeichnung »Spekulant« sind die Devisenspieler nicht würdig. Spekulieren bedeutet, Vorstellungen, Motivationen und Argumente zu den verschiedenen fundamentalen Einflußfaktoren zu haben, welche die lang- oder mittelfristigen Entwicklungen entscheiden können. Aber irgendwelche Vorstellungen, geschweige denn Argumente, die länger als 24 Stunden tragen, haben die Devisenhändler, die ich kurz »Devisenfritzen« nenne, nicht.

». . . was macht der Dollar?« – Diese Worte klingen seit 1914 wie ein Wagnerisches Leitmotiv in meinen Ohren, denn sie werden in der ganzen Welt, außer in Amerika, ständig wiederholt. Dort, in den USA, weiß kein Mensch, wie die Mark, der Yen oder der Schweizer Franken stehen. Aber in Frankfurt, Tokio, Paris oder Zürich stellt sich jedes Kind und jeder Kellner diese Frage: ». . . was macht der Dollar?« Der Dollar ist Tagesgespräch in den Büros, den Medien und an den Stammtischen. Warum?

Erstens, weil Amerika der größte Kunde, der größte Lieferant von Spitzentechnologie ist, ohne die die moderne Welt sich nicht weiterentwickeln könnte. Zweitens, weil Amerika der Garant für die Sicherheit der freien Welt ist. Und drittens ist jedes Land mit freiem Devisenverkehr bis zu einem gewissen Grad von Amerika abhängig; nur durch die Einführung einer Devisenzwangswirtschaft kann sich ein Land vom Dollarkurs abkoppeln (wie es einst Reichsbankpräsident Hjalmar Schacht für das »Dritte Reich« versucht hat), und selbst dies ist schwierig.

Insbesondere auf dem International Monetary Market (IMM) verfolgt man die Devisenkurse von Minute zu Minute, denn dort hat sich seit der Einführung des Terminhandels in Devisen ein hysterisches Spiel entwickelt: Anstatt auf das Gold, dessen Anziehungskraft schwindet, und die verschiedenen Rohstoffe stürzen sich die Spieler seit einigen Jahren auf den Devisenterminmarkt in Chicago und handeln täglich für über 20 Milliarden Dollar Devisen-Terminkontrakte. Der »Homo ludens« ruht nie, egal, ob es sich um Aktien, Anleihen, Gold oder Währungen handelt. Die Armada der Broker heizt das Spiel mit dem Dollar aufs äußerste an, denn bei Devisen-Terminkontrakten läuft die Provisionsmaschine auf sehr viel höheren Touren als bei anderen Wertpapier-Spekulationen. So entführt man alte Damen aus dem Spielsaal von Baden-Baden oder aus Canasta- und Romméclubs auf den International Monetary Market.

Parallel zum Chicagoer Kasino spielen die »Devisenfritzen« der großen, aber auch der kleinsten Banken im Telefonhandel untereinander wie besessen mit dem Dollar. Schon vor fünf Jahren schätzte der damalige amerikanische Finanzminister Donald Regan, daß täglich etwa 100 Milliarden Dollar in der Welt umgesetzt wurden. Heute kann man den Tagesumsatz auf ungefähr 360 Milliarden Dollar veranschlagen. Von diesen 360 Milliarden sind höchstens drei bis vier Prozent tatsächlich abgewickelte Transaktionen. Alles übrige ist bloße Hinundherspielerei, die keinerlei kommerziellen Beweggrund hat. Kein Wunder, daß die Notenbanken kaum etwas tun können, um die Kursentwicklung zu kontrollieren, geschweige denn zu stabilisieren. Sie können sie sogar nicht einmal voraussehen.

Der Fußball Dollar wird also munter hin und her gekickt. Er ist vor dem Tor der grünen Mannschaft, und zwei Sekunden später ist er schon vor dem Tor der blauen. Für das Endresultat ist es auch nicht wichtig, wo der Ball sich in diesem oder jenem Moment des Spieles befindet, und auch nicht, wie sich das Torverhältnis während des Spieles verändert – es ist noch nicht einmal wichtig, wie das Spiel ausgeht. Wichtig ist nur, welche Mannschaft die Weltmeisterschaft gewinnt. Was den Dollar betrifft, so wird sich dies erst in einigen Jahren herausstellen. Inzwischen aber geht das Spiel munter weiter.

Die kurzfristige Kursentwicklung des Dollar hängt ausschließlich vom täglichen Verhalten der Devisenhändler ab, die wie Spieler im Roulettesaal zwischen den Tischen hin und her hetzen und mal schwarz, mal rot, mal gerade, mal ungerade spielen. Noch hysterischer wird das Spiel, wenn ein Minister oder Notenbankpräsident eine Bemerkung über die Zinsen oder andere finanzpolitische Meinungen äußert – wie wir es unlängst erlebt haben, als der amerikanische Finanzminister James Baker der Deutschen Bundesbank öffentlich vorwarf, mit einer Zinsanhebung internationale Währungsabsprachen verletzt zu haben.

Man glaubt oft, daß der Notenbankpräsident der Zinsdiktator ist. In gewissem Sinne stimmt das auch, nur weiß er selber nicht, welche Zinsen er in drei Monaten diktieren wird. Aber treibt eine flüchtige Bemerkung des Finanzministers die Kurse durch hysterische Ankäufe in die Höhe, so wird später der Kurs doch wieder fallen. Und machen die »Devisenfritzen« hektische Leerverkäufe aufgrund irgendeiner Nachricht aus dem Nahen Osten und drücken dadurch den Kurs in die Tiefe, so kommt kurz darauf ein neuer Höhenflug.

Man spielt etwa auf die Gesundheit Ronald Reagans. Im

Speku . . .
Jan Brychta, © DWS

Sommer 1985 hat man die kleine Warze auf Reagans Nase nervös beobachtet und die Auswirkungen seiner Erkrankung auf das Schicksal Amerikas und des Dollar diskutiert. Manche Historiker behaupten zwar, daß die schöne Nase von Cleopatra, in die Cäsar und Antonius leidenschaftlich verliebt waren, die Weltgeschichte beeinflußte, doch glaube ich nicht, daß Amerikas Schicksal davon abhängt, wie es der Nase Präsident Reagans geht. Das Schicksal des Dollars war und ist nicht mit der Person des amerikanischen Präsidenten verknüpft, sondern mit der Zukunft Amerikas. Wer also wissen will, was der Dollar machen wird, muß sich zuerst eine Meinung über die politische und wirtschaftliche Zukunft Amerikas bilden.

Man brauchte Jahrhunderte, um zu entdecken, daß nicht die Sonne sich um die Erde dreht, sondern die Erde um die Sonne. Man brauchte vierzig Jahre, um zu entdecken, daß sich alle Währungen des Westens wie Planeten um die Sonne »Dollar« drehen.

Es ist ja auch logisch. Denn Amerika war jahrzehntelang der größte Kunde der Weltwirtschaft und der größte Investor in neue industrielle Ventures, außerdem der Garant für unsere Sicherheit. Japan ist zwar ein bedeutender Konkurrent in der Spitzentechnologie, die Kreativität liegt aber in Amerika.

Währungsexperten und Geldmanager der heutigen Generation leben seit einigen Jahren mit der Talfahrt des Dollars. Sie können nur mit tiefem Unbehagen wahrnehmen, daß aus dem Dollar noch kein Papierfetzen geworden ist. Mein Respekt für den Dollar dagegen beruht auf den Erfahrungen, die ich während des Zweiten Weltkrieges in den USA gesammelt habe. Trotz des immensen Geldbedarfs und der immensen Kriegsausgaben zeigte der Dollar nicht die kleinste Schwäche, im Gegenteil.

. . . *lation*

Jan Brychta, © DWS

Ich kannte damals zwei Wienerinnen in New York, die oft zusammen ausgingen und ihre Rechnungen immer auf das genaueste verteilten: »Du bist mir noch einen Dollar fünfzig schuldig«, sagte die eine; oder: »Du bekommst noch einen Dollar fünfundsiebzig von mir« und so weiter. »Wie kleinlich«, sagte ich einmal, »alles auf Dollar und Cent zu verrechnen!« – »Warum nicht?« sagten sie. »A Dollar is a Dollar!«

Die Devisenhändler aber denken genauso hysterisch, wie sie handeln. An einem Tag behaupten sie, das Haushaltsdefizit der USA sei zu hoch, die Wirtschaft zu euphorisch und deshalb müßten die Zinsen steigen und damit auch der Dollar. Am nächsten Tag gilt dagegen, das hohe Haushaltsdefizit belaste und diskreditiere den Dollar. Einerseits sagen sie, der Dollar sei wegen der Unsicherheit in der Welt fest, und dann wieder wird erzählt, die Sparer würden ihre Dollar wegen der unsicheren Weltlage in Gold umtauschen und dadurch auf den Dollarkurs Druck ausüben.

»Worte, Worte, Worte . . .« oder, wie Hamlet sagte: »Ist dies schon Tollheit, hat es doch Methode.«

Kurzfristig entscheidet das Verhalten der hysterischen Spieler das Geschehen – und nachher trifft genau das Gegenteil ein. Kurz und gut: *Nicht die fundamentalen Ereignisse machen die Kurse, sondern die Kurse entscheiden, welche Argumente täglich für ihr Verhalten erfunden werden müssen.*

Ich habe kürzlich einer jungen Dame von 25 Jahren, die Devisenhändlerin, oder besser gesagt »Devisenfritzin«, in einer Bremer Bank ist, die Frage gestellt, auf welcher Grundlage sie ihre Entscheidungen zum An- oder Verkauf von Dollar treffe. Die kurze, aber vielsagende Antwort war: »Ich frage die anderen, was sie machen.« Ich war nicht überrascht, denn schon Anfang der achtziger Jahre, während der damaligen Talfahrt des Dollar, hatte ich den Devisendirektor einer der drei größten Banken der Bundesrepublik gefragt, ob seine Devisenhändler überhaupt wissen, was eine Währung ist. »Ich glaube nicht«, war die aufrichtige Antwort, »aber es ist auch nicht sehr wichtig für uns. Was ein guter Devisenhändler wissen muß, ist, wie der Dollar in den nächsten zehn Minuten stehen wird.«

Ich begreife schon, daß dies für die Bank das wichtigste ist – aber für dramatisch halte ich die Tatsache, daß die Massenmedien die Kommentare ebendieser Burschen in die Welt hinausposaunen, von denen selbst ihre Chefs vermuten, daß sie von Währungen nichts verstehen. Und so geht es überall auf den Finanzmärkten zu. Diese Spielwut hat die Grenzen der Vernunft überschritten, und sie steigert sich täglich.

Der kleinste Einsatz im Devisenspiel unter den Banken beträgt eine Million Dollar, denn die Geldinstitute handeln ja sehr oft nicht nur auf ein bis zwei Pfennige, sondern sogar auf eine Kursverschiebung von einem hundertstel Pfennig, das heißt in der Größenordnung der vierten Zahl hinter dem Komma. Mit einer Million Dollar spielt man also um einen Verlust oder Profit von 100 DM.

Ich verstehe ja, daß 100 DM hier, 100 DM dort zu verdienen immer noch als ein Geschäft angesehen wird – so wie einmal im alten Ungarn ein Landstreicher vor dem Richter eine kurze, aber aufrichtige Antwort gab. »Schämst du dich nicht«, mahnte ihn der Richter, »du hast einen Menschen ermordet, um ihm zwei Gulden zu rauben?« – »Aber Herr gnädiger Richter«, sagte er voll Überzeugung, »zwei Gulden hier, zwei Gulden dort . . .«

So denken auch die Devisenfritzen, »kleine Fische, gute Fische«. Sie jonglieren oft so unverantwortlich und ohne jede Überlegung, daß es durchaus vorkommt, wie ich einmal durch Zufall erfuhr, daß ein Händler 10 bis 20 Millionen Dollar abstößt und ein anderer Händler derselben Bank zur gleichen Zeit diesen Betrag einkauft. Auf meine Frage, wie das möglich sei, antwortete mir der zuständige Direktor: »Wir geben den Händlern halt die Chance, die paar Pfennige im Kurs zu verdienen. Es hätte ja auch beiden gelingen können, dem Käufer sowohl als dem Verkäufer. Außerdem blasen wir auf diese Weise ein wenig unsere Bilanzziffern auf (sic!).«

Manchmal gelingt es den Händlern, diese paar Pfennige zu verdienen, aber sehr oft bringen sie ihrem Institut schwere Verluste, wie einige Beispiele aus den letzten Jahren beweisen. Solche Verluste entstehen fast zwangsläufig: Die Devisenkrämer handeln fast immer in derselben Richtung, stürzen den Dollar mit den eigenen Verkäufen und provozieren dann die Gegenreaktion mit ihren eigenen Rückkäufen.

Das Ansehen des Dollar hat in letzter Zeit gewissen Schaden erlitten, und mit Hilfe einer gut organisierten Kampagne (z. B. durch die willkürliche Festsetzung einer »Schallmauer« von 2 DM für einen Dollar) ist seine Stellung weiter erschüttert worden. Auf diese Weise drückte das große Devisenspiel den Kurs immer tiefer hinab, unabhängig davon, ob dieses sachlich begründet war oder nicht.

Jeder Pfennig Rückgang macht sofort Schlagzeilen in den Massenmedien, um dann wieder eine Hysterie auszulösen. Denn fallende Kurse machen mißtrauisch, und Mißtrauen führt zu weiteren Angstverkäufen, bei Multis wie beim Publikum, und so entsteht dann eine Kettenreaktion.

Seit Anfang des Jahres 1987 mahnte der amerikanische Finanzminister James Baker vor allem Japan, aber auch die Bundesrepublik, ihre Wirtschaften anzukurbeln, sonst könne der Dollar noch weiter zurückgehen. Von der Panik ergriffen, veräußerten die japanischen Exporteure Abermilliarden von Dollar auf Termin, um einen gewissen Dollarkurs für ihre Exporte der kommenden Jahre zu sichern, und dies für Ware, die nicht einmal bestellt, geschweige denn produziert war. Sofern die japanischen Devisenfritzen diesen Trend erkannten, begleiteten sie die Exporteure mit ihren eigenen spekulativen Verkäufen. Gegen einen solchen Unfug helfen klassische Maßnahmen wie hohe Zinsen oder Geldverknappung nicht mehr. Nicht einmal ein Zinssatz von 24 Prozent pro anno würde die Leerverkäufe verhindern, wenn die Händler überzeugt sind, die leerverkauften Dollar eine Stunde später tiefer einzudecken. In einer solchen Stimmung kann dem Publikum eingeredet werden, daß der Dollar wirklich zu Toilettenpapier geworden ist.

Daß man für dieses Toilettenpapier noch so manches erwerben kann, wie zum Beispiel Flugzeuge, Computer, Spitzentechnologie, erstklassige gewinnbringende Unternehmen, Immobilien, Uran, Getreide oder Kohle, erscheint dann unwichtig – besonders für die Goldnarren, die das gelbe Metall allen anderen Waren und Werten vorziehen, um es dann im Tresorschrank jeden Tag bewundern und streicheln zu können.

Das Dollarspiel kann aber auch äußerst gefährlich werden, wie wir bereits Anfang der achtziger Jahre erleben mußten und zur Zeit wieder erleben. Aber diese Gefahr stört die Devisenprofis nicht, denn sie arbeiten auf Rechnung ihrer Institute. Und es muß für die jungen Männer ja auch ein berauschendes Gefühl sein, am Roulettetisch sitzen und mit den Millionen anderer, ohne Haftung, Hasard spielen zu können.

Wenn ich an diesen Irrgarten, besser gesagt dieses

»Irrenhaus«, der Währungen denke und die Augen schließe, rollt vor mir ein Film mit vielen farbigen Episoden ab. Der Film beginnt vor ungefähr 70 Jahren und zeigt Szenen aus zwei Weltkriegen, aus Revolutionen und Bürgerkriegen, Bilder von Inflation, Deflation, Krisen und Hochkonjunkturen. In fast all diesen Szenen hat der Dollar eine Hauptrolle gespielt. Es gab auch Nebenrollen: andere Währungen kleiner und großer Länder; und das Spiel wurde immer vom »Homo ludens« angeheizt.

Der Film ist noch nicht abgedreht, wir wissen nicht, wie er einmal enden wird – aber ich bin überzeugt, daß es für den Dollar ein »Happy-End« geben wird. Da es sich um das liebe Geld und um wilde Spekulationen handelt, lassen sich keine Prophezeiungen verkünden, sondern nur schwache Konturen einer möglichen zukünftigen Entwicklung zeichnen. Ein chinesischer Spruch sagt: »Willst du die Zukunft erforschen, so mußt du die Vergangenheit kennen«; und daher möchte ich einige meiner Erfahrungen aus den letzten 70 Jahren Revue passieren lassen.

Im Irrgarten der Devisenspekulationen habe ich unzählige Ereignisse und Überraschungen erlebt, besonders zwischen den beiden Weltkriegen; doch in den letzten 30 Jahren war ohne jede Frage der Dollar das Hauptthema – und das Objekt der Begierde von vielen tausend Devisenhändlern, die ihre Geschäfte rund um den Erdball abwickeln. Ganz zu schweigen von den Millionen Zaungästen, die das Spiel verfolgen und ab und zu mitmischen wollen.

Manche Leser fragen sich vielleicht, ob meine Anekdoten und Geschichterl heute noch von Bedeutung sind. Doch ich bin überzeugt, daß sich die massenpsychologischen Reaktionen seit Jahrhunderten nicht verändert haben. Und diese Reaktionen machen die Kursentwicklung aus – wie es sich in den vergangenen drei Jahrzehnten eindrucksvoll gezeigt hat. Daher können meines Erachtens alle, die sich für Devisen interessieren, aus jeder einzelnen Anekdote etwas lernen.

Meine erste Begegnung mit dem Dollar, und überhaupt mit dem Wort »Dollar«, liegt nun 73 Jahre zurück. Bei welcher Gelegenheit? Und so führe ich Ihnen nun meinen Film vor.

Der Pistolenschuß vom 28. Juni 1914

Ich erinnere mich, als sei es gestern gewesen. Ich lag krank im Bett. Meine Mutter las mir Grimms Märchen vor. Plötzlich sprang sie auf, weil das sogenannte Nachrichtentelefon summte. Diese technische Einrichtung war der Vorläufer des heutigen Radios. Von sieben Uhr früh bis Mitternacht gab es ein Programm, wie es heutzutage jeder Radiosender hat: Nachrichten, Parlamentsberichte, Presserevue, Konzerte, Opern und so weiter. Nur funktionierte es per Kabel und ohne Lautsprecher, man benutzte einen Ohrhörer. Und das Nachrichtentelefon hatte einen ganz großen Vorteil: Wenn irgendwo in der Welt etwas Wichtiges passierte, summte es laut, um die Nachricht sofort weiterzugeben. Nun, an diesem Sonntagnachmittag summte es besonders laut und so scharf, als wollte es auch die dramatischen Folgen seiner Nachricht ankündigen. Meine Mutter sprang auf, nahm die Muschel ans Ohr und schrie entsetzt auf: »Jesus, Maria, man hat den Kronprinzen und seine Frau ermordet!«

Das sind Momentaufnahmen, die in der Erinnerung eines Kindes unvergeßlich bleiben.

Wir fuhren anschließend in die Ferien nach Marienbad.

In diesem idyllischen Badeort inmitten des Böhmerwaldes ahnte man noch nicht, welche Folgen dieses Ereignis haben sollte. Dabei hat dieser Pistolenschuß vom 28. Juni 1914 die Entwicklung der Weltgeschichte in eine neue Phase geleitet und dadurch auch die Devisen und die Devisenmärkte vieler Länder neu orientiert.

Es war das Abendrot der k.u.k. Monarchie, und jeder lebte in der sorglosen Beschwingtheit, die großen Katastrophen voranzugehen pflegt. Auf der Kurpromenade diskutierte man mit Freunden unter den Klängen der Militärkapelle die neuesten Nachrichten aus Wien, Berlin, Paris und Sankt Petersburg.

Nach mehreren Tagen nervöser Spannung – die Historiker haben diese Atmosphäre oft beschrieben –, nach zahlreichen Intrigen und Notenwechseln brach schließlich der Weltkrieg aus. Auf diese Nachricht hin stoben die Kurgäste, von Panik ergriffen, in alle Länder der Monarchie unter dem Doppeladler auseinander.

Dieser plötzliche und unerwartete Kriegsausbruch ist für viele Historiker heute noch ein Rätsel. Nach der Theorie mancher Politologen waren die Regierungen und Staatsoberhäupter der späteren kriegführenden Nationen eigentlich dagegen; doch hatte es genügt, daß ein einziger Mann, Graf Leopold Berchtold, der k.u.k. Außenminister, die Fäden zog und die Intrigen so anheizte, daß es zum Krieg kam. Er war von einem unglaublichen Haß gegen Serbien besessen und wollte das Land vernichten, trotz vieler Warnungen europäischer Staatsmänner auf beiden Seiten.

Man sagte, er sei der eleganteste, aber auch der dümmste Mann der Monarchie gewesen. Sein Sohn Zsiga Berchtold, ein besonders brillanter und gebildeter Mann, mit dem ich in den fünfziger Jahren eng befreundet war, behauptete immer, daß die Legende über die Manipulationen seines Vaters reine Erfindung gewesen sei.

Einige Tage vor Kriegsausbruch waren meine beiden viel älteren Brüder in Budapest eingetroffen. Der eine studierte Wirtschaftswissenschaften in London, der andere dasselbe Fach an der damals berühmtesten Wirtschaftsuniversität ganz Europas, in Leipzig. Ich kam mit meinen Eltern aus Marienbad auch nach Budapest zurück; und ich erinnere mich noch genau an die Hurrastimmung, mit der man anfangs den Ausbruch des Krieges begrüßte. Riesige Menschenmengen zogen durch die Straßen und jubelten: »Es lebe der Krieg!«, »Serbien, muß sterben!«, »Es lebe der Kaiser Franz Joseph der Erste!«, »Es lebe Wilhelm der Zweite!«, »Es lebe Viktor Emanuel der Dritte!«, »Es lebe Achmed (wahrscheinlich der Vierte)!« Franz Joseph und Wilhelm waren die Herrscher des sogenannten Dreierbündnisses – dem aber Viktor Emanuels Italien im letzten Moment doch noch die kalte Schulter zeigte, um zum Gegner überzugehen.

Der Jubel dauerte mehrere Tage. Einige Monate später wurden dann verschiedene Maßnahmen getroffen, unter anderem erging auch eine Aufforderung der Regierung an die patriotischen Bürger, aus Liebe zum Vaterland der Regierung Goldobjekte anzubieten. »Gold für Eisen« war die Devise. Männer und Frauen gaben sogar ihre Eheringe her, für die sie einen Eisenring bekamen mit der Gravur »pro patria«.

»Warum geben die Leute ihre Goldsachen ab?« fragte ich meinen Bruder, den frischgebackenen Volkswirt aus London. Dieser war glücklich, daß er mir, seinem kleinen Bruder, einen Vortrag halten konnte, und erklärte, daß die Regierung für Gold Dollar bekommen könne. »Und wozu braucht man Dollar?« – »Der Dollar ist das amerikanische

Geld, und man kann dafür Rohstoffe, Waffen und so weiter kaufen, die für die Kriegsführung wichtig sind – und wenn alle Stricke reißen, kann man damit ins neutrale, sichere Amerika auswandern.«

Das war mein erster Kontakt mit dem Begriff DOLLAR, über dessen Rolle in der Welt seither ununterbrochen debattiert wird und dessen »Verhalten« für meine gelungenen und mißlungenen Geldabenteuer sowie für die der vielen hunderttausend Spieler, Spekulanten, Devisenhändler so oft entscheidend war.

»Was macht der Dollar?« – Ja, diese Frage kenne ich seit 70 Jahren. Sie war mal von größerer, mal von geringerer Bedeutung, aber sie zieht sich wie ein roter Faden durch die Wirtschaftsgeschichte der vergangenen Jahrzehnte.

Es gab vielleicht kurze Perioden zwischen den beiden Weltkriegen, während deren man sich für den Dollarkurs weniger interessierte. Frankreich und Belgien erlebten einige Jahre der Stabilität – nachdem der Franc während des Krieges 40 Prozent seines Wertes verloren hatte – und auch Mitteleuropa, als die österreichische und die ungarische Währung 1924 zumindest de jure stabilisiert worden waren. Doch sobald in der Wirtschaftsmaschinerie der kleinste Defekt auftrat, tauchte die Frage nach dem Dollar sofort und unvermeidlich wieder auf.

1 Dollar = 4 200 000 000 000 Reichsmark

Nach dem verlorenen Krieg und bis zu den verschiedenen Währungsreformen noch vor dem Zweiten Weltkrieg entwerteten sich fast alle europäischen Währungen immer mehr.

Die De-facto-Entwertung der Reichsmark begann im Grunde schon am 4. August 1914. An jenem Tag wurde nämlich die Goldeinlösung von der Reichsbank gesetzlich abgeschafft, und das Parlament räumte der Regierung für die Kriegsfinanzierung den ersten Fünf-Milliarden-Kredit ein. An jenem Tag begann auch eine sanfte, fast unbedeutende Steigerung des Dollarkurses, die von der Bevölkerung völlig unbeachtet blieb. Der Reichsbankpräsident Haverstein, dessen Spitzname »Geldmarschall« wurde, genoß das Vertrauen der Sparer und sogar eine gewisse Popularität.

Die Lage an der Front war ja auch relativ günstig. Hindenburg schlug die Russen Ende August 1914 bei Tannenberg, und man rechnete mit einem kurzen Krieg. Die einander folgenden Kriegsanleihen wurden von den Sparern fleißig gezeichnet. So entwertete sich das Geld nur peu à peu und verlor in den folgenden vier Jahren, das heißt bis Kriegsende, nur circa 40 Prozent seines Wertes. Der Dollar stieg auf etwas über 6 Mark, seine Parität vor Kriegsausbruch hatte bei 4,20 Mark gelegen.

Aber dann war der Krieg verloren, es folgte die Revolution, die neue Republik. Man fürchtete große Kriegsreparationen – die dann auch verlangt wurden. In Frankreich war ein Motto in aller Munde, das Finanzminister Klotz geprägt hatte: »Le boche paiera!« (Der Deutsche, besser gesagt der Saudeutsche, wird schon zahlen!) Der Dollar kraxselte zunächst langsam und dann immer schneller in die Höhe. Das Publikum fing an, sich für ihn zu interessieren, und die Frage »Was macht der Dollar?« stand plötzlich auf der Tagesordnung – um so mehr, als Anfang 1920 an der Berliner Börse eine amtliche Notierung des Dollarkurses eingeführt worden war.

Die Regierung war machtlos, denn aufgrund des Versailler Vertrages mußte das Reich Milliarden Goldmark Entschädigung zahlen und daher auf dem Markt für gigantische Beträge ausländische Devisen anschaffen. (Die Deutschen schlugen einige Male vor, die Reparationen in Waren zu zahlen; denn woher sollten sie die ausländischen Devisen nehmen? Die Franzosen bestanden aber hartnäkkig darauf, daß die Reparationen in Devisen – das heißt in Gold – bezahlt wurden.)

Die Spekulanten rochen natürlich den Braten und kauften auf Termin Dollar gegen Reichsmark. Auch das Publikum, zunehmend besser informiert über die Ereignisse, versuchte seine Mark loszuwerden und gegen ausländische Währungen – Schweizer Franken, Dollar oder holländische Gulden – einzutauschen. »Sachwerte, Immobilien, Minen, Industrie auf Kredit kaufen« war das Motto der Spekulanten. In dieser Zeit entstand auch das Finanz-und-Industrie-Imperium des berühmten »Kaufmanns von Mülheim«, Hugo Stinnes, der die erworbenen Werte später mit wertlosen Mark zahlte.

Im August 1922 stand der Dollar schon auf 1000 Mark, im Dezember auf 9000. Mehrere Ereignisse hatten mitgespielt, vielleicht auch die Ermordung Walther Rathenaus (solche Terrorattentate waren damals ja noch nicht an der Tagesordnung), die bei der Bevölkerung einen großen Schock auslöste. Die folgenden Monate waren für die Inflation ein wahrhaftiges Crescendo, und ab Sommer 1923 tobte sich die letzte Phase des Mark-Chaos richtig aus. Die Devisenkassen für Rohstoffkäufe waren leer, und die Produktion ging immer weiter zurück.

Es war unmöglich, überhaupt noch einen Preis für die Waren festzustellen. Eine Hose, die morgens eine Million Reichsmark kostete, war am Abend nur noch für zwei Millionen zu haben. Viele Gehälter wurden fast täglich ausgezahlt, denn der Lohn vom Montag war donnerstags total entwertet. Während vor dem Krieg die Staatsdruckerei der Reichsbank alle Banknoten hergestellt hatte, waren im Jahre 1923 damit 10 000 Personen in 133 Druckereien beschäftigt. Wurde das Geldscheindrucken auch nur zwei Tage ausgesetzt, ging alles drunter und drüber. Man mußte die Geldscheine in Kisten, Körben und Wagen transportieren, um die Löhne auszubezahlen.

Die Ereignisse des Jahres 1923 sind für jemanden, der sie nicht miterlebt hat, unvorstellbar. Als junger Gymnasialschüler war ich mit meinen Studienkollegen häufiger in Deutschland. Wir haben das Land kreuz und quer bereist, von Kiel bis München, von Aachen bis Dresden. Zufälligerweise war ich in diesen dramatischen Sommermonaten wieder einmal in Deutschland und lebte von einem Dollar täglich, den ich vorsichtigerweise nur für jeweils einen Tag einlöste. Der Dollar stand Anfang Juli noch bei 160 000 Reichsmark, Anfang August schon auf über einer Million, Mitte September auf 150 Millionen . . .

Kurz und gut, das Chaos war total. Mein Vater war gut informiert und schlau gewesen, mir das gesamte Reisegeld in 1-Dollar-Noten mitzugeben.

Aufgrund dieser Erfahrung hatte ich auch beim Ausbruch des Zweiten Weltkrieges – neben anderen Reserven – stets 300 Dollar in 1-Dollar-Noten in meinem Geldbeutel. Allerdings habe ich sie nie benützen müssen und aus Nostalgie bis heute aufbewahrt.

Zum Thema »Reserven« habe ich auch viel von russischen Emigranten gelernt, die nach der Revolution nach Paris gekommen waren. Sie erzählten mir ihre Abenteuer und wie sie sich in den Paniktagen retten konnten. Einer erzählte, er habe, um die Wolga überqueren zu können, dem Flößer sogar den Diamantring seiner Mutter geben müssen. Der Ring hatte drei Karat, und der Mann hätte sich bestimmt auch mit einem halben Karat begnügt, aber in solchen Momenten hat man halt keinen Diamantschleifer zur Hand . . .

In den zwanziger Jahren und auch später, unmittelbar vor Ausbruch des Zweiten Weltkrieges, war es also wichtig, 1-Dollar-Noten in der Tasche zu haben, um diese dann in gefährlichen Momenten links und rechts austeilen zu können.

Interessant ist auch, daß die erwähnten 1-Dollar-Noten sogenannte Silver Certificates waren. Ihre Deckung war nicht Gold, sondern Silber, und man konnte für diese Dollar bei jedem Agenten des Schatzamtes eine bestimmte Menge Silber beziehen. Als der Preis des Silbermetalls so hoch gestiegen war, daß der Silberwert jeder 1-Dollar-Banknote 20 Prozent über dem Nennwert lag, das heißt bei ca. 1,20 Dollar, verschwanden sie aus dem Verkehr. Später wurden sie dann endgültig annulliert. Die wenigen übriggebliebenen Noten haben heute Sammlerwert, der den offiziellen Wert ebenfalls weit übersteigt.

Nach den dramatischen Sommermonaten erreichte dann der Dollar am 20. November 1923 den astronomischen Preis von sage und schreibe viertausendzweihundert Milliarden Reichsmark. Die Frage »Was macht der Dollar?« war in diesem Moment schon überflüssig geworden.

Auf dieser Basis von 4200 Milliarden Reichsmark für einen Dollar schuf man dann eine neue Währung, die sogenannte Rentenmark, die eine Zeitlang parallel zur Reichsmark im Umlauf blieb. Die Reichsbank beschloß, den Dollarkurs bei dieser Parität von 4200 Milliarden Reichsmark mit Hilfe verschiedener Maßnahmen zu stabilisieren. Das hatte neben buchhalterischen auch psychologische Gründe, denn mit dem Wegstreichen von 12 Nullen stand der Dollar ja wieder auf seinem Vorkriegskurs von 4,20 Mark. (Auf der Grundlage der Beschlüsse der Bretton-Woods-Konferenz hat man nach dem Zweiten Weltkrieg interessanterweise die deutsche Währung wieder gegenüber dem Dollar auf 4,20 festgelegt.)

Eigentlich hatte die Rentenmark nicht auf Gold, sondern auf Roggen abgestimmt werden sollen. Außer Roggen waren auch Kohle, Strom, Zement und andere Waren als Deckung geplant gewesen. Letztendlich aber wurden diese Pläne verworfen, und man gab das Versprechen, nach einiger Zeit die Rentenmark gegen Reichsmark einzulösen. Bei diesen Finanzplanungen spielte damals schon Dr. Schacht, der spätere Finanzminister Hitlers, eine gewisse Rolle.

Natürlich mußten die Reichsbank und die Regierung gleichzeitig eine Vielzahl strenger Verordnungen und Restriktionen einführen, um den Dollarkurs zu halten. Die Reichsbank schuf eine dramatische Geldknappheit. Sie trieb alle Forderungen brutal ein, wobei viele Spekulationsschuldner quasi »erwürgt« wurden. Die Reichsbank gewährte keine Kredite mehr, und die Zinsen stiegen von 10 über 20 auf 30 Prozent pro Monat. (Ein astronomisch hoher Zins bei einer stabilen Währung. – Vielleicht war sie gerade deshalb stabil!)

Während der Inflationszeit hatte man zwar sogar bis zu 30 Prozent Zinsen pro *Woche* zahlen müssen, jedoch bei einer permanent fallenden Währung. Man erzählte damals in Berlin, daß die Bevölkerung das Taxi der Straßenbahn vorzog, da man das Taxi erst nach der Fahrt, die Tramway jedoch sofort bezahlen mußte.

Bei einer derartigen Geldknappheit, einer wahrhaftigen Wüste im Geldmarkt, war also König, wer über einen minimalen Betrag von Bargeld verfügte. Der Kaiser unter den Königen war ein gewisser Jacob Michael, einer der wenigen Finanzleute, die Vertrauen in die neue Stabilisierung der Mark hatten.

Die meisten Spekulanten glaubten nicht an den Erfolg der beschlossenen Maßnahmen; sie kauften nach dem 20. November in Amsterdam und Zürich riesige Dollarbeträge gegen Reichsmark auf Termin und trieben den Kurs dadurch auf über 5 Mark für den Dollar in die Höhe. Bei den steigenden Kursen verkaufte Jacob Michael alle seine Devisen und Wertpapierbestände, machte also aus allem Bargeld, und plazierte die vielen Millionen zu den anormal hohen Zinsen. Er konnte sogar der Postsparkasse einen großen Betrag leihen.

Diejenigen aber, die auf den weiteren Sturz der Reichsmark spekuliert hatten, konnten bei Terminfälligkeit die gekauften Dollar nicht übernehmen – die Reichsbank hatte ja die Kredite gesperrt. Sie waren gezwungen, der Reichsbank als einziger Käuferin ihre Dollar zu 4,20 Mark zu überlassen. Ein schwerer Schlag für die Devisenfritzen, nicht der erste und, wie wir sehen werden, nicht der letzte.

In der folgenden Zeit verschwand die Frage »Was macht der Dollar?« zunächst einmal aus den Tagesgesprächen in Deutschland – bis zu den dreißiger Jahren.

Glücksritter der Inflation

Der größte Nutznießer der Inflation von 1923/24, das heißt der totalen Entwertung der Reichsmark, war zweifelsohne Hugo Stinnes. Sein Motto war genau das Gegenteil des französischen Sprichworts »Qui paie ses dettes s'enrichit«. (Wer seine Schulden bezahlt, bereichert sich.) Er meinte, Schulden machen reich. (Dieselbe Einstellung hatte 30

Jahre später der Reeder und Millionär Onassis – und er war wegen seiner Riesenschulden ja auch oft am Rand der Pleite.)

Ein anderer Profiteur der Markentwertung – aber in viel kleinerem Maße und nicht in der Industrie, sondern auf den Devisenmärkten – war der größte Devisenhändler der zwanziger Jahre in Amsterdam, Dr. Fritz Mannheimer. Auf seine Geschäfte werde ich nach einer Rückblende auf das Ende des Ersten Weltkrieges zurückkommen.

Als Folge der Niederlage der Mittelmächte Deutschland, Österreich-Ungarn, Bulgarien, Türkei war im Herbst 1918 die Donaumonarchie zusammengebrochen. Zu dieser Zeit war die Frage »Was macht der Dollar?« nicht nur aus Neugierde in ganz Europa Gesprächsthema Nummer eins. Sie war die wichtigste Frage überhaupt, nicht allein für Geschäftsleute und Spekulanten, nein, auch für jeden Normalverbraucher. Denn der Dollarkurs bestimmte nicht nur den Wert der Reichsmark oder der k.u.k. Krone, sondern war auch das beste Anzeichen dafür, wie die Zukunft dieser Länder international beurteilt wurde.

Die großen Umschlagplätze für Währungen stellten Zürich und Amsterdam dar, und die Kurse, die dort notiert wurden, waren nicht nur zugleich Thermometer und Barometer für die Gesundheit der betreffenden Länder, sondern auch Spielobjekte der Spekulation. Das große Spiel mit diesen Währungen war nicht nur für die Kurse entscheidend, sondern manchmal auch für das Schicksal der Völker.

Der europäische Devisenhandel wurde immer komplizierter – um so mehr, als nach dem Zerfall der k.u.k. Monarchie die neuen Staaten, denen vorher ausschließlich oder teilweise die österreichisch-ungarische Krone als Währung gedient hatte (im neuen Polen z. B. kursierten neben der k.u.k. Krone früher auch Reichsmark und Rubel), nun eigene Währungen einführen wollten.

Diese neuen Währungen entstanden physisch zunächst dadurch, daß man die geerbten Banknoten ununterbrochen ab- und nachstempelte, und auch diese Stempel änderten sich von Tag zu Tag. Schließlich wurden die neuen Banknoten eingeführt, in den verschiedensten Farben und mit den Porträts der neuen Staatsoberhäupter von Deutsch-Österreich, der Tschechoslowakei, von Polen, Jugoslawien und so weiter verziert.

Das Ganze war ein Chaos. Darin mußte man schwimmen können; und für jeden, der das miterlebt und sogar überlebt hat, war es die beste Schule. Man konnte lernen, was alles auf dem Devisenmarkt möglich ist – und daß auch jederzeit das Gegenteil einer erwarteten Entwicklung eintreten kann.

Denn mitunter gab es auch Gegenströmungen auf dieser Devisen-Einbahnstraße, die für die zentral- und osteuropäischen Währungen praktisch bei Null endete. Manchmal waren diese Gegenströmungen die Folgen einer Überspekulation, manchmal waren bestimmte wirtschaftliche oder politische Ereignisse schuld daran. (Genau wie wir es in den vergangenen 20 Jahren wieder erleben konnten.)

Ich kannte zum Beispiel in den zwanziger Jahren an der Pariser Börse einen kleinen, mittellosen Makler, der, bevor er zugrunde ging, ein großer Spekulant gewesen war. Er hatte sich nach der russischen Oktoberrevolution in einer großen Baisse-Spekulation auf den Sturz des russischen Romanow-Rubel übernommen. Zwar hatte er die Lage richtig beurteilt, nämlich daß die alte zaristische Währung auf Null fallen würde, und einen Riesenbetrag leer verkauft. Zum Stichtag aber konnte er nicht liefern, weil die Rubel aus irgendwelchen technischen Gründen plötzlich vom Markt verschwunden waren. Er wurde »zwangsexekutiert« und war pleite. Einige Monate später fiel der Rubel tatsächlich auf Null, aber zu spät für ihn. Als ich ihn kennenlernte, war er schon ein armer Mann.

Dieser Fall ist ein klassisches Beispiel dafür, wie man auch mit dem größten Scharfsinn alles verliert, wenn man sich in einer Spekulation zu hoch engagiert und sogar einen *kurzen* Gegenstrom nicht überleben kann. Derartige Unglücksfälle, über die ich auf den folgenden Seiten noch einige Male berichten werde, kommen häufig vor. Wie es der große deutsche Dichter Heinrich Heine so schön besungen hat, wenn auch aus Liebeskummer und nicht für Börsenverluste:

> »Es ist eine alte Geschichte,
> Doch bleibt sie immer neu;
> Und wem sie just passieret,
> Dem bricht das Herz entzwei.«

Auch auf Regierungsebene kann es solche Pleiten geben. In Ungarn etwa, als das Land Anfang der zwanziger Jahre unter einer permanenten Geldentwertung stöhnte, machte als neuer Finanzminister Professor Roland Hegedüs Schlagzeilen, der als Genie gehandelt wurde. Er wollte die Krone retten; aber sein Experiment (radikale Geldknappheit) endete nach einer kurzen Phase des Erfolgs mit einer totalen Niederlage. Die Inflationsrate stieg in neue Höhen – noch immer als Folge des verlorenen Krieges und des Verlustes von zwei Dritteln des ungarischen Territoriums –, und der arme Minister beendete seine Tage, unter dem Spott der Bevölkerung, in einer Irrenanstalt. (Was aber nicht heißen soll, daß es allen so geht, die die Inflation bekämpfen wollen. Ob so ein Kampf gelingt oder nicht, hängt schließlich weniger vom Finanzminister ab als von den Tugenden und Untugenden des betreffenden Volkes.)

Es gab natürlich auch Spekulanten mit glücklicherer Hand, wie John Maynard Keynes etwa, der größte Nationalökonom der vergangenen 70 Jahre, der in den Jahren nach dem Ersten Weltkrieg mit der Spekulation auf den wirtschaftlichen Niedergang Mitteleuropas und den Sturzflug der Währungen ein Vermögen verdiente.

Die verlorene Franc-Schlacht

Glücksritter der Inflation gab es zu Hunderten – wenn ihr Erfolg manchmal auch nur von kurzer Dauer war. Einigen bin ich noch persönlich begegnet.

Einer der erfolgreichsten war ein junger Deutscher aus Stuttgart, der schon erwähnte Dr. Fritz Mannheimer. Auf dem Amsterdamer Markt war er einer der geschicktesten Devisenhändler. Als Sohn eines bescheidenen Stuttgarter Kaufmanns hatte er noch vor 1914 in Paris das Bankgeschäft bei einer Firma für den Exporthandel nach Rußland gelernt. Bei Kriegsausbruch ging er nach Deutschland zurück und kam mit der Reichsbank in Verbindung. Gleich nach dem Krieg schickte ihn das Institut nach Amsterdam, zum damals wichtigsten Finanzmarkt der neutralen Länder, um dort als Kenner des internationalen Bankgeschäftes auf dem Devisenmarkt für die Reichsbank tätig zu sein.

Sein Auftrag in den geschilderten Jahren der Markentwertung lautete, mit geschickten Devisentransaktionen für die Verteidigung der Reichsmark zu sorgen. Er arbeitete sich zum größten Händler in Amsterdam hoch und war so erfolgreich, daß er für sich ein Vermögen schaffen konnte, während die Reichsmark – wie ich bereits beschrieben habe – bis fast auf Null fiel. (Das erinnert mich an Dany Dattel, der vor einigen Jahren bei der Herstatt-Bank für sich selber Millionen erwirtschaftete, während die Bank Pleite machte! – Siehe Seite 61 ff.) Es war natürlich nicht die Schuld von Dr. Mannheimer, daß die Reichsmark zusammenbrach; dafür gab es Dutzende andere Gründe – aber er profitierte davon.

Mir wurden manche Anekdoten über ihn erzählt, die meisten von dem äußerst eleganten Chefportier des Hotels Doelen in Amsterdam (der so distinguiert war, daß er wie ein preußischer Offizier Monokel trug). Mannheimer sei anfangs so arm gewesen, »daß er neben den Schuhen ging, bevor er bei uns Quartier nahm«.

Ein paar Jahre später gründete Mannheimer mit den verdienten Millionen die holländische Filiale der Berliner Firma Mendelssohn und Co. (Nachkommen des Philosophen und Lessing-Freundes Moses Mendelssohn) und wurde unter anderem Bankier der Regierungen von Frankreich und Belgien.

Als ungekrönter König des damals so wichtigen Finanzmarktes Amsterdam imponierte er mir jungem Anfänger ganz besonders (vgl. »Kostolany's Wunderland von Geld und Börse«). Zu der Zeit konnte ich ja sein trauriges Ende noch nicht voraussehen: Er starb einige Wochen vor Ausbruch des Zweiten Weltkrieges, und zwei Tage später mußte seine Bank Konkurs anmelden – es war die größte Pleite jener Zeit. Eine seiner interessantesten Transaktionen – und zugleich eine der bemerkenswertesten der Devisengeschichte – betraf aber nicht die Mark.

In Österreich war der bekannteste Nutznießer des Monsters Inflation ein gewisser Camillo Castiglioni, Sohn eines Rabbiners aus Triest. Viele Wiener meiner Generation können sich seiner noch erinnern. Er fing vor 1914 als Vertreter und Handelsreisender der Semperit-Reifenfabrik an. Nach dem Krieg erkannte er die großen Möglichkeiten der Geldentwertung und verstand es, sie voll auszunützen. Wie Stinnes in Deutschland – man nannte ihn später auch den »österreichischen Stinnes« – kaufte er in Österreich Sachwerte auf Kredit, egal zu welchem Preis und egal aus welcher Branche, und zahlte seine Schulden später mit wertlosem Geld zurück.

Eine Zeitlang war er *die* Legende in Wien. Jeder kannte ihn. Ich erinnere mich noch genau, es muß so um 1922 gewesen sein, als wir wie so oft zur Sommerfrische am Semmering bei Wien weilten. Damals steckten die Leute jedesmal die Köpfe zusammen und raunten ehrfürchtig: »Das ist doch der Castiglioni!«, wenn dieser die Halle oder den Speisesaal des Südbahn-Hotels betrat. Er genoß das Leben und lebte geradezu wie ein Fürst in seinem Stadtpalais in der eleganten Prinz-Eugen-Straße, gleich um die Ecke vom Palais der Rothschilds; außerdem war er ein Kunstmäzen. Er hatte eine prachtvolle Bildersammlung und finanzierte unter anderem den Beginn der Salzburger Festspiele. Als Max Reinhardt das alte Josefstädter Theater, noch heute eines der vornehmsten deutschsprachigen Theater, wiedereröffnete und auf die Bühne trat, um die Begrüßungsrede zu halten, verbeugte er sich damals nicht nur vor dem Publikum, sondern auch in Richtung Castiglioni-Loge – so wie man es in alten Zeiten vor regierenden Fürsten getan hatte.

Trotz aller Erfolge endete die Karriere Castiglionis, wie so oft bei Spekulanten, mit einer dramatisch unglücklichen Spekulation, die viele Hunderte »Co-Spekulanten« und Devisenspieler in den Abgrund zog. Den Anstoß zu seinem Untergang gab die gemeinsam mit seinem Freund Dr. Mannheimer unternommene und mißglückte Spekulation auf den Sturz des französischen Franc.

Diese verlorene Franc-Schlacht bleibt eine ganz besonders interessante Geschichte der Devisenspekulation. In Frankreich wird sie als »Marne-Schlacht« oder als »Marne-Wunder« bezeichnet. (Die berühmte echte »Marne-Schlacht« hat gleich am Anfang des Ersten Weltkrieges 1914 stattgefunden. Dabei hatte der Generalstab alle Pariser Taxen mobilisiert, um die Soldaten an die Front am Marnefluß zu transportieren. Der erfolgreiche Ausgang dieser Schlacht war vielleicht für den Ablauf des Krieges entscheidend gewesen.)

Ein Mitarbeiter Castiglionis, Dr. Nelken, erzählte mir vor vielen Jahren, wie der Plan zu dieser Spekulation entstand. Im Februar 1924 war Dr. Mannheimer zu Gast bei Castiglioni in Wien. Zwischen zwei Gängen wandte sich Castiglioni mit folgenden Worten an Mannheimer: »Machen wir ein Geschäft mit dem französischen Franc! Es ist eine todsichere Sache. Was der deutschen Mark und der Krone passiert ist, wird sich bestimmt in Frankreich wiederholen. Frankreich hat zwar gesiegt, aber den Krieg verloren, es ist ausgeblutet. Das Land besitzt zwar Gold, aber die Wirtschaft liegt am Boden. Der Franc wird sich nicht halten können. Fangen wir an, auf gemeinsame Rechnung 100 Millionen Franc leer zu verkaufen! Ich kann noch weitere 100 Millionen Franc pumpen und die Rückzahlungsfähigkeit auf Jahre hinausschieben.«

Dr. Mannheimer hatte zwar zunächst Bedenken, akzeptierte aber schließlich mit Handschlag. An das Duo Castiglioni-Mannheimer schlossen sich noch weitere Bankiers und Spekulanten aus Amsterdam, der Schweiz, aus Wien und von vielen anderen Finanzplätzen an. Es wurde ein Syndikat gebildet, das auf den Sturz des französischen Franc spekulierte und ihn herausforderte.

Man verkaufte aggressiv auf drei oder sechs Monate Lieferung Millionen von Francs in Basel, Amsterdam,

Genua, Madrid, New York und London, pumpte so viele Francs wie möglich und kaufte damit Dollar und Pfund sowie ausländische Aktien (Goldminen, internationale Ölwerte usw.) an der Pariser Börse auf Termin.

Gleichzeitig ließ man durch die Weltpresse Alarmnachrichten über Frankreichs Finanzen verbreiten. Darauf erwarb auch das französische Publikum aus Angst um seine Ersparnisse ausländische Wertpapiere und förderte damit den Kapitalexport aus Frankreich – was wiederum den Franc-Kurs drückte.

All das wirkte wie eine Kettenreaktion. Der Franc fiel, das verbreitete Pessimismus, und der Pessimismus wiederum bewirkte weitere Franc-Verkäufe. Von 30 Schweizer Rappen für einen französischen Franc sank der Kurs in Basel innerhalb weniger Monate bis unter 20 Rappen.

Die Alarmnachrichten über den Franc verbreiteten sich schnell. Besonders in Wien merkte man auf, da die Wiener Bankiers – große Institute wie kleine »Spielbuden« – persönlich und in Zirkularen zum Franc-Spiel animierten. (Ganz ähnlich wurde in den letzten Jahren – und wird noch heute – in Chicago, Frankfurt oder Zürich gegen den Dollar gespielt.) Das ganze Wiener Publikum hängte sich ins Schlepptau des bewunderten Castiglioni. Geschäftsleute, Industrielle, jeder, der nur ein wenig von der Spekulationslust angehaucht war, wollte mitmischen. Es war ja auch sonst nichts zum Spielen vorhanden. Die Aktienbörse in Wien war schon seit Monaten auf Talfahrt; für den »Homo ludens« blieb nur die Franc-Baisse als heißer Tip, und jeder wollte daran teilhaben. Es war die reinste Spekulationsorgie. Sogar Frankfurt, Prag und Budapest wurden angesteckt. Wirtschaftskrise hin, Wirtschaftskrise her, für so ein todsicheres Spiel hatte jeder noch ein paar Pfennige im Sparstrumpf. In diesen Städten hatten die Spieler alle den früheren Sturz ihrer eigenen Währungen vor Augen.

Die Vehikel für dieses Spiel waren von verschiedener Art. Wie gesagt, es ging darum, Francs auf Terminlieferung zu verkaufen. An der Wiener Börse entwickelte sich sogar – obwohl auf dem Papier verboten – ein regelrechter Devisenterminhandel für französische Francs; man handelte mit Hunderten von Millionen. Man kaufte auch Waren aus Frankreich auf Kredit, ganz egal welche: Wein, Champagner in rauhen Mengen, die für Jahre reichten, Spitzen, Luxusautos, für die man noch gar keine Kunden hatte . . . Freunde von mir kauften eine ganze Porzellanfabrik, obwohl sie von Porzellan so viel verstanden wie ich von der chinesischen Schrift. Das war alles egal. Hauptsache, man kaufte alles auf Pump.

Ganz groß war auch die Spekulation an der Pariser Warenterminbörse. Rohgummi, Raps, Weizen, vor allem aber Zucker waren die Lieblingsartikel. Mit einem minimalen Garantieeinsatz kauften die Leute Millionen Zentner Zucker auf lange Termine. Es war ja sicher, daß mit dem Franc-Sturz alle diese Waren steigen würden. (Auch mein Vater ließ sich zu einem Zuckerengagement verführen . . . – Ich habe diese Geschichte in »Kostolany's Notizbuch« beschrieben.)

Im Grunde waren diese Käufe keine Warengeschäfte, das war reine Devisenspekulation. (Genau wie in den siebziger Jahren die Spekulation gegen den Dollar an den amerikanischen Warenbörsen.) Die Zinsen waren zwar hoch und kletterten noch höher, aber das war den Leuten bei der Aussicht auf üppige Kursgewinne egal.

Die Banque de France sowie die französischen Politiker und Experten verfolgten mit Entsetzen diesen Unfug um ihre nationale Währung. Der Dollar stieg in Paris immer höher, von 5 Franc pro Dollar, dem Vorkriegskurs, auf 15 und 20, und erreichte im März 1926 schließlich die Wahnsinnshöhe von 28 Franc. Da beschloß die französische Regierung endlich, das Bankhaus Lazard Frères (noch heute die größte Privatbank in Paris) zu beauftragen, auf dem Devisenmarkt zur Stützung des Franc einzugreifen. Die Firma nahm den Auftrag an und kaufte auf allen Märkten die angebotenen Francs auf.

Als dann noch die Nachricht durchsickerte, daß die New Yorker Bank J. P. Morgan & Co. der Banque de France einen Kredit von 100 Millionen Dollar (heute wären dies rund eine Milliarde Dollar) für Interventionen zur Verfügung gestellt hatte, platzte der Ballon. Unter den Franc-Spekulanten brach Panik aus. Und nachdem Lazard Frères Paris von der New Yorker Filiale noch kurz zuvor die Depesche erhalten hatte: »Französische Francs sind unverkäuflich!«, drehte sich der Markt binnen einer halben Stunde, und die ganze Welt wollte auf einmal nur Francs kaufen. Aus Basel, Amsterdam, Genua, Wien und so weiter kamen die Kaufaufträge, es ging um Millionenbeträge; bei den Firmen gab es nicht genügend Telefone und Angestellte, um alle Orders anzunehmen. Es war ein Sturm in die entgegengesetzte Richtung. Der Dollar fiel in Paris von ca. 28 Franc in wenigen Tagen bis zum 8. März 1924 auf 15 Franc zurück. Die französische Währung war gerettet. Das war also das berühmte »Marne-Wunder«, die siegreiche Schlacht Frankreichs auf den Finanzmärkten.

Für die anderen, die Wiener etwa, war es der sogenannte »Frankenkrach« – obwohl ja nicht der Franc »krachte«, sondern sie selbst . . . Ganz Wien und Prag waren pleite, und sogar die besser gepolsterten Amsterdamer Bankiers erlitten entsetzliche Verluste; einige von ihnen kamen in ernsthafte Schwierigkeiten. Denn die Franc-Schulden

– egal ob in Devisengeschäften, ob für Wein, Spitzen, Luxusautos oder Porzellanfabriken – mußten nun bei einem verdoppelten Preis eingesetzt werden. Hunderte von Firmen, unter ihnen viele Importeure, Bankiers, Makler, mußten ihre Bilanz deponieren, da auch ihre Kunden zu Tausenden ihre Spargelder verloren hatten und die Spekulationsdifferenzen nicht bezahlen konnten. (Mein Vater hatte mit seinem Zuckerengagement ebenfalls Federn lassen müssen; doch das hatte auch seine gute Seite. Dank seiner Verbindung zu einer Pariser Maklerfirma schickte er mich nach Paris »in die Lehre«, weshalb ich heute Racine zitieren kann: »Ich wurde im Serail genährt, und so kenne ich alle Tricks.«)

Der größte Verlierer unter allen war natürlich Camillo Castiglioni. Mit dieser Niederlage begann die Talfahrt seiner Karriere. Sein Ruhm geriet langsam in Vergessenheit; in Wien war er bald kein Gesprächsthema mehr. Nach dem Zweiten Weltkrieg tauchte er in Italien auf, ohne je wieder eine wichtige Rolle zu spielen.

Das zweite »Marne-Wunder«

Frankreichs Miseren um seinen Franc aber gingen weiter. Nur waren es diesmal nicht die aggressiven Spekulanten, die bösen Börsenspieler, die die französische Währung umbringen wollten; vielmehr waren wie so oft die Politiker, oder besser gesagt der Leichtsinn und der Partisanenkampf der Parteien, für den neuerlichen Verfall des Franc verantwortlich. Denn die Castiglioni-Operation war zwar eine gigantische Pokerpartie gewesen – und Castiglioni hatte sie verloren –, aber im Grunde kann eine Währung nur im eigenen Bette sterben oder genesen.

Private Spieler können eine Währung in einer Pokerpartie auf ausländischen Devisenmärkten nicht kaputtmachen. (Deshalb ist es auch unmöglich, mit der Spekulation den Dollar zu zerstören.) Die meisten Miseren entstehen aus dem Mißtrauen der Sparer. Dieses Mißtrauen wird natürlich durch fundamentale wirtschaftliche Tatsachen und politische Ereignisse hervorgerufen. (Eine Regierung kann jedoch, wenn es ihren wirtschaftspolitischen Interessen entspricht, ihre Währung auch künstlich heruntersetzen. Dies war in den letzten Jahren, seit 1985, der Fall, als der amerikanische Finanzminister Baker den Dollar immer weiter herunterredete.)

Im Mai 1924 war im französischen Parlament nach Neuwahlen das sogenannte Linkskartell an die Macht gekommen, das auch den Präsidenten Alexandre Millerand zur Abdankung zwang, der in den Augen der neuen Abgeordneten zu stark rechts eingestellt war. Die beiden politischen Führer der bürgerlichen Radikalen und der Sozialisten waren Edouard Herriot und der berühmte Leon Blum. Der erste war Bürgermeister von Lyon, Philosoph, Musikologe, Beethoven-Forscher und ein ehrlicher Freund Deutschlands, der zweite ein eher maßvoller Sozialist und Deutschland ebenfalls sehr freundlich gesinnt. Leider genossen beide nicht das Vertrauen der kleinen und großen Sparer, und sie begingen den gleichen Fehler: Verschwendung der Staatsgelder. – Schon zu dieser Zeit kam ich zu der Überzeugung, zu der ich auch heute noch stehe: *Die Sozis kommen, machen Pleite, werden gegangen, aber die Pleite bleibt!*

Keiner der Politiker hatte die Stärke, eine permanente, feste Mehrheit zusammenhalten zu können. So folgte nun eine Periode, in der die Regierungen nur so purzelten; Finanzminister kamen und gingen. Damals lernte ich auch, daß es keine guten Finanzminister gibt. Finanzminister können nur schlecht oder noch schlechter sein.

Was auch immer eine Regierung dem Parlament zur Sanierung der Staatsfinanzen vorschlug, wurde von einer Gruppe der Abgeordneten abgelehnt. (Das Land hatte ja damals nicht den Spielraum, über den heutzutage Amerika verfügt, um sein Haushaltsdefizit über Nacht etwa durch die Einführung einer kleinen Umsatzsteuer auszugleichen.) Eine Krise folgte der anderen. Die Staatsausgaben stiegen, die Inflation machte weitere Fortschritte, und auf dem Schreibtisch jedes Geschäftsmannes notierte die Sekretärin jeden Morgen den Dollarkurs.

Wie gesagt, ein Minister folgte dem anderen; aber interessanterweise waren immer dieselben Namen im Spiel, nur mit einem kleinen Unterschied: Wer heute Finanzminister war, wurde morgen Justizminister, und wer heute Justizminister war, bekam morgen den Posten des Handelsministers – und der Franc fiel immer tiefer und tiefer.

Im Juli 1926, als der Dollar einen historischen Höchstpreis von 50 Franc und damit das Zehnfache seiner Vorkriegsparität erreicht hatte, verbreitete sich Panik-Atmosphäre im Land, besonders in Paris. Und wie immer zu solchen Zeiten setzte sich das Pariser Volk in Bewegung. Ich erinnere mich als Augenzeuge an die Demonstrationen auf den Champs-Élysées und vor dem Parlament. »Le peuple de Paris« war in Rage. Man bewarf die Busse der Touristen mit Steinen und schrie: »Die Ausländer kommen und essen unser Brot auf!«, und den Kinos, die amerikanische Filme spielten, wurden die Scheiben eingeworfen. Bei allen Krisen galten in Frankreich zunächst immer die Fremden als Sündenböcke, erst später wurden die Politiker verantwortlich gemacht.

Nach dem Sturz verschiedener Regierungen wurde wieder Herriot Ministerpräsident, mit Anatole de Monzie als Finanzminister, einem besonders brillanten Mann, den ich viel später persönlich gut kennenlernte – er war sogar mein Anwalt. De Monzie hatte Sinn für Humor und fing seine erste Rede vor dem Parlament mit den Worten an: »Messieurs, die Kassen sind leer!« Es blieb seine letzte Rede, zumindest als Finanzminister dieser Regierung, denn die Regierung überlebte den Abend nicht . . .

Die Aufregung ging weiter und schlug sogar noch stürmischere Wellen, da geschah wieder ein Wunder, das zweite »Marne-Wunder« in zwei Jahren. Es wurde ausgelöst durch die Nachricht, die am 23. Juli 1926 aus dem Élysée-Palast kam, daß nämlich Raymond Poincaré akzeptiert habe, eine neue Regierung zu bilden und gleichzeitig Finanzminister zu werden.

Es geschah das gleiche wie im März 1924. Quasi über Nacht drehte sich der Devisenmarkt. Der Franc stieg in den darauffolgenden dreißig Tagen um 50 Prozent und bis Ende Dezember – also innerhalb von fünf Monaten – um insgesamt 100 Prozent; das heißt, nach anfänglich 50 Franc stürzte der Dollarkurs bis Ende Dezember auf 25 Franc. (Die heutige Generation der Devisenfritzen hätte sich solche Kursverschiebungen binnen zweier Jahre sicher nicht vorstellen können, bis sie dann in den achtziger Jahren die Steigerung des Dollar von DM 1,70 auf DM 3,40 erleben mußten. Seitdem ist zwar wieder eine dramatische Talfahrt eingetreten, aber Achtung! Auch mit dem Franc hat sich das Spiel zweimal wiederholt.)

Zurück zum Jahr 1924. Was war geschehen? Die finanzielle Lage konnte sich nicht über Nacht geändert haben. Nein, das hatte sie auch nicht. Aber ein neuer Mann war da. Und eigentlich war es nicht einmal ein neuer Mann, denn Poincaré war ja schon während der Kriegsjahre

Staatspräsident gewesen, ein glühender Patriot, ein Deutschenhasser – was damals mit Patriotismus identisch war –, ein Symbol der Integrität. Er war bestimmt kein Genie, im Gegenteil, nach der Meinung seiner Zeitgenossen eher beschränkt, ein trockener Jurist, der von Wirtschaft und Finanzen überhaupt nichts verstand (sicherlich weniger als heute Präsident Reagan!) – aber der Name genügte. Nicht »wer« er war, sondern »was« er war – ein Aushängeschild –, zählte. Die massenpsychologische Reaktion der Franzosen und auch der ausländischen Spekulanten war stark genug, um eine atmosphärische Änderung und eine rasante Tendenzwende zu bewirken.

Und wieder waren Tausende von Franc-Schuldnern pleite, aus kommerziellen wie aus spekulativen Gründen. Ich war zu der Zeit schon an der Pariser Börse tätig, als Anfänger – damals hätte man »Laufbursche« gesagt –, und erlebte diese Paniktage und die heftigen Kursbewegungen nach beiden Seiten selbst sehr intensiv mit.

Die ausländischen Werte und Devisen waren unverkäuflich, die französischen Renten und Aktien dagegen konnte man nicht notieren. Es gab überhaupt kein Angebot; wie immer standen alle Spieler auf ein und derselben Seite; sie kauften französische Werte und verkauften die ausländischen. Die größten Verlierer waren diesmal die Devisenhändler bei den Banken, die alle gegen den Franc spekuliert hatten. Und dies alles geschah innerhalb kürzester Zeit dank einer Nachricht aus dem Élysée-Palast, daß ein neuer Mann die Regierung übernommen hat. (War es nicht derselbe Fall, als Reagan ins Weiße Haus einzog und ebenfalls eine Wende einleitete?)

Nach dieser erneuten »Marne-Schlacht« des Franc stieg dieser unaufhaltsam weiter. Man erzählte sich sogar an der Börse, daß Dr. Mannheimer diesmal ganz groß in eine

Hausse-Spekulation auf den Franc eingestiegen sei – was ich durchaus für möglich halte. Er war sicherlich ein elastischer Spekulant: gestern noch zu Tode betrübt, heute himmelhoch jauchzend!

In der Folgezeit entstand eine Kontroverse zwischen der Banque de France und der Poincaré-Regierung. Poincaré schaute dem raketenartigen Aufstieg des Franc – der Dollarkurs stand mittlerweile bei 20 Franc – mit unverhohlenem Vergnügen zu, denn er hatte keine sachliche, sondern eine rein emotionale Einstellung in dieser Frage. Seine fixe Idee war: »Le franc, c'est la France.« Er sah im Franc-Kurs das Prestige Frankreichs (ähnlich sah es Ronald Reagan in der Zeit des Dollar-Höhenfluges): Der Franc sollte nach seinem Wunsch auf die Parität von 1914 steigen – fünf Franc für den Dollar –, zur Ehre der Trikolore und zugunsten der alten Rentner. Die Banque de France dagegen, unterstützt von Wirtschaftsführern und -experten, war anderer Meinung. Sie wollte die spekulative Aufwärtsbewegung des Franc bremsen, wenn nicht sogar stoppen, aus wirtschaftlichen Gründen und mit einem Blick auf die Zukunft (genau wie sich die US-Regierung am 22. September 1985 entschloß, den Dollar in die Tiefe zu drücken).

Nach zwei Jahren voller Debatten, während deren der Kurs zwar de jure floatend, aber de facto stabil war, wurde der Franc 1928 auch de jure stabilisiert und an Gold gebunden. Diese neue Währung bekam den Namen »Franc Poincaré« und stand zum Dollar 25 zu 1.

Die Parallelen zwischen der Franc-Schlacht und den Ereignissen auf dem Dollarmarkt der vergangenen Jahre drängen sich geradezu auf. Nur selten ähneln sich zwei Situationen so sehr, auch wenn sie 60 Jahre auseinanderliegen und verschiedene Währungen betreffen.

Die freudlose Gasse

Aus dem Frankreich der zwanziger Jahre blende ich jetzt zurück in eine andere Zeit und ein anderes Land.

Nach dem Zusammenbruch der Donaumonarchie mußten die Regierungen fast aller Länder gegen die Inflation kämpfen, doch war dieser Kampf außer in der Tschechoslowakei ohne Erfolg. Die Tschechoslowakei war in einer privilegierten Lage. Ihre beiden großen Staatsmänner, obwohl österreichisch-ungarische Staatsbürger, hatten bereits während des Krieges mit dem Feind zusammengearbeitet. Als ich zum ersten Mal Anfang der zwanziger Jahre in Paris war, zeigten mir die Kellner im Café des Deux Magots die Tische, an denen Masaryk, Benesch und ihre Kollegen gesessen und schon in diesen Jahren die zukünftige tschechoslowakische Republik gegründet hatten. Man erzählte viele Anekdoten über sie.

Die neue tschechoslowakische Republik konnte jedenfalls auf die Unterstützung der Entente-Mächte rechnen, insbesondere Frankreichs. Aber der Tschechoslowakei diente auch ein Finanzgenie als Finanzminister, Aloys Rachyn, eigentlich Advokat von Beruf, der als Landesverräter viele Jahre in österreichischen Gefängnissen hatte verbringen müssen. Während dieser Zeit studierte er in seiner Zelle die Geschichte der Finanzwissenschaft. Nach dem Krieg engagierte er sich in der Politik und wurde ein sehr gewandter Finanzpolitiker.

Am 25. Februar 1919 beschloß die neue Nationalversammlung in einer geheimen Sitzung auf Antrag Rachyns die Abstempelung aller in der Tschechoslowakei umlaufenden Banknoten. Zur größten Überraschung des Publikums wurden die Landesgrenzen vom Militär gesperrt, die Einfuhr von Banknoten verboten und dem Personal der heimischen Banken befohlen, alle Banknoten über zwei Kronen abzustempeln, nachdem die Hälfte davon zurückbehalten worden war. Für diese Hälfte gab man eine Zwangsanleihe mit einer Verzinsung von einem Prozent aus; die Bankdepots haben natürlich dasselbe Schicksal erlebt. Auf diese Weise wurde der gesamte Geldumlauf um ein Drittel gekürzt.

Diese brutale Deflation, begleitet von strenger Finanzwirtschaft, konnte das Vertrauen beim Publikum wiederherstellen. Es folgte eine kurze Zeit, während der auf die Frage »Was macht der Dollar?« die Antwort gegeben werden mußte: »Er fällt.« Aber das war auch das einzige Mal in diesen Jahren.

In Polen galt nach der Gründung des neuen Staates die polnische Mark als Währung. Sie wurde von der Landesdarlehenskasse, die von der deutschen Besatzungsmacht gegründet worden war, in großen Quantitäten emittiert. Das war nur eine provisorische Lösung, da in der 1919 neu gegründeten polnischen Republik noch drei Währungen im Umlauf waren, der Rubel, die Mark und die k.u.k. Krone, die dann alle in polnische Mark umgewandelt wurden. Die Notenvermehrung der neuen polnischen Mark vollzog sich dann in größter Geschwindigkeit, in drei Jahren bis auf 350 Milliarden. In diesem Wirrwarr, das viele andere Europäer als »polnische Wirtschaft« bezeichneten, kletterte der Dollar von Tag zu Tag. 1922 stand der Dollar auf 500, im Juni 1923 zahlte man schon 100 000 polnische Mark für einen Dollar, und damit hatte die polnische Geldentwertung sogar die deutsche übertroffen. Zu dieser Zeit stand der Dollar in Deutschland »nur« auf 70 000 Reichsmark.

Anfang 1924 entschloß sich die polnische Regierung zum Handeln, und der Finanzminister Grabski – vom Parlament mit einer Vollmacht ausgestattet – führte mit der Strenge eines Finanzdiktators eine Währungsreform durch. Vermögensabgaben und eine Vielzahl anderer Maßnahmen konnten die Lage dann stabil halten. Aber wahrscheinlich trug dazu auch ein wenig die große Dollarflut bei, die von der polnischen Emigration aus Amerika und teilweise auch aus Nordfrankreich in das Land floß.

An erster Stelle galt jedoch immer der Dollarkurs, und jahrelang kalkulierte die Bevölkerung nur in Dollar – wie heute etwa auch in Israel. (Bemerkenswert ist, daß, als der Dollar 1933 aufgrund einer Goldpreiserhöhung abgewertet wurde, die polnische Regierung eine Golddollaranleihe weiter in der alten Goldparität bediente und für jeden Golddollar 1,70 abgewertete Papierdollar zahlte. Die Bezeichnung »polnische Wirtschaft« war also nicht berechtigt!)

Die polnische Mark wurde dann im Frühjahr 1924 in Zloty (das bedeutet Goldmünze) umgewandelt. Die neue Währung wurde mit einer großen Feier »willkommen geheißen«. Man richtete sogar einen Nationalfeiertag ein, und die Glocken läuteten überall.

Eine ähnliche Entwicklung erlebte auch die neue österreichische Republik, die nach dem Zusammenbruch der Donaumonarchie den Namen Deutsch-Österreich trug. Nach dem Friedensvertrag wurde der Goldbestand der österreichisch-ungarischen Notenbank unter den Nachfolgestaaten aufgeteilt. Österreich bekam ein Viertel davon.

Das Land war wirtschaftlich in einer äußerst dramatischen Lage. Die Industriegebiete hatte es an die Tschechoslowakei und Polen verloren, die Landwirtschaft war an Ungarn und die touristisch wichtigen Landstriche waren an Italien und Jugoslawien gefallen. Trotz des geringen Territoriumszuwachses durch das Burgenland, das früher zu

Ungarn gehört hatte, war Österreich ein kleiner Staat mit 6,5 Millionen Einwohnern und dem Wasserkopf Wien. Es gab keine energische Regierung, die Geldmenge wurde vermehrt, und auch da stand die Frage »Was macht der Dollar?« auf der Tagesordnung. Anfang 1921 stand er auf 1000 Kronen, zwölf Monate später auf über 5000, und 1922, im Jahr des vollkommenen Zusammenbruchs, stieg der Dollar in wenigen Monaten von 7000 auf 70000 Kronen. Das Land und die Stadt Wien waren die traurigsten Orte in Europa. Ein berühmter Film von 1925, *Die freudlose Gasse* – übrigens der zweite Film der weltbekannten schwedischen Schauspielerin Greta Garbo –, illustriert diese Stadt in der Misere am besten.

Politisch gab es auch keine Ruhe, das Elend der Bevölkerung war zu groß. Dank des Verhandlungsgeschicks, das Bundeskanzler Seipel auf internationaler Ebene bewies, gelang es dem Land mit der Unterstützung des Völkerbundes, eine Anleihe von 575 Millionen Goldkronen zu bekommen. Die Finanzen des Landes wurden vom Völkerbund kontrolliert. Und so konnte am 18. November 1922, genau ein Jahr vor der Stabilisierung der Reichsmark, die österreichische Währung bei einem Dollarkurs von 70000 Kronen fixiert werden.

Zwei Jahre später wurde dann eine neue Währung, der österreichische Schilling, eingeführt, und jeweils 10000 Papierkronen wurden gegen einen Schilling eingetauscht. Damit trat Ruhe an der Währungsfront ein, und während einiger Jahre war die Frage »Was macht der Dollar?« – jedenfalls in Zentraleuropa – nicht mehr aktuell.

»Das ist grotesk und lächerlich«

In Deutschland trat nach der Stabilisierung der Reichsmark im Jahre 1923 eine lange Verschnaufpause für die deutsche Währung ein, bis die Regierung Brüning-Luther die Devisenzwangsbewirtschaftung einführen mußte.

Aber in der Zwischenzeit gab es doch einen ganz besonders dramatischen Fall für die Devisenhändler, und zwar in Amsterdam. Sie hatten dort in sehr großem Maße Devisentermingeschäfte getätigt. Die Reichsmark war gegen den holländischen Gulden de jure bei einer fixen Parität stabilisiert worden. Natürlich existierte eine kleine Bandbreite, in deren Rahmen die beide Währungen gegeneinander variieren konnten. Diese Bandbreite betrug ungefähr zwei Prozent. Nehmen wir also an, daß 100 Mark 100 Gulden entsprechen. Die Mark konnte also zwischen 99 und 101 Gulden floaten. Wenn der Markkurs unter 99 zurückging, mußte die Reichsbank eingreifen und Mark kaufen. Im umgekehrten Fall, wenn also der Kurs über 101 Gulden stand, war die niederländische Notenbank gezwungen, Gulden zu kaufen – so wie es heute im Europäischen Währungssystem (EWS) gehandhabt wird.

Diese Bandbreite galt den Devisenhändlern also als »heilig«, da die Mark nach den gesetzlichen Vorschriften nicht unter 99 fallen oder über 101 steigen durfte. Weil aber zwischen den beiden Ländern auf dem Geldmarkt eine vierprozentige Zinsdiskrepanz existierte (in den Niederlanden waren die Zinsen um vier Prozent tiefer als in Deutschland), konnte man in Amsterdam auf dreimonatige Lieferung die Mark für 98 kaufen.

Es war also ein ganz einfaches Geschäft. Man kaufte 100 000 Mark auf dreimonatige Lieferung zu 98, obwohl die Mark bei 99 stand (sie bewegte sich nämlich eine ganze

Zeit lang auf dem unteren Ende der Skala). Jetzt mußte man die drei Monate ausharren und konnte dann den Betrag im schlechtesten Falle beim unteren Wert, das heißt bei 99 Gulden, verkaufen. Ein Gewinn von mindestens 1000 Gulden lockte. Für dieses Geschäft hatte der Kunde bei seinem Bankier einen Einsatz von nur 3000, maximal 5000 Gulden zu hinterlegen. Eine Garantie war ja nur theoretisch notwendig, denn nach den Vereinbarungen konnte die Mark ja keinesfalls unter 99 sinken.

Die Devisenkrämer rechneten also folgendermaßen: Mit einem Einsatzkapital von maximal 5000 Gulden erhielten sie alle drei Monate 1000 Gulden Profit. Dies entspricht einer Verzinsung von 20 Prozent in drei Monaten. Nach dem Ablauf dieser Zeit kauften sie erneut mit demselben Abschlag für die kommenden drei Monate. Diese Operation wiederholte sich jedes Quartal. Das bedeutete einen Gewinn von 80 Prozent pro anno für den als Deckung hinterlassenen Betrag.

War das nicht ein hervorragendes Geschäft? Die »Karpaten« – so nannte man diese Händler, da sie meist aus Osteuropa stammten – betrachteten die bei den Bankiers hinterlegte Garantie als Kapitalanlage und kassierten Abschlagsummen als Rendite. Von den 80 Prozent konnten sie hervorragend leben.

Und dann kam wieder einmal der Blitz aus heiterem Himmel, die Imponderabilie, mit der man immer rechnen muß – was aber nur die wenigsten wirklich tun.

1929/30 fanden im Pariser Hotel George V. die Reparationsverhandlungen zwischen Deutschland und den Siegermächten statt. Die französische Regierung Poincaré trat hart und fordernd auf. Die Franzosen wollten nicht nur aus materiellen Gründen soviel wie möglich kassieren (sie behaupteten ja, daß die französischen Städte die größten

Zerstörungen erlitten hätten), sondern auch aus politischen Erwägungen. Frankreich beabsichtigte, Deutschland entscheidend zu schwächen und endgültig politisch zu entmachten.

Die Engländer dagegen waren wesentlich moderater. Ihr Land hatte ja auch keine Kriegsschäden zu verzeichnen, lediglich die Ausgaben waren sehr hoch gewesen. Außerdem war England nicht daran interessiert, Frankreich zu stark werden zu lassen – als einzige kontinentale Großmacht. Die alte Konkurrenz zwischen England und Frankreich lebte wieder einmal auf. Es waren schwierige Verhandlungen und Auseinandersetzungen.

Man erwartete also wieder einmal den letzten Vorschlag Frankreichs für die zu fordernde Reparationssumme, den Betrag, den die französische Regierung unter keinen Umständen unterschreiten würde. Dieser Vorschlag war aber wieder so hart und erpresserisch, daß der englische Schatzkanzler Philip Snowdon (der spätere Lord Snowdon) in einem Wutausbruch auf den Tisch schlug mit dem Ausruf: »Das ist grotesk und lächerlich!« Auf dieses undiplomatische Verhalten hin platzte natürlich die Konferenz. In Amsterdam kam es daraufhin zu einer Panik, die Reichsmark fiel mehrere Punkte unter die festgelegte Bandbreite. Die Reichsmark-Käufer wurden »zwangsexekutiert«, da die hinterlegte Garantiesumme von fünf Prozent aufgezehrt war.

48 Stunden später fand der Markt sein Gleichgewicht wieder, die Reichsmark stand so, wie sie stehen mußte. Aber leider zu spät. Die meisten »Karpaten« verloren ihr ganzes Kapital, da sie ja ihre ganzen Profite von 20 Prozent pro Trimester verlebt hatten. Ich glaube, es gibt wenige Menschen, die sich heute noch an diese Geschichte erinnern. Aber der Ausdruck Lord Snowdons, »grotesk und

lächerlich«, ist damals ein geflügeltes Wort geworden, sogar in den Kabaretts.

Ein ähnlicher Unglücksfall passierte auch meinem Freund Lacy Kux, dem vorzüglichen Arbitrageur, auf dessen Geschäfte ich noch zurückkommen werde. Er machte in den fünfziger Jahren große Arbitrage-Transaktionen in englischen Pfund Sterling mit verschiedenen Ländern. Es gehört zwar aus Vorsichtsgründen zur Routine der Arbitrageure, große Engagements nicht über Nacht offenzulassen und sie noch während des Tages abzuwickeln, doch bei Überseegeschäften ist das nicht immer möglich. So ein offenes Engagement hinterließ er eines Abends, und am nächsten Tag brach der Suez-Krieg zwischen England und Frankreich einerseits und Ägypten andererseits aus. Der Pfundkurs rutschte in den Keller, und die Firma, bei der Lacy Kux damals tätig war, geriet in Zahlungsunfähigkeit.

Arbitragegeschäfte – damals und heute

Auf den internationalen Devisenmärkten gab es immer ein besonders reges Arbitragegeschäft. Es bestand darin, daß man sehr kleine Kursdisparitäten zwischen zwei Märkten ausnützte, zwischen London und Frankfurt, zwischen Paris und New York . . .

In London kaufte der Arbitrageur zum Beispiel Schweizer Franken, die er dann in Frankfurt um ein viertel Prozent höher verkaufte. Die Reichsmark, die er dafür erhielt, veräußerte er dann in London. An der ganzen Transaktion verdiente er vielleicht ein Prozent! Prozentual gesehen ist das natürlich recht wenig, es handelte sich aber um sehr große Summen. Ich selbst war einmal sehr in Arbitragegeschäften engagiert.

Ich sandte zum Beispiel Gold aus Paris nach Budapest, dort verkaufte es mein Agent gegen Pengö (die damalige ungarische Währung), die ich dann in Wien gegen österreichische Schillinge eintauschte. Diese Schillinge verkaufte ich anschließend in Paris recht gut. Die Transaktion war damit geschlossen und ließ zwei bis drei Prozent übrig. (Dieses Geschäft habe ich schon 1919 gelernt, in Wien, als die Stadt der Umschlagplatz war für die Währungen der Donaumonarchie. Ich tauschte zum Beispiel österreichische Kronen gegen tschechische Kronen, diese wieder in polnische Mark, die wieder in rumänische Leu, für die Leu bekam ich ungarische Kronen und dafür österreichische Kronen – und die ganze Transaktion konnte einen Profit von zehn Prozent bringen.)

Sehr kompliziert waren diese Geschäfte nicht, nur mußte man äußerst flink sein und – was das wichtigste war, davon hing alles ab – Telefongespräche schnell genug erhalten. Das Telefon war alles. Man mußte dem ausländischen Agenten ja den Auftrag früher als die anderen erteilen, denn die Konkurrenz war sehr groß. Und wenn viele dasselbe machten, waren die kleinen Kursunterschiede in Minuten ausgeglichen.

Großen Verstand und Fachkenntnisse hat man für den Arbitragehandel nicht gebraucht. Jeder Laufbursche konnte das lernen; neben dem Telefon benötigte man nur noch eine Rechenmaschine. Da das Telefon damals noch nicht automatisch war, war derjenige, der zum Telefonfräulein eine gute Verbindung hatte, der Matador. Tüchtige Arbitrageure hofierten also die Telefonistin, beschenkten sie mit Bonbons, Parfum oder sogar Bargeld, denn eine blitzschnelle Verbindung war manchmal Gold wert. Auch Flirts sind zwischen den Händlern und den Telefonfräulein entstanden. Ich kannte sogar einen Makler von der Börse, der eine Telefonistin geheiratet hat. Und eine nützlichere Mitgift als diesen heißen Draht hätte er nicht bekommen können.

Die kleinen Bestechungen waren natürlich streng geheim, denn es ist auch vorgekommen, daß die Direktion solche Sachen entdeckte und dann Sanktionen traf. In manchen Fällen lauschten Arbitrageure sogar Telefongespräche ab, die in der Nachbarkabine geführt wurden.

Diese Art von Arbitragegeschäften mit Romantik gibt es längst nicht mehr, denn alle Händler haben heute direkte Verbindungen mit ihren Agenten und Partnern. Die Kursdiskrepanzen bestehen nicht einmal mehr einige Minuten lang, sondern nur noch wenige Sekunden. Es gibt auch kein Telefonfräulein mehr, das man damals Klingelfee nannte. Ein Kabarettist, der manchmal über die Börse witzelte, dichtete sogar ein Couplet mit dem Anfang: »Hallo, du süße Klingelfee, hallo, sag mir, wie der Dollar steht . . .«

Diejenigen Profis, die man heute Arbitrageure nennt, handeln auf dem Wertpapiermarkt, wo manchmal noch eine Diskrepanz von einem oder zwei Prozent vorkommt – nach Abzug aller Spesen (bei Devisen gibt es keine Spesen). Außerdem muß der Arbitrageur auch eine gute Nase haben, um die kleinen Schwankungen der nächsten fünf Minuten zu wittern. Er kauft zum Beispiel irgendeine Aktie um zwei Uhr nachmittags in Paris, um sie zwei Stunden später bei Eröffnung der New Yorker Börse wieder zu verkaufen. Eine klassische, mathematische Arbitrage ist das natürlich nicht. Solche Geschäfte gehen nach Gefühl und werden in der Erwartung getätigt, daß die New Yorker Öffnungskurse die Tendenz der Pariser Schlußkurse bestätigen – oder auch nicht.

Bei den Devisen ist das noch spekulativer, da die

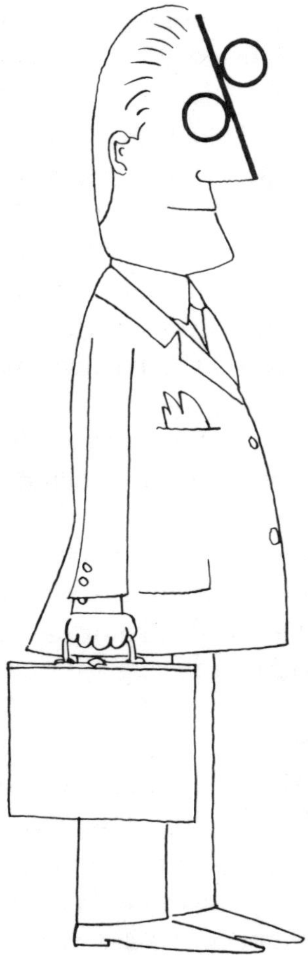

Der Makler
Jan Brychta, © DWS

Umsätze kolossal groß sind. Man spricht heute von 360 Milliarden Dollar Umsatz rund um den Globus im Laufe von 24 Stunden. Die Arbitrageure wollen von den Diskrepanzen profitieren – nicht im Raum zwischen Frankfurt und New York etwa, sondern von den Kursdifferenzen in der Zeit. Der Händler kauft 10 oder 20 Millionen Dollar, um sie einige Minuten später wieder zu verkaufen und dann sogar weitere 10 Millionen leer zu verkaufen. Diese Devisenhändler, die sich für Arbitrageure halten, sind in Wahrheit ganz einfach Devisenspieler, ich nenne sie noch lieber Devisenfritzen.

Jahrzehntelang war die Devisenspekulation relativ einfach. Wenn die internationalen Finanzexperten eine Währung, gerechtfertigt oder nicht, diskreditierten, genügte es, Millionen in dieser Devise leer zu verkaufen, um einen beträchtlichen Gewinn einzustreichen. Gelang es der Spekulation, durch massive Verkäufe oder Käufe die Regierung zu zwingen, ihre Währung auf- oder abzuwerten, war der Coup perfekt. Verteidigte aber die Regierung ihre Währung unter großen Opfern und drastischen Maßnahmen, war der Verlust auf die Spesen begrenzt. Das heißt bei festen Paritäten im Börsenjargon »Freiprämie« oder »auf dem Samt spielen«. War beispielsweise das englische Pfund gefährdet, verkauften die Spekulanten Pfund gegen Dollar leer. War dann der Dollar Zielscheibe der Spekulation, wurde er gegen D-Mark verkauft, in der Erwartung einer Abwertung des Dollar.

Seit der Einführung des Floatings erleben die Devisenspieler aber schwere Zeiten. Vor mehreren Jahren hat sich der Devisenhändler einer angesehenen deutschen Bank wegen der Verluste, die er seinem Institut verursachte, freiwillig das Leben genommen. Die alte und angesehene Franklin National Bank Trust in New York mußte wegen ihrer Verluste auf den Devisenmärkten von der Federal Reserve gestützt werden, und die Westdeutsche Landesbank setzte bei Währungsspekulationen 270 Millionen Mark in den Sand. Sogar die »etepetete« Schweizerische Bankgesellschaft mußte einen ihrer tüchtigsten Direktoren in die Wüste schicken, weil er die Devisengeschäfte in die roten Zahlen geritten hatte.

Wie verliert man 10 Millionen an einem Abend?

Die größte Überraschung war jedoch der Zusammenbruch der angesehenen Herstatt-Bank im Juni 1974, eine von Deutschlands größten Pleiten und ein Ereignis, das unter allen Banken der Welt großes Aufsehen erregt hat. Man erklärte den Zusammenbruch der Kölner Bank mit Devisenverlusten von 850 Millionen Mark. Nach meiner Analyse war jedoch ein so astronomisch hoher Verlust auf normale Weise in dieser Zeit unmöglich. Da es sich nicht um Arbitrage-Transaktionen und nicht einmal um langfristige Spekulationen, sondern um reine Devisenspielerei gehandelt haben soll, möchte ich den Vergleich zu einem Hasardspiel ziehen.

Nehmen wir an, irgendein Sonderling drückte mir im Spielsaal von Baden-Baden oder Monte Carlo einen Betrag von 10 Millionen Mark in die Hand mit der Verpflichtung, diese Summe am selben Abend an einem einzigen Tisch zu verlieren – ich könnte es nicht! Vorausgesetzt natürlich, ich spiele wie am Devisenmarkt nur Pari-Chancen, das heißt nur Rot oder Schwarz, Pair oder Impair, Dollar rauf oder Dollar runter.

Warum kann es mir in Baden-Baden nicht gelingen, 10

Millionen Mark zu verlieren? Weil der Einsatz auf Pari-Chancen für jeden Coup auf 12000 Mark begrenzt ist und pro Stunde maximal 30 Spielpartien möglich sind. Außerdem werde ich kaum jedesmal verlieren – nach den Gesetzen der Mathematik müßte ich langfristig genausooft verlieren wie gewinnen.

Zu der Zeit, als das Floaten der Währungskurse eingeführt wurde, war die Höhe des Einsatzes praktisch ebenfalls begrenzt. Seitdem hat sich der Umsatz zwar verzwanzigfacht – aber zu der damaligen Zeit hätten übermäßige Käufe oder Verkäufe eines Spekulanten die Preise automatisch in die Höhe getrieben beziehungsweise in die Tiefe gerissen.

Solange fixe Paritäten bestanden hatten, konnten die Devisenhändler unbegrenzte Dollarbeträge handeln. Als zum Beispiel im Februar 1973 die multinationalen Mammutgesellschaften nach einer durchgesickerten Geheiminformation von einer unmittelbar bevorstehenden Dollarabwertung profitieren wollten, konnten sie an einem Tag rund 8 Milliarden Dollar in die Kassen der Bundesbank stopfen, die den Kurs halten mußte. Am Tag darauf wurde der Dollar tatsächlich abgewertet, und die Spekulationsgewinne dieser Eingeweihten erreichten wahrscheinlich rund eine Milliarde Dollar. Bei fixen Paritäten konnten die Devisenlöwen also mit diesem Verfahren schnelle Gewinne einstreichen und ihren Vorstand blenden. Sie galten sogar als Genies der Devisenarbitrage, obwohl das, was sie so nannten, reine Spekulationen waren.

Als dann das Floating kam, ist der Devisenmarkt zunächst auf viel kleinere Umsätze geschrumpft. Die Spekulanten konnten nicht mehr »auf dem Samt« spielen. Das Risiko war auf einmal offen. (Heute ist das wieder ganz anders, denn man schätzt die Dollarumsätze, wie gesagt, auf rund 360 Milliarden Dollar rund um die Welt in 24 Stunden. Davon sind mindestens 95 Prozent reines Spiel, und höchstens fünf Prozent entsprechen tatsächlichen Handels- oder Kapitalbewegungen.)

Anfang der siebziger Jahre fiel der Dollar also schon unter dem Druck verhältnismäßig kleiner Angebote, und er stieg dann wieder bei ebenfalls kleiner Nachfrage. Bei den vermuteten und plausiblen Umsätzen und Verlustzahlen hätte die Herstatt-Bank in der zur Verfügung stehenden Zeit 400 Millionen Dollar hin und her handeln und bei jeder Transaktion 2 bis 3 Pfennig pro Dollar verlieren müssen. Nur wenn sie im Februar 1973 eine Milliarde Dollar – damals unrealistisch viel – gekauft und mehrere Monate nach der Abwertung verkauft hätte, wäre der Verlust von 850 Millionen Mark möglich gewesen. Aber dann hätte der Umsatz nur 3 Milliarden Mark ausmachen dürfen, nicht aber 60 Milliarden, wie es gemeldet wurde.

Solche Verluste und Umsätze kann ich mir nur bei fiktiven Geschäften vorstellen. Etwa so: Nehmen wir an, ich bin der Devisenchef der Schlaraffenland-Bank und kann schalten und walten, wie es mir beliebt, ohne jede Kontrolle und ohne Grenzen. Nehmen wir weiter an, der Dollar ist von Mittwoch auf Donnerstag von 2,60 auf 2,57 Mark gefallen (zu Beginn des Floatings ein sensationeller Sturz!). Nun verbuche ich mit der Hilfe eines Spezis bei einer Züricher Bank einen auf Mittwoch zurückdatierten Kauf von 10 Millionen Dollar zu 2,60 Mark auf Rechnung meiner Bank.

24 Stunden später, am Donnerstag also, verkaufe ich dieselben Dollar an meinen Komplizen direkt oder durch einen Dritten zu dem auf 2,57 gefallenen Tageskurs. Die Transaktion ist buchhalterisch korrekt, und der Coup ist gelungen: Schlaraffenland-Bank hat 300 000 Mark verlo-

ren, die bei der Züricher Bank als Gewinn auf mein Nummernkonto gegangen sind. Man kann mir zwar vorwerfen, daß ich ungeschickt operiert habe, aber ein Betrug kann mir nur nachgewiesen werden, wenn die Züricher Bank ihre Hilfe anbietet.

Ob bei Herstatt ähnliches vorgekommen ist und wer gegebenenfalls die Partner waren, ermittelte damals die Staatsanwaltschaft. Ich wollte hier nur illustrieren, daß es möglich ist, eine Bank per Telefon auszuplündern. Deswegen ist es unverständlich, daß viele mittlere und große Finanzinstitute ihren Devisenfritzen freie Hand lassen für Devisengeschäfte mit Millionen und aber Millionen.

Fast jede Bank verfügt über eine Anzahl von Devisenhändlern (Durchschnittsalter 25 Jahre), die freie Hand haben, mit dem Geld des Instituts – auch ohne Kundenaufträge – ausschließlich nach eigenem Ermessen und auf eigene Faust mit Millionen zu spekulieren. Sogar große Multis haben Devisenhändler (man sprach von 30 bei Volkswagen), die nicht nur die Devisengeschäfte ihrer Unternehmen tätigen, sondern auch spekulative Transaktionen durchführen.

Die oben beschriebenen Mißbräuche wären an der Wertpapierbörse nicht vorstellbar. Dort ist jede Transaktion steuerpflichtig und wird deshalb sofort registriert. Auf den Devisenmärkten dagegen sind Milliardenumsätze möglich, nach dem gleichen System, mit dem die Juden in den Wiener Kaffeehäusern ihre kleinen Geschäfte abgewickelt haben: aus der Tasche heraus, mit Buchführung in winzigen Notizbüchern.

Es gibt auch andere »legale« Formen, wie man mit Devisengeschäften, natürlich mit Vollmacht, aber für die Rechnung der Firma, diese übers Ohr hauen kann.

Ich kaufe morgens um zehn Uhr 10 Millionen Dollar von

der Züricher Bank, mit der ich befreundet bin. Steigt der Kurs im Laufe der nächsten Stunden, verkaufe ich sie mit einem Gewinn, der auf das Nummernkonto in Zürich geht. Fällt der Kurs, wird der Verlust zu den Lasten der Schlaraffenland-Bank geschrieben. Mit dieser Methode muß Schlaraffenland-Bank auf die Dauer Millionen verlieren, und ich muß Millionen gewinnen. Werden solche Betrügereien entdeckt, feuern die Firmen ihre Devisenfritzen in aller Stille, damit kein rufschädigender Skandal entsteht.

Es liegt mir fern, gegen die Spekulation zu wettern; aber ein Börsianer spekuliert mit eigenem Geld, nicht mit dem Geld der Banken. Deswegen schrieb ich in meiner *Capital*-Kolumne vom August 1974 nach der Herstatt-Pleite, »daß es zu hoffen wäre, daß zur Sicherheit der Banken und Firmen von nun an eine tägliche scharfe Kontrolle der Transaktionen von Devisenhändlern vorgenommen wird. Sonst bleibt Herstatt kein Einzelfall.«

Und tatsächlich ereignete sich 1986 ein weiterer Devisenskandal – dieses Mal bei Volkswagen, mit einem Verlust von 450 Millionen Mark. Natürlich kann ich zu den Devisentransaktionen bei Volkswagen und zu den großen Verlusten, die daraus entstanden sind, nichts Genaues sagen; ich habe ja keinen Zugang zu den Büchern. Aber nach der Devise: »Se non è vero è ben trovato« – Wenn es auch nicht wahr ist, so ist es doch gut erfunden – erscheint mir folgende Erklärung sehr plausibel: Es könnte sich derselbe Betrug abgespielt haben wie vor einigen Jahren bei Herstatt. Nur diesmal nicht in der Zusammenarbeit mit der Bank eines westlichen Landes, sondern, wie berichtet wurde, mit einer ungarischen Bank. Das hätte den großen Vorteil gehabt, daß der Verbleib der illegal verdienten Gelder nicht nachzuprüfen gewesen wäre, denn die ungarischen Behörden gewähren deutschen Fahndern keinen

Einblick in ihre Bücher, während eine Schweizer Bank dies sofort gestatten würde. Vielleicht erfahren wir demnächst Genaueres über diesen Fall.

Der perfekte Arbitrageur

Unter gewissen Umständen und zu gewissen Zeiten würde ich Arbitragegeschäfte doch als Wissenschaft bezeichnen. Dann nämlich, wenn dazu mehr nötig ist, als nur ein Blitztelefonat zu führen, und wenn der Arbitrageur vielseitige und genaue technische Kenntnisse besitzen muß. Aufgrund zunehmender Beschränkungen für solche Transaktionen, aufgrund von Währungskontrollen, Steuerbestimmungen und anderen Maßnahmen sind Arbitragen im Laufe dieses Jahrhunderts komplizierter geworden. Unter solchen Voraussetzungen müssen die verschiedenen raffinierten Operationen geschickt verknüpft werden.

Die Arbitragegeschäfte – obwohl sie immer schon Devisenarbitragen waren, da sie auf Währungsdiskrepanzen beruhen – haben mittlerweile ein Netz über die ganze Erde geworfen und den Rahmen normaler Devisenarbitragen gesprengt. Der Arbitrageur springt, je nachdem wie es seine Transaktionen erfordern, von einem Platz zum anderen, tauscht Wertpapiere gegen Rohstoffe, Aktien gegen Staatsanleihen, Anleihen gegen Edelmetalle oder gegen die verschiedensten freien oder gesperrten Währungen. Diesem wirbelnden Reigen vermag ein Laie unter keinen Umständen zu folgen.

Im Zuge dieser Zauberkunststücke machen die Transaktionen fast eine Reise um die Welt durch 80 Börsen – allerdings in noch nicht mal 8 Tagen – und bringen denjenigen, die sie erdacht, aufgebaut und schließlich ausgeführt haben, einen nicht unbeträchtlichen Gewinn ein.

Da war zum Beispiel jene Rundreise, die mit wahrer Meisterschaft in den Nachkriegsjahren aufgezogen wurde.

Als der Zweite Weltkrieg Frankreich aus seinen Klauen gelassen hatte, begann das Land wieder im Rhythmus seiner zurückgewonnenen Freiheit zu leben. In der Zeit der Feindseligkeiten war der Kreislauf des Kapitals sowohl aus praktischen wie auch aus psychologischen Gründen unterbrochen gewesen. Zu der Schwierigkeit, Zinsen für die Coupons ausländischer Wertpapiere ausgezahlt zu bekommen, kam das Mißtrauen, der Schutzinstinkt, der dem einzelnen eingibt, bei drohender Gefahr zuerst sich selbst und gleich danach sein Hab und Gut zu verbergen. Vergraben unter Bäumen, versteckt auf dem Grund irgendwelcher trockengelegter Brunnenschächte oder auch verborgen in den Erdhöhlen eines uralten Waldes, so warteten die Wertpapiere, bis sie in weniger schwierigen Zeiten wieder ans Tageslicht kommen konnten.

Statt gleich zu ihren Verstecken zu laufen, hatten die Eigentümer dieser Wertpapiere (hauptsächlich südafrikanische Goldminen-Aktien) Verstand genug, erst einmal zu überlegen, ob das plötzliche Wiederauftauchen so vieler Wertpapiere die Regierung nicht in Versuchung führen könnte, diese einfach zu beschlagnahmen. Für Monsieur Martin wie für Madame Dupont gab es nur einen einzigen Zufluchtsort, nur einen einzigen sicheren Hafen – so glaubten sie jedenfalls naiverweise seit Jahr und Tag –, wo ihr Vermögen vielleicht den nächsten Sturm überstehen könnte: im Gold. Nicht in Franken, nicht in Dollar, nur in purem Gold, in Barren oder Napoleon-Münzen (diese Münze war in Frankreich so verbreitet wie heute in der Bundesrepublik die Krüger-Rand-Münze).

Man mußte sich also dieser Wertpapiere, die im Dornröschenschlaf lagen, entledigen und diese vielen Tonnen Papier in wirkliches, gelbes Metall verwandeln. Wieder einmal wirkte das Fluidum des Goldes, von dem jedermann, angefangen bei Volpone und Mercadet, glaubt, daß es den Menschen vor allen Mißlichkeiten beschütze. In den tiefsten Tiefen der Geldschränke sollten die guten Goldbarren oder Münzen die Goldminen-Aktien ersetzen, die ihrerseits dann eine überstürzte Reise in alle Himmelsrichtungen antraten. Spezialisten des Grenzverkehrs wußten ihnen den Weg aus Frankreich nach Genf zu bahnen, wo die Goldminen-Aktien einem amerikanischen Arbitrageur zur Verfügung gestellt wurden. Er bezahlte dafür in Dollar.

Der Arbitrageur, mein Freund Lacy Kux, stammte nicht aus Boston und nicht aus Texas. Er war in der Slowakei geboren, hatte in Wien die Schule besucht, in London und Leipzig Nationalökonomie studiert und an der Sorbonne klassische Kultur in sich aufgenommen. Schließlich kam er nach Amsterdam, wo er an der Börse volontierte, bevor er in London seine Ausbildung als Bankier bei der Firma Singer und Friedländer begann. Während des Zweiten Weltkrieges ging er nach New York, wo er bei der Firma Sutro Brothers das Arbitragegeschäft leitete.

Kurz, er war der perfekte Arbitrageur . . . Außerdem hatte er einen Bruder in Johannesburg, einen Vetter in Sydney, einen Schwager in London und viele Freunde, Kollegen und Berufsgenossen überall in der Welt, unter ihnen auch mich.

Er hörte das Gras da wachsen, wo es sproß, und wußte seine Entscheidungen innerhalb einer Sekunde zu treffen. Er kannte auch die Verordnungen und Regeln aller Länder und alle Tricks, wie man Schwierigkeiten umgehen kann. Die Arbitragemöglichkeiten, die einen großen Profit abwerfen, sind nicht jedermann bekannt, und sie werden auch nicht kolportiert. Im Gegenteil, sie werden wie das Herstellungsverfahren eines wertvollen Produktes streng geheimgehalten. Arbitragemöglichkeiten muß der Fachmann selber finden oder *erfinden.* Mein Freund Lacy Kux war der genialste Virtuose dieser komplizierten Geschäfte, aber dies war ja schließlich auch sein Beruf.

Dank seiner Dollar konnten die Barren, die Napoleon-Münzen und die Sovereigns, dieses ganze so heiß ersehnte Gold, den Weg nach Frankreich einschlagen, wo das französische Publikum wegen der großen Nachfrage nach den Goldmünzen sogar eine Prämie von 100 Prozent Aufschlag auf den eigentlichen Goldwert zahlte. Dazu kam dann noch ein Profit von zehn Prozent für die Schieber, die die Münzen aus Genf oder manchmal auch aus Tanger schmuggelten.

Im 32. Stock eines Wolkenkratzers in Wall Street, im traurigen Mosaik dieser Glaskäfige mit ihren luxuriös-unpersönlichen Büros, überlegte Lacy Kux, ob ihm hier wohl der schönste Coup seiner Laufbahn als Arbitrageur gelingen werde. Mit einem Telefongespräch würde er die Papiere aus Genf in ein Land dirigieren, wo der Staat, speziell in Steuerangelegenheiten, eine weniger schwere Hand hatte: nach Havanna in Kuba.

Denn während der Kriegsjahre hatten die in Frankreich begrabenen Aktien einen »langen Bart« bekommen, das heißt, sie waren mit einem langen Streifen von rückständigen Coupons, deren Inkasso unterblieben war, versehen. Im Nothafen Kuba wurde der Bart der Coupons abrasiert und nach London geschickt, wo die Zahlung in steuerfreien Dollar erfolgte, da er für kubanisches Konto abgerechnet wurde.

Von ihren Coupons befreit, gingen auch die Wertpapiere

auf die Reise, und zwar nach New York. Von seinem Hauptquartier aus bereitete Lacy Kux die nächste Etappe vor: Die zweite Überquerung des Atlantiks führte die Minenaktien zu Stock Exchange in London, wo sie verkauft werden sollten. Die britischen Käufer bezahlten den Gegenwert der Papiere in »gesperrten Pfund Sterling« (»switch sterling« genannt). »Switch sterling« waren nur für den Kauf anderer Wertpapiere verwendbar; das heißt, sobald sie auf dem Konto der amerikanischen Firma lagen, waren sie »gesperrt«.

Lacy Kux kaufte an der Londoner Börse mit den Sperr-Pfund brasilianische Staatsanleihen sowie argentinische Aktien jeglicher Art (Brauereien, Mühlen, Eisenbahnen etc.), denn er hätte bei einer direkten Konversion der gesperrten Pfund Sterling in Dollar einen Abschlag von 40 Prozent hinnehmen müssen.

Daraufhin lancierte er die Papiere von seinem Wolkenkratzer in Manhattan aus nach Buenos Aires und Rio de Janeiro, in ihre Ursprungsländer, die begierig waren, ihnen wieder Heimatrecht zu geben. In Argentinien und Brasilien wurden die Aktien mit gesperrten Cruzeiros und Pesos bezahlt – gesperrt, weil in beiden Ländern das Geld nur verwendet werden durfte für den Einkauf von Erzeugnissen, deren Export gefördert werden sollte: Kaffee, Kakao, brasilianische Baumwolle oder auch argentinisches Gefrierfleisch.

Lacy Kux besaß nun Sperr-Cruzeiros und Sperr-Pesos, hatte aber nicht die Dollar zurückbekommen, die er in Genf ausgegeben hatte.

Was sollte er mit den Cruzeiros und Pesos machen? Er kam hier mit einer eisernen Regel in Konflikt, die Brasilien und Argentinien aufgestellt hatten: Für sie war Amerika gleich Dollar, wie auch heute noch. »Wenn die Yankees unseren Kakao, unseren Kaffee trinken, unser Fleisch essen wollen, dann sollen sie gefälligst auch in harten klingenden Dollars bezahlen – oder wir verkaufen ihnen gar nichts«, sagten sie. Doch die armen Verwandten der Nachkriegszeit, die Japaner, die Finnen und die Russen zum Beispiel, die durften ihre Einkäufe in Brasilien und Argentinien mit gesperrtem Geld bezahlen.

Sofort verkaufte unser Lacy Kux seine Sperrguthaben in Helsinki, Tokio oder Moskau, wo sie sich in Kakao, Baumwolle, Kaffee oder Gefrierfleisch – importiert aus Brasilien oder Argentinien – verwandeln durften. Der Reigen ging manchmal noch weiter, denn es kam vor, daß Finnland einen Teil der eingekauften Waren nach Rußland leitete, um damit alte Schulden zu bezahlen. Obwohl Finnland ein armes und vom Krieg verwüstetes Land war, hatte es dennoch die Dollar zur Verfügung, um Lacy Kux in New York zu bezahlen. Finnland exportierte Papierbrei aus seinen Wäldern im hohen Norden in alle Länder der Welt.

Man könnte hier nach dem Sinn dieses Geldtanzes fragen. Warum haben Helsinki oder Tokio gesperrtes Geld gekauft, um damit Waren zu kaufen, die sie sich leicht mit ihren eigenen Dollar hätten beschaffen können? Der Grund dafür war einfach: Die gesperrten Devisen erhielten sie ja mit großem Abschlag.

Der Mechanismus dieser Reise war also folgender: Das französische Publikum wollte sich seiner Goldminen-Aktien entledigen und war auf das Metall Gold versessen. Also wurden die Aktien zu Spottpreisen verschleudert, und für Gold in Münzen und Barren wurden überhöhte Preise gezahlt. Lacy Kux konnte sich dadurch seine Cruzeiros und Pesos so billig beschaffen und sie so günstig weiterverkaufen, daß die Finnen und Japaner ihre Warenimporte aus Südamerika mit diesen Geldsorten vorteilhafter finanzieren konnten, als wenn sie die Waren gleich in Dollar bezahlt hätten. Für Lacy Kux jedenfalls war das eine schöne runde Sache; der Kreis war geschlossen, er hatte seine Dollar zurück.

Aber es gab noch viele andere Variationen des gleichen Themas. Eine auf den Metallhandel spezialisierte Firma in Beirut – die Stadt galt damals als die Schweiz des Nahen Ostens – hatte zum Beispiel entdeckt, daß die Gesetze eine Lücke aufwiesen. Wenn unter bestimmten Umständen englische Pfund zugunsten einer dänischen Bank transferiert wurden, dann konnte man sie gemäß dem anglodänischen Abkommen von 1917 zum Einkauf von Rohstoffen aus dem britischen Imperium verwenden. Die Entdeckung wurde bald in klingende Münze verwandelt. Unter dänischer Flagge segelten Zinn aus Singapur und Kautschuk aus Malaya nach Rotterdam. Singapur und Malaya gehörten damals ja noch zum Britischen Empire. Dann bezahlten die Amerikaner in Dollar, und der Kreis war wiederum geschlossen.

Eine weitere Lücke dieser Art war die Basis für eine dritte Variante. Absprachen mit der Bank von England ermöglichten den Ankauf von Silber im Fernen Osten, in Indien und China gegen die erwähnten Sperr-Pfund. Das weiße Metall ging in die Münze nach Wien, wo es zu Maria-Theresia-Talern geprägt wurde. Diese wurden nach Dschibuti geschifft und dort von denen gekauft, die sie für Einkäufe in Abessinien brauchten.

So merkwürdig es erscheinen mag, diese Münzen mit dem Profil der habsburgischen Kaiserin waren gültiges Zahlungsmittel im Reiche des Negus, und da die Käufer der Taler in Dollar zahlten, war der Kreis erneut geschlossen!

Was war bei diesem Reigen des Geldes und der Waren

aus den in London verkauften Goldminen-Aktien geworden? Ein Teil der Papiere war auch nach Johannesburg gelangt, um gegen englische Staatspapiere eingetauscht zu werden, die nach Großbritannien zurückkehrten. Die Nachkriegszeit hatte überall eine umfangreiche Heimkehr-Bewegung für nationale Wertpapiere hervorgerufen. Die Argentinier kauften ihre Brauereien und ihre Eisenbahnen zurück, die Brasilianer ihre Staatsanleihen, die Südafrikaner ihre Goldminen und die Engländer alle möglichen Wertpapiere, die sich außerhalb ihrer Grenzen befunden hatten. Diese Repatriierungswelle ergriff unversehens alle Märkte der Welt. Dies war keine neue Sache, denn schon nach 1930 waren solche Reaktionen zwischen zentraleuropäischen Staaten mit Devisenbeschränkungen und Amerika vorgekommen, als Schuldnerländer ihre einheimischen Papiere zurückkauften.

Der andere Teil der Goldminen-Aktien verwandelte sich aus Inhaberpapieren in Namenspapiere und kehrte in dieser Form auf den Kontinent nach Paris zurück. Andere Martins und Dupons kauften sie, doch diesmal ohne alle Heimlichkeit, mit Geldern, die dem Fiskus nicht verhehlt wurden.

Für eine Handvoll Dollar . . .

Hätten die im letzten Kapitel beschriebenen Reisen um die Welt über 80 Börsen (frei nach Jules Verne) nicht Milliarden französischer Spargroschen gekostet, so könnte man fröhlich feststellen, daß die Komödie ein Happy-End gehabt habe.

Nur hat es wirklich Milliarden gekostet, denn jede Transaktion brachte ihrem Urheber namhafte Gewinne, trotz der Kosten; und die Gewinne verursachten jedesmal einen Rückprall und lösten eine neue Transaktion aus, an der wieder andere verdienten. Der Grund war, daß die Franzosen die Goldminen-Aktien schleuderten und das Metall Gold überzahlten. Außerdem waren Sperr-Pfund mit einem großen Abschlag gegenüber dem offiziellen Preis zu haben. Es gab 17 verschiedene Sorten von »switch sterling« je nach der Nationalität ihres Besitzers.

Diese Milliarden stellten den Unterschied dar zwischen dem Verkaufspreis, zu dem sich die Papiere zum erstenmal heimlich auf den Weg in die Schweiz machten, und dem offiziellen Kaufpreis bei der Rückkehr nach Frankreich.

Mein Freund Lacy Kux ist leider schon seit mehreren Jahren tot, und wie ich es einmal vorausgesehen habe, er erlag einem Herzinfarkt inmitten seiner Arbitragegeschäfte. Dies ist nicht verwunderlich. Die Hektik seines internationalen Arbitragenetzes war sicher ein Grund für sein Ende. Ich habe ihn genau beobachten können, da ich drei Monate lang in seinem Büro bei Sutro Brothers neben ihm saß, um die Finessen dieses Berufes kennenzulernen.

Der Arbitrageur Lacy Kux, von dem ich so viel gelernt habe, sitzt nun irgendwo in der anderen Welt vor seinem Telefon und seiner Rechenmaschine und zerbricht sich gewiß den Kopf, welche Werte und welche Währungen er in einem neuen Arbitragegeschäft zwischen Paradies, Fegefeuer und Hölle tauschen könnte. Gar kein Zweifel, daß er schon einige gefunden hat.

Er war ein Gelehrter auf diesem Gebiet und kein Künstler, und deswegen war er auch ein sehr schlechter Spekulant. Nicht einer seiner Tips, die er in den vielen Jahren weitergegeben hat, war erfolgreich – oder vielleicht maximal auf 24 Stunden. Denn das ist ja der große Unterschied zwischen Arbitrageuren und Spekulanten. Die Phantasie des Arbitrageurs ist winzig, er kauft etwas zu 100, um es auf einem anderen Markt zu 101 zu verkaufen. Wenn er 103 erreicht, ist dies schon ein großer Erfolg. Der Spekulant kauft etwas in der Hoffnung und von der Phantasie beflügelt, es zu 200 zu verkaufen. Und insgeheim meint er, im schlechtesten Falle werde er es auch zu 150 los. *Deswegen kann auch ein Arbitrageur nie ein guter Spekulant sein.*

Die beschriebene Spekulation in 80 Börsen war natürlich eine Ausnahme. Da war zum Schluß die Marge nicht drei Prozent, sondern viel mehr. Und es gab manchmal auch Gelegenheiten, wo man 30, 40 Prozent Gewinn zwischen zwei Plätzen machen konnte, aber auch nur deshalb, weil man die wichtigsten Tricks kannte. Außerdem fand all dies im Chaos der Nachkriegsjahre statt. Denn nur wenn mindestens ein Glied in einer solchen Arbitragekette illegal oder am Rande der Legalität ist, entstehen die großen Differenzen. An der Lacy-Kux-Transaktion war illegal: der Handel mit den ausländischen Papieren an der Börse in Frankreich und ihre Ausfuhr in die Schweiz, die Einfuhr von Gold sowie das Ausnützen der großen Diskrepanzen zwischen dem offiziellen Pfundkurs und dem Kurs der »switch sterling« verschiedener Herkunft.

Nach der Maxi-Arbitrage meines Freundes Lacy Kux aus New York möchte ich die Geschichten zweier Mini-Arbitragegeschäfte in Währungen erzählen. Schon aus dem Grunde, weil sie ulkig sind und wieder einmal illustrieren, was alles im Irrgarten der Währungen möglich ist.

Die erste Geschichte: Nach dem Zweiten Weltkrieg, als keine normalen internationalen Devisentransaktionen getätigt wurden, war der Dollar in der neutralen Schweiz heftig abgewertet. Die offizielle Parität betrug zwar 4,30 Franken für einen Dollar, und dies war für alle Handelstransaktionen gültig. Die sogenannten Finanzdollar jedoch, die mit keinem Warengeschäft verbunden waren – also weder zum Export noch zum Import dienten –, waren kurzfristig sogar unter 2 Franken gefallen. Natürlich konnte man mit Finanzfranken Waren weder einkaufen noch verkaufen, nur Kapitalbewegungen durchführen.

Gleich nach dem Krieg stand der Dollar für den Handel immer zu 4,30, und der Finanzdollar, nach dem Tiefpunkt stark erholt, auf 3,30 Franken. Der Kurs von 4,30 galt auch für den Tourismus. Jeder ausländische Tourist in der Schweiz konnte bei Vorlage seines Reisepasses monatlich 1000, in gewissen Fällen auch 2000 Dollar zu diesem offiziellen Kurs einlösen. Wenn also ein Tourist am Bankschalter 2000 Dollar wechselte, bekam er 8600 Franken dafür. Mit diesem Geld konnte er dann an einem anderen Schalter (oder aus ästhetischen Gründen in einer anderen Bank) die 2000 Dollar für 6600 Franken zurückkaufen. Der reine Profit betrug also 2000 Franken.

Dies konnte man längere Zeit hindurch jeden Monat machen. Ich kannte eine Familie mit zwei Kindern in Stresa auf der Südseite des Lago Maggiore. Einmal im Monat fuhren sie nach Locarno, gingen in eine Bank und wechselten 8000 Dollar um. Diese Transaktion wiederholten sie jeden Monat. Von dem Kursunterschied konnte die Familie in Stresa äußerst angenehm leben und sogar noch etwas zurücklegen. Denn der Franken hatte damals eine zehnmal so hohe Kaufkraft wie heute, und der Betrag von 2000 Franken war das Doppelte dessen, was eine Familie in Italien damals brauchte.

Die andere Geschichte geht so: In den dreißiger Jahren nach der Machtübernahme Hitlers begann eine große Auswanderungswelle der deutschen Juden. Hitler hatte ja gedroht, sie sollten so schnell wie möglich packen gehen, denn wenn sie zu lange warten würden, hätten sie nichts mehr zu packen. Die Juden veräußerten, soviel sie konnten, Unternehmen, Sachwerte, Immobilien, Wertpapiere, und deponierten das Geld bei der Bank, wo es als Sperrkonto gebucht wurde. Diese sogenannte Sperrmark durfte von ausländischen Touristen benutzt werden. Bevor ein amerikanischer oder englischer Tourist nach Deutschland kam, konnte er im Ausland diese Sperrmark kaufen und damit dann seine Unterhaltskosten in Deutschland decken. Ich erinnere mich nicht mehr genau an den Betrag, den sie täglich ausgeben durften, doch war es sicherlich zwei- bis dreimal soviel, wie man brauchte, um in Deutschland als Tourist gut auszukommen.

Viele Ausländer entdeckten diese Möglichkeit und kauften die Sperrmark mit einem Disagio von 40 Prozent. Die Kosten für ihren Lebensunterhalt wurden dadurch um den entsprechenden Prozentsatz vermindert. Aber da der Betrag viel höher war als der tatsächliche Verbrauch, konnten sie den Rest auf dem freien Markt gegen nur wenige Prozent Abschlag in Dollar rekonvertieren.

Es gab sogar einige ganz pfiffige Burschen, die folgendes System erfunden hatten: Sie spielten in Baden-Baden auf demselben Roulette-Tisch, der eine ununterbrochen nur Schwarz, der andere nur Rot. Gewinne und Verluste waren also ausgeglichen. Bis auf den Fall natürlich, daß Zero kam.

Da die beiden bei den Spielsaalkontrolleuren schon bekannt waren als tägliche Spieler, konnten sie den Vorschriften gemäß am Ende des Tages zum Schalter des Spielkasinos gehen und die in ihrem Besitz befindliche Reichsmark in Dollar konvertieren. Zwar besagt ein altes Gesetz, daß ein Spieler durchaus manchmal gewinnen kann, letztlich aber verlieren muß – und jeder Kasinobesitzer kennt natürlich dieses Gesetz –, aber man konnte ja schlecht jeden Spieler jeden Tag genau registrieren. Wenn das

Gesicht familiär war, konnte der Besucher die Mark umwechseln.

Diese Mini-Arbitragegeschäfte waren kleine Fische, aber gute Fische, von denen manchmal Hunderte von Menschen lebten. Natürlich gab es noch Dutzende anderer Möglichkeiten, die zu beschreiben aber die Grenzen dieses Buches sprengen würde.

Ein Eigentor

Es gibt wohl kein besseres Beispiel dafür, daß bei Spekulationen und besonders im Devisenhandel auch die intimsten Informationen wertlos, ja sogar gefährlich sein können, als die Geschichte des ehemaligen französischen Ministers und späteren Präsidentschaftskandidaten Joseph Laniel. Seitdem sind über 30 Jahre vergangen, und ich nehme mir nun die Freiheit, selbst die Namen zu nennen.

Bis heute kennt niemand die Einzelheiten dieses Falles. Ich erhielt aber durch Zufall die Gelegenheit, diese Geschichte aus Informationsfragmenten verschiedener Quellen zusammenzustellen.

Ich hatte einen guten Bekannten, ein gebürtiger Franzose, der aber ein erfolgreicher Geschäftsmann in Mexiko geworden war. Er hatte zwischen der mexikanischen Regierung und französischen Industriellen große Geschäfte abgewickelt und stand in einer gewissen Partnerschaft mit den verschiedenen Firmen der Familie Laniel. Einige Tage vor den Osterfeiertagen 1952 traf ich ihn in der Halle des Carlton-Hotels in Cannes. Er setzte sich zu mir und stellte mir folgende merkwürdige Frage:

»Was halten Sie, André, vom französischen Franc? Glauben Sie nicht, daß er abgewertet wird?«

Erstaunt bemerkte ich: »Warum, ich sehe keinen Grund dafür.«

»Doch«, war die Antwort, »es gibt verschiedene Argumente dafür, die zu kompliziert sind, um sie Ihnen hier zu erklären. Aber ich glaube, daß er abgewertet wird.«

»Ich verstehe wirklich nicht, warum«, meinte ich.

Er war aber hartnäckig und behauptete, der französische Franc werde noch vor dem Herbst devalviert. Viel später erst verstand ich den Grund für seine Sicherheit. Er war ja ein Eingeweihter, da er mit der Gruppe Laniel in enger Verbindung stand und wahrscheinlich sogar in den Transaktionen der Gruppe gewisse Interessen hatte.

Kurz und gut, einige Tage später, am Ostermontag abends, kam er im Kasino auf mich zu und meldete mit entsetzter Miene: »Soeben erfuhr ich, daß die mexikanische Regierung den Peso um 35 Prozent abgewertet hat.« Er war außer sich, die Nachricht hatte ihn ungeheuer schwer getroffen. Warum, das entdeckte ich dann erst später . . .

In dieser Zeit war Senator Joseph Laniel Regierungschef. Die finanziellen Schwierigkeiten, die in Frankreich herrschten, waren die Folge eines Mangels politischer Stabilität, den die ganze Welt beklagte, den aber nur wenige zu beheben überhaupt versuchten.

Senator Laniel war Anfang der fünfziger Jahre an die Macht gekommen. Er hatte mit seinen Vorgängern nicht viel Ähnlichkeit. Laniel stammte aus einer der größten Familien der Industrie und des Handels und war der Herr über eine Vielzahl von blühenden Familienunternehmen, die ebenso erfolgreich wie solide waren. Vielleicht aus nationalen Gründen, aber wohl auch, weil sich seine persönlichen Geschäfte dadurch noch abrunden würden, wünschte er eine Abwertung des Franc und arbeitete insgeheim darauf hin. Trotz entsprechender Gerüchte, die sich auch hartnäckig hielten, erforderte die Situation jedoch keineswegs eine solch strenge Maßnahme. Jedenfalls glaubten gut informierte Leute wie zum Beispiel mein Freund fest an die Abwertungspläne der Regierung, und sie täuschten sich diesmal nicht ganz.

Der Regierungschef wollte die Abwertung wohl deswegen, weil er schlicht und einfach gegen den Franc spekuliert hatte. Dabei bediente er sich einer wahrlich genialen Kombination, bei der alle Gesellschaften seiner Familie engagiert waren. Diese Firmen hatten in großem Stil Waren nach Mexiko verkauft. Die mexikanischen Importeure, unter ihnen auch der Staat, hatten mit auf Pesos lautenden Wechseln bezahlt, eine damals durchaus solide Währung. Die Laniel-Firmen brachten natürlich die Wechsel der französischen Notenbank zum Diskont. Sie waren also im Besitz eines Guthabens in mexikanischen Pesos und einer Schuld in Francs gegenüber der Notenbank. Das Interesse des Ministerpräsidenten und seiner Familie an einer Abwertung ist leicht zu verstehen, um so mehr, als es sich bei diesem Geschäft um riesige Summen handelte. Eine Schuld in Francs gegen ein Guthaben in mexikanischen Pesos ist genaugenommen eine Devisenspekulation auf den Sturz des französischen Franc.

Es war soweit alles »in Butter«, als ein Hindernis auftauchte, das das ganze schöne Gebäude zum Einsturz brachte. Aufgrund gebieterischen Vetos des Fachmanns auf diesem Gebiet, des Finanzministers Edgar Faure, fand die Abwertung nicht statt. Er erklärte mir viele Jahre später: »Ich habe überhaupt keine Notwendigkeit dafür gesehen.« (Von den mexikanischen Wechseln wußte er natürlich nichts, er kannte lediglich die scharfe Argumentation Laniels für die Abwertung.)

Was jedoch dann stattfand, war noch viel dramatischer. Ohne die geringste Vorankündigung, ohne Vorwarnung, gab die mexikanische Regierung am Samstag vor Ostern 1952 eine Blitzabwertung des Peso um 35 Prozent bekannt. Für den Ministerpräsidenten und seine Familie verringerte sich das Peso-Guthaben um 35 Prozent, aber die Schuld in Francs blieb leider gleich. Das zu stopfende Loch war so groß, daß die Familienreserven, die, wie es hieß, sehr bedeutend gewesen waren, darin verschwanden. Ein Regierungschef, der seine Familie zu Spekulationen gegen die Währung des eigenen Landes veranlaßt, das sollte doch eigentlich ein sicherer Tip sein!

Ich frage mich sogar, ob ich mich dieses eine Mal – und wenn ich rechtzeitig gewußt hätte, daß Laniel auf den Sturz des Franc spekulierte – nicht doch auch hätte verführen lassen, trotz meiner Überzeugung, daß alle Tips falsch sind. Aber so ein Tip!

Politik und Börse gehen häufig Hand in Hand. Es ist nicht erstaunlich, daß diejenigen, die politische Geheimnisse erfahren, versucht sind, sie auszunützen. Um Geld zu verdienen, ist jedes Mittel recht; eine unwiderstehliche Macht treibt den Menschen zum Gewinn. Was gibt es Einfacheres als die Spekulation, besonders wenn es nur eines leichten Daumendrucks bedarf, um das Schicksalsrad zu drehen. Jedes politische Ereignis und jede Maßnahme wird genutzt, um das Ziel zu erreichen: Währungsumstellungen, Handelsabkommen, Erlasse aller Art, nationale oder sogar internationale Beschlüsse bis hin zu bewaffneten Konflikten, wenn es nötig ist.

Interessant als weiterer Beweis meiner Theorie, daß Information oft gleich Ruin ist (»information = ruination«), ist der berühmte Boesky-Skandal, der Wall Street Ende 1986 bewegte.

Ich habe bereits am Anfang dieses Buches erwähnt, daß die amerikanischen Banken damals eine wichtige Insider-Information besaßen: Die US-Regierung würde den Dollar abwerten, wenn die Europäer sich nicht bereit erklärten, ihre Währungen aufzuwerten. Die amerikanischen Geldinstitute verkauften daraufhin noch schnell rund 10 Milliarden Dollar, die die Deutsche Bundesbank aufnehmen mußte. Da die Bundesbank nicht bereit war, weiterhin derart monströse Summen zu übernehmen, schloß sie ihre Schalter für die amerikanische Währung – und die Abwertung des Dollar war da. Die amerikanischen Banken haben also binnen 24 Stunden einen Riesenprofit eingesteckt.

Auch die US-Bankiers sind keine Waisenknaben. – Das heißt: »auf dem Samt spielen«!

Die Weekend-Spekulanten

Ein Jahr hat 52 Wochenenden. Und keines ähnelt dem anderen. Jeder findet einen anderen Reiz in ihnen: Der eine spielt Golf, der andere begeistert sich für Ski, wieder andere haben Freude am häuslichen Garten. Und dann gibt es welche, die am Wochenende ihr materielles Schäfchen ins trockene bringen wollen. Sie spekulieren auf große politische, besonders aber finanzielle Ereignisse, die nach den zwei freien Tagen eintreten können.

Wenn sich eine Regierung zu einer großen finanziellen Transaktion, sagen wir zu einem Währungsharakiri, entschließt, ist es fast sicher, daß sie die 48 Stunden dazu aussucht, während deren Handelsherren, Bankleute, Finanziers auf der faulen Haut liegen. Es gab eine Zeit, in der die Herren Weekend-Spekulanten besonders unternehmungslustig waren. Sie verkauften schon am Freitagabend irgendeine Währung (ohne sie zu besitzen) mit Lieferung am Dienstag, in der Hoffnung, sie montags nach der Entwertung billig einkaufen zu können.

Schlug ihre Spekulation nicht ein, hatten sie nur einige Pfennige, das heißt die Spesen, verloren. Das war nur eine Bagatelle für sie, während sie insgeheim ihre Hoffnung auf das große Geschäft setzten: Eine Ab- oder Aufwertung von 30 bis 40 Prozent konnte enorm große Gewinne einbringen, da Riesenbeträge investiert wurden. Die Gewinne, die man erlangen konnte, waren also ungleich größer als die minimalen Verluste, wenn die erwartete Entwicklung nicht eintraf. Und sie wiederholten diese Weekend-Spekulationen häufig und so lange, bis ihnen der große Coup gelang. Manchmal reüssierten sie, aber manchmal schlug die Spekulation auch dramatisch fehl. Was alles an Wochenenden passieren kann, möchte ich an einem Beispiel, an dem auch ich mehr oder weniger glücklich beteiligt war, illustrieren.

Ein berühmtes Weekend war das vom 19. zum 21. September 1931, ein Meilenstein in der Finanzgeschichte. Dieses Wochenende fiel zufälligerweise auf Jom Kippur, den höchsten jüdischen Feiertag. Während dieses Wochenendes gab die Regierung seiner Majestät bekannt, daß Großbritannien den Goldstandard aufgäbe. Das verursachte selbstverständlich auf den internationalen Finanzmärkten eine sofortige Entwertung des englischen Pfundes um 40 Prozent. Die großen Verlierer waren zahlreiche Devisenhändler, die wieder einmal falsch lagen.

Seit Monaten hatten sie auf den Sturz der spanischen Peseta spekuliert. In Spanien herrschte schon seit einiger Zeit ein großes Chaos, das fünf Jahre später sogar zum blutigen Bürgerkrieg zwischen den Linksparteien und General Franco führte. Der Untergang der Peseta schien aber schon damals unvermeidlich, so meinten wenigstens die Spekulanten und Währungsexperten.

Nun, wenn man auf den Sturz einer Währung spekulieren will, muß man sie auf Termin gegen eine andere Währung verkaufen. (Natürlich liegt man dann in der anderen Währung à la hausse. In unserem Falle hätte die andere Währung gegen die Peseta also steigen sollen.) Die Spekulanten waren vom kommenden Sturz der Peseta überzeugt. Sie kauften massenhaft Pfund gegen Peseten. Aber was tat der liebe Gott? Er drehte den Spieß um. Der Untergang der Peseta ließ noch einige Jahre auf sich warten, das Pfund hingegen wurde am genannten Tag über Nacht entwertet. Abgesehen von der weltgeschichtlichen Bedeutung dieses britischen Entschlusses, war dies für die Spekulanten ein elementarer Schlag, ihre Verluste waren riesengroß. Mehrere Spekulationsbanken mußten ihre Schalter schließen.

Es gab aber einen Dritten, der sich ins Fäustchen lachte. Er legte bei dieser Katastrophe des englischen Pfundes den Grundstock seines Vermögens. Dies war Monsieur Pierre Laval, der berühmte französische Ministerpräsident (der dann 1940 mit der deutschen Besatzungsmacht zusammenarbeitete und nach dem Krieg als Vaterlandsverräter erschossen wurde). Wie kam es zu der Transaktion von Pierre Laval?

Während der Krise der dreißiger Jahre in Amerika floß der Dollarstrom nach Europa immer spärlicher und versickerte schließlich völlig. Die Dollar fehlten besonders den Ländern, deren Widerstandskraft sowieso schon geschwächt war. Der europäische Handel hatte seinen größten Kunden, Amerika, verloren. Die amerikanischen Banken waren nicht mehr liquide genug, um Europa zu finanzieren, und die Kaufkraft des amerikanischen Publikums war dramatisch gefallen.

Unter diesen Umständen litt Großbritannien natürlich besonders. Die Deviseneinnahmen der Bank of England stürzten senkrecht in die Tiefe, und der berühmte Spruch »solide wie die Bank of England« begann langsam zu verblassen. Die alte Dame aus der Threadneedle Street, wie die Engländer die Bank of England liebevoll nannten, hielt traditionsgemäß kleine Goldreserven. Als die Devisenvorräte dahinschmolzen, wandte sich Norman Montague, Gouverneur der Bank of England, persönlich an die Banque de France und die amerikanische Notenbank und bat um Unterstützung, das heißt einen größeren Devisenkredit. Aber die Kassen der Bank of England hatten mehr Löcher als die Fässer der Danaiden. Außerdem setzte die internationale Spekulation auch auf den Sturz des Pfundes, im Gegensatz zu den Pesetenspekulanten. Die Goldreserven waren schon unter das gesetzliche Minimum gesunken.

Die Bank of England wandte sich also wieder einmal an die Banque de France und bekam eine positive Antwort. Die Franzosen sicherten ihre Hilfe zu, unter der Bedingung, daß die Amerikaner auch mitmachten. Die Banque de France wollte im Interesse der französischen Exporte eine Pfundentwertung unbedingt verhindern und war bereit, dafür alles zu tun. Doch reichte natürlich die Intervention Frankreichs allein nicht aus.

Laval erfuhr jedoch schon am Donnerstagabend, daß die Amerikaner ihre Zustimmung versagt hatten. Infolgedessen zog sich die französische Regierung auch zurück, und die Konsequenz lag auf der Hand: England konnte den Pfundkurs nicht weiter halten. Die Regierung löste das Pfund vom Gold, und der Sterling sackte auf den Weltmärkten um 40 Prozent in die Tiefe.

In den wenigen Stunden am Freitag vor dem Wochenende brachte es Laval fertig, auf den Börsen der ganzen Welt durch Stohmänner englische Pfund auf Termin leer zu verkaufen. Das schwarze Weekend, das Drama der englischen Währung, ging vorbei, und Monsieur Laval konnte sich am Montag Dollarmillionär nennen, denn sein Profit aus dieser Transaktion ging tatsächlich in die Millionen.

Auch die Engländer waren zufrieden. Sie waren überzeugt, vergänglich sei das Gold und nicht ihr Pfund. Premierminister MacDonald erklärte sogar mit Überzeugung: »Solange das Pfund 20 Schilling wert ist, hat sich in seiner Bewertung nichts geändert.« Viele Zeitungen begrüßten die Transaktion mit Schlagzeilen, daß alles gut werde, da England endlich von den Fesseln des Goldes befreit sei.

Es gab natürlich auch Volkswirte und andere Experten, speziell unter den französischen Goldnarren, die in diesen Jubel nicht einstimmten und ihn mit La Fontaines Fabel verglichen, in der der Fuchs die Trauben, die er nicht erreichen konnte, für sauer erklärte. Meine Antwort darauf ist aber, daß in diesem Fall der Fuchs die Trauben eines Tages doch erreichte und dann feststellen mußte, daß sie tatsächlich sauer waren. Daß Leo Trotzki in seinem Buch »Europa und Amerika« die Entwertung des Pfund Sterling als den besten Beweis für die Dekadenz Englands bezeichnete, kann mich nur vom Gegenteil überzeugen.

Dies war tatsächlich der erste Schritt zur Trennung des Währungssystems vom Gold. Seitdem wurde das Gold daraus vollkommen ausgeschaltet, das gelbe Metall ist eine banale Ware geworden. Jeder Sparer, auch in Amerika – nachdem es dort jahrelang verboten war –, kann, wenn er Lust dazu hat, in seinem Tresor Gold sammeln.

Nach dem großen Goldfieber Anfang der achtziger Jahre kann man heute eine entgegengesetzte Tendenz beobachten, nämlich daß sich die Welt vom stupiden Mythos des Goldes langsam befreit. Schon Bismarck bemerkte über den Goldstandard, obwohl er kein Wirtschaftswissenschaftler war: »Die Golddeckung für Währungen ist eine

Decke, unter der zwei Personen liegen, und jeder versucht, die Decke auf sich zu ziehen.« Der große Hindu-Poet und Nobelpreisträger Rabindranath Tagore hat seinen Abstand zu Gold poetischer ausgedrückt, als er schrieb: »Faßt die Flügel des Vogels in Gold, und er wird sich nie wieder in die Lüfte schwingen.«

Ich kann noch zwei Definitionen meinerseits hinzufügen, die zwar nicht so klug und weise sind, aber trotzdem den Goldstandard gut illustrieren: Der Goldstandard ist ein Korsett, welches der Dame eine schöne Figur macht, ihr aber jegliche Bewegungsfreiheit raubt.

Ich denke in diesem Zusammenhang auch oft an ein Metronom, das mit seinem Ticktack das Klavierspiel eines Kindes im Takt hält. Die Weltwirtschaft und die Finanzmärkte des 19. Jahrhunderts waren das Klavierspiel eines Kindes – man konnte sie mit dem Goldstandard-Ticktack im Takt halten. Für die Aufführung eines großen Orchesterwerkes ist das Metronom allerdings nicht ausreichend – es braucht einen genialen Dirigenten, wie auch die heutige gigantische Weltwirtschaft mit allen ihren Problemen geniale Manager und Politiker braucht.

Kurz und gut: Ein Kurssturz um 40 Prozent bedeutete einen Riesenprofit für die Spekulanten, die richtig gelegen hatten, aber umgekehrt natürlich auch eine Katastrophe für diejenigen Devisenhändler, die mit dem Pfund Sterling à la hausse waren. Ich kannte mehrere große Spekulationsfirmen in Amsterdam, die deswegen Konkurs anmelden mußten, wie zum Beispiel die Firma Schönberger und Co. (eigentlich Deutsche, aber in Amsterdam ansässig).

Diesbezüglich hatte ich eine spezielle Information. Einer meiner guten Freunde, leidenschaftlicher Spekulant in allem, und so auch in Devisen, hatte ein Engagement von 700 000 Pfund à la hausse. Er hatte die Pfund auf Termin gegen Hollandgulden gekauft und alle drei Monate prolongiert, um die Zinsdifferenz, die zwischen Pfund und Gulden bestand, auszunützen (sie machte etwa vier Prozent pro anno aus). Das war eine ähnliche Transaktion wie die, die die »Karpaten« jahrelang in Amsterdam getätigt hatten zwischen Gulden und Reichsmark, wo ebenfalls eine beträchtliche Differenz bestand.

Mein Freund aber, ein routinierter Spekulant mit viel Spürsinn, hatte schon einige Tage vor der Pfundentwertung ein schlechtes Gefühl. Binnen einer Minute, wie es einem guten Spekulanten geziemt, entschloß er sich, die 700 000 Pfund loszuwerden. Mit einem Telefonanruf von drei Minuten veräußerte er das ganze Quantum an Schönberger & Co., denen diese Transaktion den Hals brach. Meinen Freund aber rettete seine Riesenerfahrung und sein außerordentlicher Spürsinn. In diesem Falle hat sich wieder gezeigt, wie richtig der von mir geprägte Satz ist: My nose is my castle!

Ich bin sogar der Überzeugung, daß die »Nase«, also der Spürsinn, genauso wichtig ist wie eine Information. Denn sogar Informationen, die man von einem Regierungschef über dessen eigene Währung erhält, können eine Spekulation fehlschlagen lassen. Wie es im Fall Laniel geschah.

Obwohl ich der Meinung bin, daß sich Informationen in der Regel nicht für Spekulationen eignen, war Lavals Pfundspekulation eine besondere Angelegenheit. Es waren nicht nur eine bestimmte Konstellation und Entscheidungen auf höchster Ebene erforderlich, man mußte dazu auch der Chef einer der involvierten Regierungen sein. Und so etwas kommt eben nur alle Jubeljahre vor.

Auch offizielle Erklärungen von Regierungen oder Finanzministern können irreführend oder gar falsch sein. Am Wochenende vom 17. zum 19. September 1949 wurde das englische Pfund erneut abgewertet, obwohl der Schatzkanzler im englischen Parlament, Sir Stafford Cripps, einige Wochen vorher ein Gerücht über die eventuelle Abwertung feierlich und demonstrativ dementiert hatte. Daher kam die Entscheidung für die meisten Bankiers und Spekulanten vollkommen unerwartet. Wer hätte geglaubt, daß der Schatzkanzler im britischen Parlament eine so spektakuläre Erklärung machen würde, obwohl er von vornherein wußte, daß er sie nicht einhalten konnte. Aber gerade wegen dieses heftigen Dementis war ich unter den wenigen, denen die Operation einen Gewinn einbrachte. Zynismus zahlt auf der Börse häufig hohe Dividenden. Mein Credo war ja immer: »information = ruination«.

Zur großen Freude aller Spaßmacher fand diese Abwertung wiederum an einem Jom Kippur statt. »Man kann die Christen wirklich nicht einen Tag allein lassen«, kommentierten Juden an der Börse.

Das Debakel von 1929

Schon vor den im letzten Kapitel beschriebenen Ereignissen in England hatte sich die Krise in Amerika immer stärker entwickelt, die Krise, die die größte finanzielle Katastrophe der Weltgeschichte gebracht hat. Sie platzte 1929 wie eine Naturkatastrophe mitten in eine Atmosphäre wirtschaftlicher Euphorie, die aber auch von Präsident Hoover künstlich aufrechterhalten worden war.

Viele Wirtschaftshistoriker bemühen sich, den Börsenkrach von 1929 und die folgende Krise aufzuklären, und je nach Überzeugung fallen die Erklärungen unterschiedlich aus (genau wie heute nach dem jüngsten Börsendebakel).

Für einige war die Diskontsatzerhöhung der Bank of England das auslösende Moment gewesen. Andere bestreiten dies, da die Federal Reserve Bank ihren Zinssatz schon mehrmals erhöht hatte und Wall Street trotz Wind und Wetter weiterblühte. Manche glauben, die allgemeine Vertrauenskrise sei durch den Photomaton-Krach in London ausgelöst worden. Das war mehr als ein Finanzkrach, es war ein Skandal, der erste seit dem Krieg 1914–1918. Man nannte Clarence Hatry, den Chef der Photomaton, einen Betrüger. Dieses Wort sollte später noch allzu häufig auf andere Börsengrößen angewandt werden.

Die psychologischen Auswirkungen des Hatry-Skandals im September 1929 waren gravierend. Das Vertrauen war mit einem Schlag zerstört: Man begann Fragen zu stellen. Waren die neuen Industrien nicht auf Sand gebaut? Radio, Kunstseide, Autos, all diese Branchen, die sich so schnell entwickelten, würden sie nicht eines Tages mit Verlust arbeiten? (Heute stellt man ähnliche Fragen nach der Zukunft der Elektronik- und Computer-Industrien.)

Man begann an der Rentabilität der Konzentration großer Kapitalien zu zweifeln, das heißt an der Ehrlichkeit der Trusts und Holdinggesellschaften. Schon damals standen diese Vorfahren der Mischkonzerne und Investmentfonds in voller Blüte. (Die meisten Holdinggesellschaften mußten viele Jahre später unter Präsident Roosevelt aufgelöst werden.) Die Muttergesellschaften brüteten (ebenso wie heute) Tochtergesellschaften aus, die dann die Aktien der ersteren aufkauften. Man wußte nicht mehr, wer die Tochter und wer die Mutter war.

Nur eines war klar: Die Aktien stiegen, berechtigt oder unberechtigt, mit oder ohne Gewinn der Gesellschaften. Denn wie in den letzten Jahren, (bis zum »Schwarzen Montag« im Oktober 1987) konnte man dem Publikum damals alles versprechen. Nichts ist leichter, als Wertpapiere zu verkaufen, wenn man den Leuten zeigen kann, wie hoch sie schon geklettert sind. Ebenso schwer ist es, das Publikum für Aktien zu interessieren, wenn die Kurse schon gefallen sind und sehr tief stehen, denn die Laune des Publikums folgt genau wie bei den Devisen den Launen der Kurse.

Und dann kam am 22. Oktober der Zusammenbruch. Gestern stand das Barometer noch auf Schön, und heute blitzte und donnerte es aus heiterem Himmel. Für einige erfahrene Börsianer war es keine Überraschung. Es kam wie schon so oft in der Finanzgeschichte: Der Börsenboom schwoll mit den zufließenden Geldern und Krediten zu einem Riesenballon an, der dann durch einen Stecknadelstich platzen konnte – und dieser Nadelstich mußte unfehlbar kommen, wie ich es vorhergesehen hatte. Kein Börsenkrach, dem nicht ein Börsenboom vorangegangen ist, kein Boom, der nicht mit einem Krach endet. – Die Ereignisse überstürzten sich.

Nach einigen Tagen der Nervosität trat am 24. Oktober ein Heer von Verkäufern auf, die ohne Käufer blieben, und die Katastrophe verschlang Wall Street mit Haut und Haar. (Zufällig beobachtete ein berühmter Besucher, Winston Churchill, von der Galerie aus, wie das Publikum von Panik ergriffen wurde. Aufgeregte Menschenmassen zogen durch Wall Street und Broad Street und ließen sich von der Polizei nicht aufhalten.)

Nach dem Börsensturz kam die intensive Wirtschaftskrise, die zum Schluß zu einer erstickenden Deflation und einer dramatischen Vertrauenskrise führte. Täglich steigende Arbeitslosigkeit, geschlossene Fabriken, lange Schlangen vor den Volksküchen. Und die zuvor bekannten Bankiers und Brokers verkauften Äpfel an der Straßenecke. Die Regierung war ohnmächtig. Dazu kamen die Schwierigkeiten der Federal Reserve, bei der Frankreich ununterbrochen Gold abzog, um, nach dem Wort Bismarcks, die Decke immer mehr auf sich zu ziehen.

Hunderte von kleinen Spekulationsbanken und winzigen Privatinstituten mußten ihre Schalter schließen, weil sie das Geld ihrer Kunden verspielt hatten. Niemand hatte mehr Vertrauen zu niemandem. Mißtrauen verbreitet sich ja wie eine Epidemie und provoziert eine gefährliche Kettenreaktion.

In diesen dunklen Tagen brachten die Wahlen vom November 1932 einen von der Vorsehung geschickten Mann ins Weiße Haus: Franklin Delano Roosevelt. Er allein trug die Verantwortung für die Zukunft, für die Rettung eines Kontinents. In dem Augenblick, da die Regierung Roosevelt das Amt übernahm, hatte die Panik ihren Höhepunkt erreicht.

Die Devisenspekulanten waren im Zuge der Ereignisse langsam zu der Überzeugung gekommen, daß – wie vor zwei Jahren das Pfund – sich der Dollar wohl nicht mehr lange halten könne. Sie engagierten sich mit vielen Milliarden in Leerverkäufe auf Termin in den Dollar gegen englische Pfund, Schweizer Franken und in erster Linie den französischen Franc, der damals nach der Poincaré-Stabilisierung als die stärkste Währung galt, streng an das Gold gekoppelt. Während die Goldreserven bei der Federal Reserve immer mehr zurückgingen, vermehrten sich die der Banque de France im gleichen Maße. (Genau wie 35 Jahre später, als General de Gaulle Frankreichs Dollarreserven ununterbrochen in Gold umwandeln und das Gold nach Frankreich transportieren ließ, sogar auf Kriegsschiffen, um das Schauspiel noch eindrucksvoller zu gestalten.

Dieser Goldfetischismus hat sich allerdings einige Jahre später gerächt: Als es der amerikanischen Regierung gelang, mit äußerst hohen Zinsen die Inflationspsychose zu bekämpfen, rutschte der Goldpreis von ca. 850 auf unter 300 Dollar.)

Die Dollarspekulation à la baisse wurde dann immer intensiver. Die Spekulanten riskierten ja auch nicht viel. Der Dollar stand damals auf 25 französische Franc, und es war nicht anzunehmen, daß er gegenüber dieser Währung steigen würde. Die Spieler hätten also nur sehr wenig verloren im Falle, daß sich der Dollar hätte halten können. Fiel jedoch die amerikanische Währung, würde ihnen der große Coup gelingen. Nach so vielen Jahren der Alleinherrschaft des Dollar kam nun eine Periode, während der der »greenback« an seiner Basis angegriffen wurde. Alles sprach gegen ihn: eine katastrophale Wirtschaftskrise, die Arbeitslosigkeit, Schwierigkeiten der Farmer, totale Illiquidität von Tausenden von Banken und so weiter. Und das Goldstandardsystem verhinderte die Ausdehnung der Geldmenge.

Als dann Präsident Roosevelt am 4. März 1933 die Regierung übernahm, meldete man aus verschiedenen Bundesstaaten Runs gegen alle Banken. Es war klar, daß die Vertrauenskrise nun auch eine Vertrauenskrise gegenüber den Banken hervorrief. Um ein Debakel zu vermeiden, mußte Präsident Roosevelt schnell handeln. In der Kabinettssitzung beschloß er, alle Banken im Lande zu schließen, und verfügte mit der Zustimmung des Kongresses einen fünftägigen Bankfeiertag, der dann auf sieben Tage verlängert wurde. Während dieser Tage unterschrieb er zahlreiche Verordnungen, um die Lage zu stabilisieren und die Wirtschaft in eine neue Richtung zu lenken.

Unter den Reformen war vielleicht die wichtigste die

Loslösung der Währung vom Gold. Genau wie zwei Jahre zuvor beim Pfund Sterling war diese Entscheidung mit einer kommenden Abwertung identisch. Das ermöglichte der Notenbank, genügend Geld zu drucken, um den Banken unbegrenzte Mittel zur Verfügung zu stellen, so daß sie ihre Schalter wieder öffnen konnten. (Das war vor der Aufhebung des Goldstandards nicht möglich.)

Während der Bankfeiertage geschah aber etwas, was für das amerikanische Volk wohl am meisten charakteristisch ist: Anstatt panisch zu reagieren, nahm man die Situation als großes Gaudium. Es war »a Hetz«, eine Welt ohne Geld. Die Amerikaner amüsierten sich prächtig. Jeder lebte auf seinen persönlichen Kredit, das gegenseitige Vertrauen trat an die Stelle des Mißtrauens.

Doch ein kleines Malheur entstand trotzdem. Es fehlte an Kleingeld, an 5- und 10-Cent-Münzen für U-Bahn, Telefon und die verschiedenen Automaten. Daraufhin entwickelte sich ein Handel für Münzen, und man gab tatsächlich einen Papierdollar für 80 Cents in Münzen. Es herrschte eine wahrhaftige Karnevalsstimmung.

Nachdem Lastwagen bei fast allen Banken des Landes Bargeld abgeliefert hatten, öffneten die Institute wieder. Die Sparer kamen und standen Schlange vor den Schaltern, um ihr Geld abzuheben. Da sie aber sahen, daß die Kassierer Dollar massenweise hinblätterten, ging ein großer Teil von ihnen heim. »Wenn die Banken alles zahlen, dann brauchen wir ja das Geld nicht abzuheben, es ist besser in den Banktresoren aufgehoben als in unserer Tasche.«

Viele sind aber trotzdem vor den Schaltern geblieben, jedoch um das Bargeld, das sie schon vor Wochen und Monaten abgehoben hatten, jetzt wieder auf ihr Konto einzuzahlen. Am Ende des Tages waren die Kassenstände zahlreicher Banken in einigen Großstädten sogar wieder im Plus. So endete der amerikanische Bankcrash 1933.

Diese Tage waren der beste Beweis dafür, daß, wenn das Vertrauen zum Staat da ist, alle Probleme lösbar sind und daß ohne Vertrauen alles zusammenbricht.

Diese Bankkrise einiger Tage könnte man in psychologischer Hinsicht mit Pearl Harbor vergleichen. Die Zerstörung der amerikanischen Flotte an einem Tag war eine monumentale Katastrophe für die Vereinigten Staaten. Aber sie überlebten es, und von diesem Tage an ging das Kriegsschicksal Amerikas in eine glückliche Richtung.

Und was machte der Dollar? Die Regierung in Washington ließ den Dollarkurs gegen das Gold floaten und dadurch natürlich auch gegen den französischen Franc und den Schweizer Franken. Der französische Franc war damals die stärkste Währung (im Gegensatz zu 1926, als er das Ziel der internationalen Baissespekulation war) dank des nationalen und internationalen Vertrauens in die von Poincaré geführte französische Regierung.

Eigentlich war das Floaten des Goldes nicht einmal ein wirkliches Floaten, denn Präsident Roosevelt höchstpersönlich setzte jeden Morgen beim Frühstück mit seinem Finanzminister den Preis fest, zu dem das Schatzamt das Edelmetall kaufte oder verkaufte. Und er setzte den Kurs jeden Morgen etwas höher, bis er endlich 35 Dollar pro Unze betrug, was eine siebzigprozentige Steigerung gegenüber dem vorherigen Kurs von 20 Dollar pro Unze bedeutete. Der neue Goldpreis von 35 Dollar pro Unze entsprach einem Kurs von 15 französischen Franc für einen Dollar (zuvor 25 Franc).

Nichtsdestoweniger pendelte der Dollar noch lange Zeit auf dem Devisenmarkt um 20 Franc, da die Spekulation gegen den Dollar während der Krisenmonate so aggressiv und ungeheurer groß gewesen war, daß es viele Monate dauerte, bis die Baissiers ihre Leerverkäufe in Dollar eingedeckt hatten. Als diese Baisseposition eingedeckt war, fiel der Dollar endlich auf 15 Franc, den Kurs, der dem neu festgelegten Goldpreis entsprach.

Diese Entwicklung ist ein prägnantes Beispiel dafür, welche Wirkung die Überspekulation auf die kurzfristige Kursentwicklung ausübt. Trotz der Entscheidung der Regierung blieb der Dollarkurs noch monatelang höher, als er gesetzlich festgelegt war.

Dieser Kurs von 15 Franc für den Dollar blieb auch nicht sehr lange gültig, denn die französische Währung wurde später einige Male abgewertet. Der Preis von 35 Dollar für die Unze Gold bestand hingegen bis zum 15. August 1971, als Präsident Nixon unter dem Druck der Europäer (und natürlich der Goldlobby) den Preis erst auf 38 Dollar und dann später auf 42 Dollar erhöhte.

Die Europäer hielten es damals für einen kolossalen Sieg, daß sie Amerika dazu zwingen konnten, den Goldpreis von 35 auf 38 Dollar zu erhöhen, und dazu entgegen einem Prinzip, an dem die Amerikaner jahrelang festgehalten hatten. Ihre Uneinigkeit bewiesen die Europäer allerdings sofort wieder, als sie darüber zu streiten begannen, wem dieser Triumph zu verdanken war. Finanzminister Karl Schiller behauptete, die Aufwertung des Goldes 1971 seinem strengen amerikanischen Amtskollegen Tom Connally entrissen zu haben. Die Franzosen sagten dagegen, Präsident Pompidou habe dies mit Nixon schon bei einer Konferenz auf den Azoren besprochen. Eine Debatte um Kaisers Bart! Besser gesagt ein totaler Unsinn, da Washington schon vorher offiziell erklärt hatte, daß der Dollar in Gold nicht konvertibel sei.

Seit dieser Zeit hat die Frage des Goldpreises keine

Bedeutung mehr gehabt. Bedeutung hatte nur, mit welcher Paritäten zwischen den verschiedenen Währungen festgelegt wurden; und dies geschah auf der Konferenz, die im Dezember 1971 im Smithsonian Museum in Washington abgehalten wurde. Ob die eine Währung gegenüber dem Gold auf- und die andere Währung abgewertet wurde, war wirklich egal. Viel wichtiger wäre die Frage gewesen, ob und wie diese Paritäten hätten aufrechterhalten werden können. Wie die weitere Entwicklung gezeigt hat, konnte man sie bis zum heutigen Tage nicht aufrechterhalten.

Sperrmark-Spekulationen

Einige Jahre nach Kriegsende hatte ich mir eine fixe Idee in den Kopf gesetzt: den großen Erfolg eines wirtschaftlichen Wiederaufbaus Deutschlands beziehungsweise der Bundesrepublik.

Ich war in einer eher deutschfeindlichen Atmosphäre aufgewachsen. Zwar hatte ich als Kind in Ungarn eine deutsche Gouvernante, die aber von allen Nachbarn und Dienstboten gehaßt wurde, weil sie Deutsche war. »Ungar, glaub dem Deutschen nicht« war ein Sprüchlein der ungarischen Folklore. Auch später als Student in Budapest und Paris machte ich keine besseren Erfahrungen. Und dann kam noch die fürchterliche Hitlerei dazu. Es war kaum möglich, sich einer Germanophobie zu entziehen.

Aber all das änderte sich wie ein Wunder nach dem Kriege, und bei einer Selbstanalyse kann ich leicht feststellen, daß diese Metamorphose indirekt von der Person Adenauers bewirkt wurde; jedenfalls von all dem, wofür er kämpfte und was er erreicht hat.

Selten war in der Geschichte eine solche Chance geboten

worden, sich ein Vermögen zu erspekulieren wie in der Zeit kurz nach dem Kriege: Man mußte nur wagen, die deutsche Karte zu spielen. Ich weiß, daß im Ohr vieler solider Geschäftsmänner Worte wie »Spekulieren« oder »Spielen« einen schrillen Klang haben. Trotzdem scheue ich mich nicht, deutschen Lesern zu gestehen, daß ich auf Deutschlands Prosperität und sein internationales Ansehen setzte, recht bekommen habe und davon auch profitierte.

Um den wirtschaftlichen Wiederaufbau der Bundesrepublik mit einer Finanzspekulation vorwegzunehmen, gab es mehrere Möglichkeiten: deutsche Anleihen in ausländischer Währung oder Industrieaktien zu kaufen. Auf die sicherste und leichteste Weise aber ließ sich mit der deutschen Währung selbst, das heißt mit der »Sperrmark«, spekulieren.

Nach der Währungsreform von 1948 waren alle auf Mark lautenden Ausländerguthaben bei den Banken gesperrt worden. Eine sehr strikte Vorschrift begrenzte die Fälle, in denen über diese gesperrten Mark-Beträge verfügt werden durfte: Die ausländischen Kontoinhaber konnten sie nur zu Investitionen in deutschen Effekten, Immobilien oder Neugründungen verwenden. Die in Rede stehenden Markbestände beliefen sich auf beträchtliche Summen, und zu den bereits bestehenden Guthaben kamen die Zinsen, die während des Krieges angesammelten Coupons und neue Guthaben, die aus deutschen Wiedergutmachungen nach dem Kriege stammten.

Die Sperrmark war also beschränkt verwendbar, um so mehr, als man sie von einem Konto nicht auf ein anderes übertragen konnte. Nichtsdestoweniger konnten die Spekulanten die Sperrmark von jenen ausländischen Großbanken erwerben, die sie schon besaßen. Der Kauf konnte also unter der Voraussetzung stattfinden, daß die Sperrmark nicht auf das Konto des Käufers bei der deutschen Bank übertragen wurden, sondern vorläufig auf dem Konto der ausländischen Großbank blieben. Nur in den Büchern der ausländischen Bank wurden die Sperrmark auf das Konto von X oder Y verbucht.

Der Handel in dieser Form war jedoch sehr beschränkt bis zu dem Tag, an dem die Bundesbank die Übertragung von Sperrmark von einem Konto auf ein anderes erlaubte. Da fing nun ein großer Handel mit Sperrmark im Ausland an, und zwar zu einem Preis von 12½ Cent für die Mark, obwohl der offizielle Kurs bei ca. 25 Cent lag.

Zu diesem Kurs wurden in Amerika und in der Schweiz große Umsätze getätigt. Man konnte damit deutsche Effekten, Immobilien und verschiedene andere langfristige Anlagen kaufen. Es bot sich hier einem Spekulanten, der genügend Phantasie und Mut hatte, ein sehr großes Betätigungsfeld. Zusammen mit einigen Freunden kaufte ich größere Beträge dieser Sperrmark zu 12½ Cent. Und da viele andere ebenfalls kauften, stieg der Kurs langsam auf 14, ja sogar 15 Cents. Die Sache schien sich wirklich gut anzulassen.

Deutschlands wirtschaftlicher Wiederaufstieg setzte sich von Tag zu Tag fort, die Städte wurden neu aufgebaut, die Fabriken modernisiert, und gleichzeitig nahmen die ausländischen Investitionen zu. Die großen Gesellschaften, heute Multis genannt, errichteten Niederlassungen, ausländische Firmen jeder Branche eröffneten Zweigstellen in der Bundesrepublik. Sie kauften natürlich Sperrmark zu 14 und 15 Cent für ihre Neugründungen und den Ausbau der alten Niederlassungen.

Nach einer langsamen Aufwärtsbewegung machte die Sperrmark von einem Tag auf den anderen einen großen Sprung und stieg von 15 auf 18 Cent, was für eine Währung ein erstaunlicher Anstieg ist: 20 Prozent in wenigen Tagen. Aber sogar zu diesem Kurs war die Spekulation in Sperrmark noch äußerst interessant, da ja noch immer ein Kursunterschied zwischen der Sperrmark und der freien D-Mark bestand.

Ein paar Tage nach dieser plötzlichen Hausse rief mich einer meiner Freunde an – er war ein getreuer Gefährte meiner Börsenabenteuer.

»Was hältst du von der Erklärung der Bundesbank über die Sperrmark?« Seine Stimme verriet eine große Unruhe.

»Welche Erklärung?«

»Sie steht doch in allen Zeitungen und klingt mir sehr unangenehm. Zwei hohe Beamte der Deutschen Bundesbank erklärten, daß die Hausse der Sperrmark jeder Grundlage entbehre und keinesfalls den Tatsachen entspreche. Sie sagen zwar, die nächsten Monate würden eine starke Liberalisierung in der Verwendung der Sperrmark bringen, doch auch dies rechtfertige nicht einen so gewaltigen Sprung.«

»Aber das ist ausgezeichnet, glaube mir« war meine Antwort.

»Wieso denn?«

»Glaube mir, daß ich da besser Bescheid weiß als die hohen Beamten der Bundesbank. Diese Nachricht ist ausgezeichnet. Und da ich spüre, daß du jetzt erstaunt bist und mich für eingebildet hältst, wiederhole ich dir, daß ich besser Bescheid weiß als sie, daß du besser Bescheid weißt und daß jeder gute Spekulant auch besser Bescheid weiß als die Banken. Daß sie darüber sprechen, ob sie die Liberalisierung der Sperrmark beschränken oder ausweiten werden, das ist ihr Beruf. Aber sie sollten sich nicht in eine Diskussion über die Kurse einlassen, denn das ist unser Gebiet, das Gebiet der Spekulanten. Das Urteil des Spekulanten kann nicht dasselbe sein wie das der Beamten, so hoch ihre Stellung bei der Bundesbank auch sein mag. Gerade durch ihre Erklärung bin ich für die Sperrmark noch optimistischer als zuvor.«

Mein Freund versuchte gar nicht erst mit mir zu streiten. Ich muß zugeben, es wäre für ihn auch schwierig gewesen, mit einem, der so eigensinnig ist wie ich.

Nach acht Monaten erreichte die Sperrmark schließlich den Kurs von 25 Cent, das heißt denselben Kurs wie die freie Mark. Da hörte, als alle Guthaben schon frei waren, ihre Existenz als Sperrmark auf. Zuvor war es sogar noch besser gekommen: Eine Zeitlang lag die Sperrmark drei bis fünf Prozent über dem Preis der freien Mark.

Diese Kursdifferenz ist einfach zu erklären. Die Zinsen waren in der Bundesrepublik lange Zeit höher als jene auf dem internationalen Kapitalmarkt. Die Bundesbank wollte damit den Investitionsboom und die Kreditnachfrage in Deutschland etwas bremsen (genau wie manchmal in Amerika die Federal Reserve). Deshalb waren natürlich auch die internationalen Anleger an solchen Anleihen interessiert. Sie konnten diese jedoch damals nur mit Sperrmark kaufen. Also nahm die Nachfrage nach der Sperrmark immer mehr zu, und ihr Kurs lag dementsprechend über dem der freien Mark. Denn es lohnte sich für die Anleger, die Sperrmark höher zu bezahlen, um die Anleihen al pari zu bekommen. Und wie wir wissen, wurde die D-Mark dann zu einer der härtesten Währungen der Welt.

Die Sperrmark-Spekulation war eine überlegte und gut aufgebaute Devisenspekulation. Vor allem mußte man überzeugt sein und sich für die Idee begeistern können. Die Zukunft Deutschlands war wolkenlos, die möglichen Gewinnspannen waren sehr groß, aber man mußte abwarten können, bis die Situation von selbst reif wurde.

Es stellte sich erstaunlicherweise immer wieder heraus, und das Beispiel der Sperrmark hat es auch wieder einmal gezeigt, daß gute Spekulanten mit globalem Blick in die Zukunft am besten beurteilen können, ob ein Kurs überhöht ist oder nicht. Beamte, Ingenieure, Techniker, Wirtschaftswissenschaftler oder Betriebswirte und sogar die Leiter einer Gesellschaft sind am wenigsten dazu fähig, bei einem Börsenkurs die Diagnose zu stellen.

Zuviel Wissen ist letzten Endes schädlich. Es ist ähnlich wie bei einem Kriminalfall: Auch wenn der Zeuge am Tatort war, so besitzt er doch nicht die notwendigen praktischen Kenntnisse. Der Experte verfügt über wissenschaftliche Einsichten auf diesem Gebiet – aber was nützt ihm das, wenn er bei dem Verbrechen nicht anwesend war. Ein guter Richter darf nicht zu sehr Experte und nicht zu sehr Zuschauer sein, er muß sich in der goldenen Mitte halten, wo er ganz objektiv bleiben kann. Genauso ist es mit dem guten Spekulanten.

Gold und Silber
mag ich gern,
Dollar noch viel lieber

Wer Geld hat, frißt Schnepfendreck

Von Aristoteles über Marx bis zu Johannes Paul II. haben die Denker dieser Welt eine Frage immer wieder leidenschaftlich erörtert: Ist der Besitz von und der Drang nach Geld moralisch gerechtfertigt oder nicht? Ein objektives Urteil ist unmöglich; es hängt von der philosophischen Einstellung eines jeden einzelnen ab. Eines ist sicher: Das Vergnügen, Geld zu verdienen, und der Drang nach mehr Geld mögen zwar nicht immer moralisch einwandfrei sein, für den wirtschaftlichen Fortschritt aber sind beide unentbehrlich. Die Erfahrung der letzten 70 Jahre hat es ausreichend bewiesen.

Allerdings ist das Vergnügen, »Geld zu verdienen«, mit dem Vergnügen, »Geld zu besitzen«, nicht identisch. Die Motivationen sind ganz verschieden. Daß der Mensch Geld besitzen will, ist natürlich. Es verhilft zu Unabhängigkeit und Bequemlichkeit, zu kleinen Freuden und oft zu Gesundheit. Für manche bedeutet Geld auch Macht und Statussymbol; es bringt ihnen Freunde, Heuchler, Komplimente und zieht Schmarotzer an.

Für die Mehrheit der Menschen freilich ist das Geldverdienen, da sie keines besitzen, ein Muß des Alltagslebens. Für andere ist es ein Vergnügen nicht des Geldes wegen, sondern weil es im authentischen Sinne des Wortes verdient ist. (Nur die deutsche Sprache bezeichnet das Geldeinkommen als Verdienst. Die Franzosen gewinnen, die Engländer ernten, und die armen Ungarn suchen es.) Das Verdienen wird sogar zu einem Genuß, wenn man das Geld für eine Tätigkeit erhält, die einem auch Spaß macht. Der Börsen- und Devisenspekulant erlebt gar einen wahrhaftigen Rausch, wenn er Gewinne mit Ideen einstreicht, die sich gegen die Meinung aller anderen als richtig erwiesen haben. Die Genugtuung, recht zu bekommen, ist für ihn eine noch größere Freude als das Geld selber. Viele sehen das Vergnügen darin, flott Geld auszugeben, weswegen sie ständig unter dem Zwang stehen, immer mehr zu verdienen.

Der Roulettespieler hingegen genießt zwar das Gewinnen. Aber schon sein zweitgrößter Genuß ist das Verlieren, denn sein Vergnügen ist der Nervenkitzel, nicht das Geld. Darum finden sich unter den Millionären auch die leidenschaftlichsten Glücksspieler, egal, mit welchen Summen sie ihr Glück testen.

Ihr Vergnügen ist die Herausforderung des Schicksals. Ich kenne einen, der Geld wie Heu hat, jedoch nie seine Fahrkarte in der Straßenbahn entwertet. Nicht die gesparte Mark, sondern das Risiko, ob er das Schwarzfahren ohne Buße überstehen wird, reizt ihn. Komischerweise sind die Spieler, wenn ihnen das Glück zulächelt, die größten Protzer und Lügner. Mit den Gewinnen geben sie an, die Verluste verschweigen sie. Und nach jedem geglückten Coup schauen sie triumphierend um sich, als wären sie die größten Genies.

Intellektuelle und Künstler finden neben den praktischen Vorteilen Vergnügen am Geldverdienen, weil es die offizielle Bestätigung ihrer Erfolge ist. Es gibt Maler, Schriftsteller, Musiker, die reich zur Welt kamen. Ihr größter Genuß ist es dennoch, für ihre Bilder, Bücher oder Kompositionen hohe Beträge zu kassieren. Einer meiner alten Freunde kaufte über Strohmänner Bilder seiner Frau, damit sie die Freude hatte, mit ihrer Kunst Geld verdienen zu können. Und selbst die reichste schöne Frau wird mit Vergnügen für Modellfotos Honorare nehmen, sind sie doch der beste objektive Beweis, daß sie tatsächlich schön und begehrenswert ist.

Zweifellos ist die Tatsache, honoriert zu werden, die größere Freude als das Geldverdienen. Ich selber machte diese Erfahrung. Als ich vor Jahren ein Buch veröffentlichte, das sich sehr gut verkaufte, waren mein Vergnügen nicht die zehn Prozent Autorenhonorar, sondern der zehnfache Betrag, den die Leser bereit waren für mein Geschwätz zu opfern. Schließlich hatte ich meine klugen Ratschläge seit Jahren in den verschiedensten Kaffeehäusern der Welt gratis an Interessenten verschwendet.

Natürlich gibt es auch Menschen, die auf moralische Anerkennung verzichten, die nur darin Vergnügen finden, ihr Geld, egal, aus welchem Grunde und mit welchen Mitteln, zu vermehren. Für diese Art von Verdienern ist das Geld wie das Meerwasser für den Durstigen. Je mehr er von der salzigen Flüssigkeit trinkt, um so durstiger wird er.

Einer meiner Freunde, ein Schweizer Bankdirektor, warnte einmal einen großen Kunden, seine Kontoauszüge nicht auf eine Reise nach Frankreich mitzunehmen, da es dort damals noch verboten war, ein Konto im Ausland zu führen. Der Kunde schlug diese dringliche Warnung aber in den Wind. Prompt wurden seine Kontoauszüge an der französischen Grenze entdeckt; er mußte eine Buße zahlen, die die Hälfte seines Vermögens verschlang. Als mein Freund ihn später fragte, warum er sich so unvernünftig verhalten habe, gab dieser zur Antwort: »Am Abend bin ich oft allein, und dann liebe ich es, meine Kontoauszüge durchzublättern und zu streicheln.«

Ein alter Wucher sagte mir einmal: »Ich unternehme nichts, ich mache keine Geschäfte. Ich verleihe mein Geld an sichere Schuldner und weiß, daß jede Minute mir Zinsen bringen. Wenn ich des Nachts aufwache und die Uhr gehen höre, so sagt sie mir mit ihrer metallischen Stimme nicht etwa Ticktack, sondern Zin-sen, Zin-sen . . .!«

Gewinnmitnahme

Jan Brychta, © DWS

Das ist ein negativer Aspekt des Vergnügens am Geldverdienen, denn ein Land, dessen Bürger in der Mehrheit nur zinsorientiert sind und langfristig kein Risiko eingehen, muß früher oder später in ein sozialistisches System abrutschen. Glücklicherweise gibt es aber auch ambitionierte Geldverdiener, die der Wirtschaft positiv gegenüberstehen und mit neuen Ideen und Investitionen soviel Reichtum wie möglich anhäufen wollen. Der Drang nach Profit ist der Motor unserer privatwirtschaftlichen Systeme, und Geld ist des Motors Brennstoff. Daß der Motor reibungslos weiterläuft, dafür sorgt das Vergnügen, die Lust am Geldverdienen; denn wie sagte man in früheren Zeiten in Ungarn selbstironisch: »Wer Geld hat, frißt Schnepfendreck*, wer keins hat, läßt die Schnepfen weg!«

Kleine Währungskunde

»Eine Währung kann nur im eigenen Bette sterben« ist das einzige Postulat, an das ich mich noch aus meinen Universitätsjahren erinnere. Alle anderen habe ich glücklicherweise längst vergessen. So bleibe ich von verstaubten und verkalkten Vorurteilen vollkommen unbelastet.

Natürlich kann eine Währung auch nur im eigenen Bette genesen. Das bedeutet, daß jedes Land jene Währung hat, die es verdient oder, besser gesagt, die es selber schmiedet. Diese These steht in totalem Gegensatz zu dem oft propagierten Argument, die Qualität einer Währung hänge von ihrer Golddeckung ab. Dies ist der Grundgedanke all jener Experten, die immer wieder mit dem Plan, zum Goldstan-

* Die feingehackten, auf Toast gestrichenen Eingeweide der Schnepfe; von Gourmets als Leckerbissen geschätzt.

dard zurückzukehren, hausieren gehen. Über dieses Thema könnte ich auf Hunderten von Seiten philosophieren, einer praktischen Analyse ist das Problem aber nicht würdig, so kindisch und einfältig argumentieren die Befürworter der Rückkehr zum Goldstandard. Ich betone »Goldstandard« als Währungssystem, denn es geht nicht darum, ob man Gold für die Spekulation oder als Anlage kaufen soll. Die eine Sache hat mit der anderen überhaupt nichts zu tun.

Wenn also nicht das Gold die sicherste Deckung für eine Währung ist, was denn dann? Ich werde versuchen, meine These ganz kurz und einfach zu definieren. Die »conditio sine qua non« für die Qualität einer Währung ist die Qualität des Managements der Staatsfinanzen und die der Wirtschaft. Beide hängen aber von den Tugenden und Lastern des betreffenden Volkes ab.

Ich habe einmal zusammengestellt, welche Tugenden, Eigenschaften und Besitztümer die einzelnen Währungen repräsentieren.

Dollar:

politische Sicherheit, absoluter Respekt vor dem Privateigentum in den USA sowie die immer noch äußerst hoch entwickelte Technologie, der Reichtum an Rohstoffen und die Dynamik der Unternehmer.

D-Mark:

politische Stabilität (jedenfalls bis heute), Arbeitsfleiß, Sinn zum Sparen und Disziplin des deutschen Volkes.

Englisches Pfund:

die Überbleibsel des Vermögens eines ehemaligen Weltimperiums, der Welthandel und die »City of London«, noch immer das Zentrum des internationalen Bank- und Versicherungswesens, sowie die Schiffahrt und als Draufgabe das Nordseeöl.

Schweizer Franken:
jahrhundertelange Neutralität und das gesetzlich geschützte, wenn auch nicht absolute Bankgeheimnis.

Französischer Franc:
seit Jahrzehnten gehortete internationale Anlagen, französischer Lebensstil und Geschmack sowie die Findigkeit der Franzosen – sie haben zwar kein Öl, aber sie haben Ideen.

Yen:
Robotisierung der Industrie und Bescheidenheit der Arbeitnehmer.

Lire:
Kirchen, Museen und Palazzi. Rom, Venedig, Florenz.

Gulden:
Erbschaft eines Kolonialreiches, große Handelsflotte, Sinn zum sturen Sparen und etwas Erdgas.

Norwegische Krone:
Nordseeöl und Öltransportflotte.

Österreichischer Schilling:
Wiener Schmäh und die Ausgaben vieler Amerikaner mit ihrer Nostalgie nach den k. u. k. Zeiten.

Ungarischer Forint:
die Pfiffigkeit der Ungarn (der Forint hat relativ den besten Kurs unter allen Ostblockdevisen, 25 Prozent unter der offiziellen Notierung, dank des genialen Geldmanagements von Nationalbankchef Janos Fekete).

Rubel:
Angst vor Sibirien, die Diktatur und viel Gold (das alles nützt freilich nichts, denn auf dem grauen Markt ist er zu 20 Prozent des amtlichen Kurses erhältlich), aber auch ein neuer Mann: Gorbatschow.

Israelisches Pfund:
Spenden aus der Diaspora (Israel ist das einzige Land, das seine größten Steuerzahler im Ausland hat).

Kurz und gut, das sind all jene Eigenschaften, Tugenden und Gegebenheiten, die den Rang der Währungen bestimmen. Behaupten sich die Tugenden, wird die Währung mehr wert, lassen sie nach, verliert sie an Bedeutung. Nicht die Golddeckung stützt auf lange Sicht die Währung, sondern das Gold fließt in das Land mit der besseren Währung und verläßt jenes, in dem die Tugenden schwinden oder die Laster sich behaupten. Die D-Mark wurde ohne ein Gramm Golddeckung geschaffen und ist mit die härteste Währung der Welt geworden.

Natürlich spielen auch die Gegebenheiten des Schicksals eine große Rolle: Ölfunde etwa oder militärisch-strategisch günstige Lage. Massenhysterien, angeheizt von Spekulanten, Manipulationen und Massenmedien, haben eine zwar große, aber lediglich kurzfristige Wirkung auf die Kurse.

Am Ende kommt immer die Stunde der Wahrheit. Die Golddeckung ist nur eine Illusion, die leicht verschwindet, wenn das Management versagt.

Rückkehr zum Goldstandardsystem?

Ich halte die Idee, zum Goldstandardsystem zurückzukehren, für einen solchen Unsinn, daß es für mich ein wahrhaftiger Test ist, den wirtschaftlichen Scharfsinn eines jeden Volkswirts und Fachmanns danach zu beurteilen, ob er für oder gegen den Goldstandard plädiert. Hunderttausende sprechen seit Jahren darüber, aber 99 Prozent (Präsident Reagan und General de Gaulle eingeschlossen) wissen und wußten nicht, worum es sich hierbei handelt.

Goldstandardsystem nennt man einen Währungsmechanismus, dessen Aufgabe es wäre, Angebot und Nachfrage in der Wirtschaft im Gleichgewicht zu halten – sowohl auf nationaler Ebene als auch zwischen den Staaten –, um so die Zahlungsbilanzen zwischen den einzelnen Ländern in Gold zu regulieren und dadurch feste Devisenparitäten zu sichern.

Wie funktioniert nun dieser Mechanismus? Der Wert jeder Währung wird in Gold festgelegt (ein Dollar ist zum Beispiel xy Gramm Gold wert), und dabei ist genau vorgeschrieben, wieviel Golddeckung die jeweilige Notenbank gegenüber der jeweiligen Geldwährung halten muß. Jede Notenbank ist verpflichtet, zu diesem festgelegten Preis (mit einer kleinen Spanne zwischen Verkauf und Ankauf) Gold zu kaufen oder zu verkaufen. Wird etwa eine Währung im Ausland stärker angeboten, muß die betreffende Notenbank ihre Währung in Gold aufkaufen. Ein solches Angebot entsteht, wenn zum Beispiel die Handels- oder Zahlungsbilanz eines Landes ins Defizit gerät. Um dieses Defizit auszugleichen, muß die Regierung die Preisinflation einschränken: Sie erhöht die Zinsen, um auch die Kapitalimporte zu fördern, kürzt die Kredite, reduziert die Ausgaben und erhöht die Einnahmen, das heißt die Steuern. Mit einem Wort, sie betreibt eine radikale Deflationspolitik.

Der Staat pumpt Geld aus den Taschen der Verbraucher und Unternehmer, auch wenn das Arbeitslosigkeit, Konkurse und eine allgemeine Depression zur Folge hat – nur um die Goldreserven zu bewahren.

Schlägt nun umgekehrt das Handelsdefizit oder der Kapitalimport eines Landes in einen Überschuß um, wird die Nachfrage nach der betreffenden Währung im Ausland steigen, und die Notenbank muß ihre Währung gegen Gold verkaufen. So fließt wieder Gold ins Land, man kann die Zinsen senken und die Kreditzügel lockern; und das Ganze nennt man Goldstandard. Mit diesem schlauen System will man also Ordnung in die Staatsfinanzen bringen! »Wie sich das der kleine Moritz so vorstellt«, hätte man in Wien gesagt.

Denn auf dem Papier scheint das alles wunderbar logisch zu sein, so logisch, daß der berühmte Jacques Rueff (General de Gaulles Währungsexperte mit dem Spitznamen »Monsieur Goldstandard«) das Gold einmal einen »souveränen Monarchen« genannt hat, »der über die Ordnung in der Weltwirtschaft wacht«. – »Aber wo hat der Monarch seine Armee«, fragte ich Herrn Rueff in einer Fernsehdebatte, »die die Regierung dazu zwingen kann, eine radikale Deflation durchzuführen, auch wenn dies dramatische soziale Folgen hätte?« Schon 1932 hatte Rueff in einem Vortrag an der Sorbonne das Goldstandardsystem in den Himmel gehoben. Er zitierte das Beispiel Deutschlands und rühmte die strenge Deflationspolitik der Regierung Brüning-Luther, weil es ihr trotz der Weltwirtschaftskrise gelungen sei, die Goldreserven zu erhöhen. Wie wir wissen, war diese Politik so erfolgreich, daß ein Jahr später Adolf Hitler an die Macht kam.

Die Tatsachen sprechen nun mal eine andere Sprache als Herr Rueff. Nur selten ist eine demokratisch gewählte Regierung bereit, so radikale Maßnahmen zu ergreifen und den möglichen Folgen – dramatischer Arbeitslosigkeit und einer Welle von Konkursen – ins Auge zu sehen. Und wenn sich eine Regierung so stark fühlt, daß sie eine solche Politik wagt (wie zum Beispiel Präsident Reagan zu Anfang der achtziger Jahre), dann braucht sie dazu keinen Goldstandard.

Im übrigen hat das Goldstandardsystem nie funktioniert, das heißt, man hat es nie bis zur letzten Konsequenz angewandt. Auch im umgekehrten Fall sind die Regierungen den Gesetzen des Goldstandards nicht gefolgt. So hätten zum Beispiel die Bundesrepublik und die Schweiz in den letzten Jahren, nach der Logik des Systems, keine Interventionspolitik betreiben dürfen, um die Nachfrage in ihren Währungen, der Deutschen Mark und dem Schweizer Franken, zu befriedigen. Dies hätte zu erhöhten Kapital- und Goldimporten geführt und damit automatisch zu einem Aufblähen der Geldmenge, das heißt zu Inflation. Für die beiden Länder war denn auch der Kampf gegen die Inflation wichtiger als das Anhäufen von Goldreserven. Sie reagierten mit Währungsaufwertungen und anderen Maßnahmen, wie zum Beispiel Negativzinsen auf Bankdepots. Wenn man aber auf- und abwertet, anstatt dem Kommando des Systems zu folgen, ist der ganze Mechanismus praktisch wertlos.

Kurz und gut: Die Wasserspritze der Feuerwehr war immer gerade dann blockiert, wenn das Haus brannte. Der Goldstandard hat seit dem Ersten Weltkrieg nie funktioniert, und die gigantischen Probleme unserer Zeit, wie Hochrüstung, wachsende Sozialausgaben, Unterstützung der Entwicklungsländer und so weiter, könnte er erst recht nicht bewältigen.

Seien wir also ehrlich: Die Qualität einer Währung hängt nicht vom Gold ab, sondern vom Management der Staatsfinanzen, der Produktivität und Potenz der Wirtschaft sowie der Disziplin der Bevölkerung. Gold fließt in ein Land, wenn die Währung gut unterbaut ist, und verläßt es, wenn die Tugenden schwinden – und das heißt, wenn sich die Laster behaupten.

Die Deutsche Bundesbank hat mit Null-Golddeckung angefangen, und trotzdem ist die Mark innerhalb weniger Jahre zu einer der härtesten Währungen geworden.

Die Banque de France hatte bis 1968 gigantische Goldreserven (noch unter de Gaulle angehäuft), die innerhalb von 14 Tagen im Verlauf der damaligen politischen Krise dahinschmolzen.

Von all diesen Einwänden abgesehen, ist es auch aus praktischen Gründen unmöglich, zum Goldstandardsystem zurückkehren. Denn selbst wenn etwa die US-Regierung einen neuen Goldpreis offiziell festlegen würde, könnte die Goldlobby mit Panikmache und Hysterie die Spekulation so anheizen, daß der Preis bald wieder erhöht werden müßte. Ohne das Goldstandardsystem aber bleibt das Gold eine »banale« Ware. Wie jedes andere Metall, dessen Kurs auf dem freien Markt schwankt, wird Gold das Objekt von wilder Spekulation bleiben, ohne etwas mit dem Währungssystem zu tun zu haben.

Die Anhänger des Goldsystems erhoffen sich vor allem fixe Devisenparitäten. Doch dazu müssen die Währungen keineswegs an den Goldpreis geknüpft werden. Fixe Paritäten lassen sich auch ohne Gold vereinbaren. Unter der Voraussetzung allerdings, daß sich die Regierungen an die einmal getroffenen Vereinbarungen halten, selbst wenn sie spezifischen nationalen Interessen zuwiderlaufen. Sowohl Goldstandardsystem als auch feste Devisenparitäten sind lediglich eine Frage der Vereinbarung. Nur: Welche Regierung wird Konventionen einhalten, die nicht mit ihren politischen, sozialen und psychologischen Interessen übereinstimmen?

Zur Zeit ist eine monströse Devisenspekulation übelster Art im Gange. Wie bewiesen, sind aus den Devisenbörsen Kasinos geworden, wo Hunderttausende kleiner Spieler ihr Glück versuchen. Daran könnte auch ein Goldstandard nichts ändern. Die Kapitalströme waren schon in der Zeit, als der Goldstandard noch bestand, so umfangreich, daß die Notenbanken den Goldpreis erhöhen mußten, wenn das Angebot einer Währung und dadurch die Nachfrage nach Gold zu groß wurde. All die Aufsätze und Analysen über die Rückkehr zum Goldstandardsystem sind also leeres Geschwätz, bestenfalls Diskussionsstoff für Demagogen. Die Wirklichkeit ist anders.

Das Ganze erinnert mich an die Worte des klugen und erfahrenen Grün, wie er im Kaffeehaus seinen Freunden meldet, er habe eine Schiffsladung Weizen sehr günstig kaufen können. »Hast du den Kontrakt auch juristisch genau festgelegt?« fragen die Kollegen. »Wozu?« antwortet Grün. »Wenn der Weizen steigt, liefert man ja nicht. Und fällt er, übernehme ich ihn nicht.«

Dem festgelegten Goldpreis ginge es genauso.

Gold ist eine banale Ware

Die Geschichte des Goldes geht mehrere Jahrtausende zurück. Aber die Epoche, die vor 40 Jahren begann, ähnelt einem Abenteuerroman. Interessanterweise wurden die ersten Kapitel dieses Romans erst nach dem Ende des Zweiten Weltkrieges geschrieben, denn unmittelbar vor dem Jahre 1939 und auch während der Feindseligkeiten waren die Worte »Gold« oder »Goldpreis« noch keineswegs Tagesgespräch.

Während der letzten Wochen vor Kriegsausbruch, in einer Zeit, in der alle Welt schon sicher war, daß es zum Krieg kommt, wurde Gold in Frankreich – in diesem goldsüchtigen Land par excellence – breit angeboten. Man konnte Gold in Barren, Bruch oder in schön geschmiedeten Objekten (Dosen, Etuis etc.) unter dem Goldpreis erwerben. Ich besitze noch heute eine Sammlung von Golddosen, die ich damals günstig einkaufte, nicht aus

Goldleidenschaft, sondern weil es besonders attraktive Stücke waren. Das Publikum, die Sparer, zogen in ihrer Kriegsangst hingegen Bargeld dem gelben Metall vor. Und auch in den Kriegsjahren wurde Gold in ganz Europa – besser gesagt: in Lissabon, wo die Lieferungen in die USA verschifft wurden – einige Prozent unter 35 Dollar pro Unze, dem offiziellen amerikanischen Kaufpreis, gehandelt.

Die europäischen Regierungen, insbesondere das Deutsche Reich, aber auch Italien, benötigten Dollar und nicht Gold. Denn für Dollar bekam man alles das, was man zum Kriegführen brauchte. Gold kauften in Frankreich nur die älteren Menschen, die ihre Erfahrungen im Ersten Weltkrieg gemacht hatten. Aber diese Beträge waren sehr klein im Verhältnis zum immensen Dollarbedarf der kriegführenden Regierungen.

So war Gold in Lissabon natürlich unter dem amerikanischen Einkaufspreis zu bekommen, da man die Transportkosten und die hohen Versicherungskosten (wegen des Krieges) einkalkulieren mußte, außerdem den Zinsverlust für die sieben- bis zehntägige Reise über den Atlantik sowie die Marge für den Arbitrageur, der die Transaktion durchführte. Als Verkäufer traten die europäischen Banken auf, und das amerikanische Schatzamt kaufte alles. Wie richtig sagte doch mein Bruder, als ich ihm 1914 die Frage stellte, warum die k. u. k. Regierung Gold brauche: um damit Dollar zu kaufen.

Nach dem Krieg aber, nach den Vereinbarungen von Bretton Woods, setzte das Goldfieber langsam ein und stieg dann in den folgenden Jahren immer höher.

Die großen Umschlagplätze für den Goldhandel, ob Barren oder Münzen, waren Tanger – damals noch eine neutrale Steueroase, wo alles erlaubt war – und Zürich, ebenfalls ein neutraler Platz ohne jegliche Einschränkungen oder Devisenverordnungen. Aus Tanger, Zürich und auch aus Genf schmuggelten die Profis das Edelmetall in der Form von Münzen in alle Länder Europas, insbesondere aber nach Paris, wo Goldhandel sowie dessen Ein- und Ausfuhr strengstens verboten waren. Das französische Publikum bezahlte das Gold 10 bis 15 Prozent über dem Tanger- und Zürichpreis, wo der Handelspreis auch schon bedeutend höher war als der offizielle Preis. Denn zum offiziellen Preis konnten nur die Notenbanken Gold erwerben. So kam es öfter vor, daß das französische Publikum beim Kauf der Napoleonmünze, für die es eine besondere Schwäche hatte, 100 Prozent Aufgeld auf den Wert des in der Münze enthaltenen Goldanteils zahlte.

Es ist zwar eine Tatsache, daß Gold seit uralten Zeiten eine fast magnetische Anziehung auf die Menschen ausübt, wie die Literatur und die Mythologie (insbesondere die germanische) beweisen, als Anlage sollte man es jedoch unter die marginalen Werte einreihen. In unserem kapitalistischen System können wir den Wert einer Anlage nur aufgrund ihrer Rendite oder ihrer *möglichen zukünftigen Rendite* einschätzen. Gold, wie auch Diamanten, können nur im Rahmen des jeweiligen Marktes bewertet werden. Und dieser ist oft das Objekt großer Manipulationen. Daß Angebot und Nachfrage oft von psychologischen Motiven bestimmt werden, macht Manipulationen noch einfacher. Kriegsangst, Revolution, Bürgerkriege, Geldentwertung: dies alles sind Argumente, mit denen man ein Publikum, das um sein Hab und Gut zittert, leicht angst und bange machen kann. Und besonders effektvoll können Spekulanten den Preis in die Höhe treiben und das Gold dadurch fürs Publikum attraktiver machen, indem sie es selber kaufen.

Da das Gold aus den Minen der größte Devisenbringer Südafrikas ist und der Goldpreis für das Land eine Existenzfrage bedeutet, setzt seit jeher die Regierung in Pretoria alles daran, den Preis so hoch wie möglich zu treiben. Weil aber die geförderte Menge größer ist als der industrielle Bedarf, stapelten sich zu manchen Zeiten in den Tresoren der südafrikanischen Regierung die Goldbarren zu Bergen. Ein hoher Preis ist dann nur dadurch zu erzielen, daß man das Publikum goldsüchtig macht. Gelingt es, die Kauflust des Publikums anzuheizen, treten auch gewisse Notenbanken als Käufer auf. Die beste Waffe in diesem Kampf ist immer eine internationale Währungspanik. Anfang der achtziger Jahre hat diese Praxis sogar die Dresdner Bank geübt, als sie die führende Rolle im Goldsyndikat spielte.

Die Preistreiberei der Burenherrscher wurde mir einmal von kompetentester Seite hundertprozentig bestätigt. Im Oktober 1972 stellte ich auf einer Goldkonferenz in London Walter Frey, dem Direktor des Schweizerischen Bankvereins (der Hausbank der südafrikanischen Regierung), die Frage, ob Südafrika als der größte Produzent noch Gold kaufe. Die Antwort war kurz, aber aufschlußreich: »Die südafrikanische Regierung kauft selber kein Gold, aber wir, die Bank, kaufen für ihre Rechnung.« Dann wurde er noch deutlicher: »Wir müssen auf dem Goldmarkt intervenieren und den Preis stützen, wenn zum Beispiel störende Elemente (er meinte Frieden, Preisstabilität, sozialer Friede und so weiter) oder russische Verkäufe auf die Preise drücken. Dann kommen auch günstigere Zeiten für uns (er meinte Krieg, Revolution, soziale Unruhe, Inflation, Sintflut oder Feuersbrunst), und dann können wir wieder verkaufen.«

Was könnte dieses Vorgehen besser illustrieren als ein

bekannter alter Witz: Der junge Grün zieht aus der Provinzstadt nach Budapest, um dort Geschäfte zu machen. Nach einigen Wochen ruft er seinen Vater an und berichtet:

»Papa, ich mach' gute Geschäfte und hab' einen großen Posten Ziegenhäute gekauft zu 100. Sie stehen schon 110.«

»Bravo, mein Sohn, du bist sehr tüchtig.«

Nach einer Woche ruft er wieder an und berichtet mit Freude: »Papa, die Ziegenhäute sind schon 120.«

»Bravo, mein Sohn, du bist ein Genie.«

Zwei Wochen später ruft er wieder an und jubiliert.

»Papa, Ziegenhäute sind 150.«

»Phantastisch«, sagt der Vater. »Aber jetzt verkaufen und Nutzen nehmen.«

»Verkaufen, aber wem? *Ich* kauf' sie ja.«

Für die beschriebenen Preismanöver stehen dem Schweizerischen Bankverein Millionen zur Verfügung. Meist reicht aber schon eine kleine Menge, um die Börsennotiz in die Höhe schnellen zu lassen. Herr Frey mußte nur um 12 Uhr mittags das Bankhaus Rothschild in London anrufen, wenn die fünf Herren, Vertreter von fünf Bankhäusern, die den Goldmarkt regulierten, zusammen am grünen Tisch saßen, um den sogenannten »Gold-fixing-Preis« festzulegen. Diese fünf Firmen konzentrierten in ihren Händen alle Kauf- und Verkaufaufträge der ganzen Welt. Herr Frey mußte nur die Frage stellen, wie der Preis an diesem Tag geschätzt würde, um die Kauf- und Verkauftransaktionen auszugleichen. Die Antwort war zum Beispiel 60 Dollar pro Unze, und dann kam die zweite Frage, wieviel müßte man noch kaufen, damit der Preis zum Beispiel um 10 Dollar höher notiert würde. Die Antwort hätte etwa lauten können: 100 Kontrakte. Und darauf der Auftrag: Bitte kaufen Sie hundert Kontrakte, und notieren Sie 10 Dollar höher. Innerhalb von fünf Minuten erfuhr die ganze Welt per Kabel und Telefon: Gold ist um 10 Dollar gestiegen. Darauf entstand dann eine Panik bei Kapitalisten, Spekulanten und kleinen Sparern: Gold steigt, das Geld entwertet sich.

Ich war einmal im kommunistischen Budapest, als der Goldpreis um 10 Dollar in die Höhe sprang. Am nächsten Tag stand eine lange Schlange vor der Staatsjuwelierfirma, denn jeder noch so kleine Sparer wollte noch schnell etwas kaufen, und sei es eine kleine Goldkette von wenigen Gramm. Jeder bildete sich ein, er müsse verhungern, wenn er nicht diese winzige Goldreserve im Schrank habe.

Das Verhalten des Publikums zum Gold und die Spekulation in dem gelben Metall haben sich in den letzten Jahren aber vollkommen geändert. Nicht einmal das französische Publikum rechnet mehr in Napoleon-Stücken, wie es das lange Jahre getan hat; und für sein Desinteresse kann als bester Beweis gelten, daß der Goldpreis in Paris seit einiger Zeit tiefer steht als in der Schweiz, nachdem dies jahrelang umgekehrt gewesen war. Die Goldschieber hatten jahrelang große Profite daraus schlagen können, daß sie Gold aus der Schweiz nach Frankreich schmuggelten. Heute ist das vorbei.

Das Interesse für Immobilien, Grundstücke, Eigentumswohnungen und Aktien hat das Gold als Anlagemedium in den Hintergrund treten lassen. Die verbissenen Goldgurus und ihre unkritischen Adepten träumen seit Jahren davon, daß endlich ein kleiner, aber echter Krieg – wenn möglich im Westen – ausbricht oder zumindest ein wenig Kriegsangst oder etwas Ähnliches entsteht. In den letzten Jahren hofften sie bei jedem internationalen oder lokalen Krisenfall, wie zum Beispiel dem russischen Einmarsch in Afghanistan, bei den Auseinandersetzungen im Libanon oder dem Iran-Irak-Konflikt, daß es nun endlich losgehen würde. Und sie beteten sonntags in der Kirche, daß die Russen in Polen einmarschieren.

Einen Preis von 3000 Dollar pro Unze wünschen die Goldgurus, und wenn dabei die Welt zugrunde ginge und unser freies kapitalistisches System auseinanderfiele. Nur recht sollen sie bekommen, und der »gelbe Teufel« kann triumphieren.

Aber leider, leider, die Jahre vergehen, und die Rakete geht nicht los, Träume erfüllen sich nicht. Umsonst reden sie, verbreiten sie düstere Prophezeiungen von Staatsbankrott, Bankkonkursen mit geschlossenen Schaltern, von einer verheerenden Inflation, wie man sie in Mitteleuropa nach dem Ersten und Zweiten Weltkrieg erlebt hat. Der »gelbe Teufel« wacht nicht auf.

Paradoxerweise sind die »Goldfetischisten«, die fast immer zu den Erzkonservativen zählen, in ihrem Haß auf Amerika mit den linksintellektuellen Kreisen eng verbunden. Amerika nämlich hintertreibt es, daß der Goldpreis in schwindelerregende Höhen steigt und die Menschen wieder goldsüchtig werden, wie es Ende der siebziger, Anfang der achtziger Jahre der Fall war. Amerika ist bemüht, die Inflation und die Geldentwertung zu bekämpfen. In den Augen der Linksintellektuellen ist Uncle Sam auch der böse alte Mann, der verhindert, daß die ganze Welt sozialistisch wird. Obwohl viele von ihnen die Sowjets und ihre Diktatur verurteilen, halten sie, vielleicht sogar unbewußt, bei jeder Auseinandersetzung die Daumen für die Sowjets. Außerdem wäre ein hoher Goldpreis auch im Interesse Rußlands, das einer der größten Goldproduzenten der Welt ist.

Ich kenne die Theorie der Goldfanatiker, die auch General de Gaulle in einer großen Fernsehrede vor Millionen von Menschen verkündet hatte: »Gold ist ewig, unvergänglich . . .« Diese Qualität kann man jedoch nicht in Mark und Pfennig ausdrücken. Ist die Qualität »ewig« 100, 500 oder gar 5000 Dollar pro Unze wert? Bei 100 Dollar ist Gold sicher genauso »ewig« wie bei 5000.

Gold als Ware hat einen Selbstkostenwert, der jedoch kein absolutes Maß ist. Zunächst, weil die Qualität der Minen und dadurch die Selbstkosten verschieden sind, außerdem ändern sich die Kosten mit der Zeit, und selbst diese sind keine Garantie dafür, daß der Verkaufspreis nicht fällt, wie es schon in den dreißiger Jahren bei verschiedenen Rohstoffen zu beobachten war.

Gold ist sicherlich ein Fetisch für Millionen, nicht jedoch für reiche und höchstentwickelte Nationen wie Amerika, Japan und Großbritannien (heute nicht einmal mehr für Frankreich). Zwar kaufen diese Völker in geringem Maße auch Gold, doch geschieht dies nicht aus Fetischismus, sondern in der Hoffnung, es zu einem höheren Preis wieder verkaufen zu können. Natürlich wird es immer Goldbesitzer geben, die das gelbe Metall sehr schätzen, zeitweise sogar dafür schwärmen, die jedoch nicht zögern, es bei einem bestimmten Preis wieder abzustoßen.

Janos Fekete, Chef der ungarischen Nationalbank, sagte einmal geistreich, daß 300 Volkswirte in der Welt gegen Gold seien, aber drei Milliarden Menschen dafür. Nur vergaß er, daß der größte Teil dieser drei Milliarden keine Dollar besitzt, um damit Gold zu kaufen, abgesehen davon, daß 99 Prozent dieser drei Milliarden leicht manipulierbar sind. Natürlich gibt es auch viele ängstliche Anleger, die mit dem Gold nicht spekulieren, sondern sich nach der Devise »Sicher ist sicher« gegen alle Katastrophen schützen wollen.

Das erinnert mich an eine kleine Geschichte aus dem Wilden Westen: Die prominenten Bürger einer amerikanischen Kleinstadt im 19. Jahrhundert lunchten jeden Tag in ihrem exklusiven Club und baten den Diener, strengstens jede Störung zu vermeiden, es sei denn bei Überschwemmung, Feuer oder wenn die Rothäute aus dem Westen kämen.

Nun gut, alles kann ja passieren, auch heute noch. Zum Beispiel könnten die Rothäute kommen, nur dieses Mal nicht aus dem Westen, sondern aus dem Osten, und dann wären natürlich ein paar Goldmünzen oder -barren, im Schrank verborgen, eine gute Anlage. Aber natürlich nur, wenn sie gut versteckt sind. Ich möchte also gerne zugeben, daß Gold unter bestimmten Voraussetzungen, in besonderen Fällen, in begrenztem Rahmen und vorübergehend eine notwendige und gute Geldanlage sein kann.

Das weiße Metall

Nun werde ich einen Sprung machen, obwohl ich dabei im Bereich des Edelmetalls bleibe. Ich möchte einige Worte über Silber sagen und von den Abenteuern der Silberspekulanten berichten, die ich während der letzten 55 Jahre persönlich verfolgen konnte und bei denen ich selbst mitgemischt habe.

Die Geschichte dieses weißen Metalls ist ein ruhmreiches Heldenepos. Zwar haben schon die alten Griechen Silbermünzen geprägt, die heroischen Zeiten beginnen aber mit der spanischen Kolonisation, als die Konquistadoren, geblendet durch das von ihnen entdeckte märchenhafte Amerika, dem spanischen König unglaubliche Berichte schickten. Von Potosi im geheimnisvollen Peru bis Madrid hätte man eine Silberbrücke spannen können mit den phantastischen Silberadern, die sie gefunden hatten.

400 Jahre später übte das weiße Metall wieder einmal seine Faszination aus, und dieses Mal auf Henry Morgenthau jr., der ein intimer Freund des Präsidenten Roosevelt war. Er verstand es, eine seiner Lieblingsideen praktisch zu verwirklichen.

Die große Krise, die mit dem schwarzen Börsentag des Jahres 1929 begonnen hatte, war im Jahre 1933 zum Höhepunkt gelangt. Die Gelddeflation, der tragische Geldmangel, erstickte buchstäblich das durch eine Vertrauenskrise erschütterte Land (siehe Seite 91 ff). Henry Morgenthau jr. glaubte, daß eine Aufwertung des Silberpreises die Situation entspannen könnte. Außerdem übten die silbererzeugenden Staaten der USA aus egoistischen Gründen einen gewissen politischen Druck aus. Auch wollte die Regierung die Kaufkraft der silberherstellenden Länder, zum Beispiel Mexikos, heben und ebenfalls die Kaufkraft der Länder, die einen bedeutenden Silbervorrat besaßen. Der Geheimschatz der Chinesen, der Sparstrumpf der Inder, das war Silber: Es genoß die gleiche Wertschätzung wie das Gold im Westen (die Rupie, das indische Zahlungsmittel, und der chinesische Dollar waren Silberwährungen).

Ohne ein Programm für eine ausgesprochene Doppelwährung zu haben, wollte Morgenthau der Federal Reserve Bank und dem amerikanischen Tresor zu einem großen Silberbestand verhelfen, der im gleichen Verhältnis zum Gold-Stock stand. Ein Gesetz legte den Preis fest, zu dem die Regierung das ausschließlich aus amerikanischer Produktion stammende Silber aufkaufen mußte, und verbot überdies die Einfuhr ausländischen Silbers. Ein neuer, beträchtlich höherer Kurs wurde festgesetzt, der ungefähr mit 70 Schilling pro Unze an der Londoner Börse notiert war. Zuvor notierte Silber in London 15 Schilling (in den USA wurde Silber damals auf dem freien Markt nicht gehandelt).

Eine Riesendiskrepanz, die natürlich die Spekulanten der ganzen Welt aufs äußerste reizte. Sie stürzten sich in London auf Silber (ich natürlich auch!) und kauften enorme Mengen zu einem Kurs, der so unglaublich viel niedriger war als Morgenthaus Einkaufspreis. Man nahm an, daß diese Diskrepanz sich mit der Zeit ausgleichen, zumindest verringern würde.

Langsam stieg der Kurs, doch blieb die Sache immer noch interessant aufgrund des gewaltigen Preisunterschiedes, und viele Spekulanten kauften bei steigenden Preisen mit ihrem Papierprofit weitere Silberkontrakte auf dem Londoner Terminmarkt.

Aber! Und da kommt das große, unvorhergesehene Aber. Das Silber, das sich nach und nach aus seinen Verstecken in Indien und China wagte, gelangte in Mengen in die Vereinigten Staaten.

Die Chinesen waren immer die geschicktesten und erfolgreichsten Schmuggler der Welt gewesen, und so war es ein Kinderspiel für sie, den Silberstrom von Hongkong nach Amerika zu leiten. Das Silber strömte also diesmal nicht aus Peru nach Madrid, sondern aus dem Fernen Osten nach Amerika. Man konnte keinen Unterschied zwischen Silber und Silber feststellen. Das aus China importierte Silber hatte die gleiche Farbe wie das aus Montana, und das aus Montana ähnelte merkwürdigerweise den Schiffsladungen, die aus Bombay geschmuggelt wurden. Das Schatzamt bezahlte alles. Es war ja seine Absicht gewesen, die Geldmenge drastisch zu erhöhen und diesmal nicht gegen Gold, sondern Silber zu decken.

Aber eine kleine beiläufige Geschichte hat die ganze

Transaktion noch spannender gemacht: Die Chinesen ihrerseits kauften mit dem Erlös ihrer Silberverkäufe Waffen und Munition in Deutschland, da der Bürgerkrieg bei ihnen schon in der Luft lag. Sie erzielten für ihr Silber einen so hohen Preis, daß sie das Kriegsmaterial bezahlen konnten, das die deutschen Fabriken heimlich herstellten. Die Hitler-Regierung preßte die Arbeiter in der Rüstungsindustrie des Dritten Reiches immer mehr aus, um den Waffenexport zu forcieren – zu einem Preis, den die Chinesen ohne den Silberschmuggel nicht hätten akzeptieren können.

Und so kam es, daß die unüberlegte Geldpolitik eines Finanzmannes durch den geheimnisvollen Kreislauf des Geldes zu einer Stärkung der Nazis führte . . .

Nach einer Nacht, die Morgenthau mit Überlegungen verbracht hatte, weil der Silberstrom nicht versiegte und er immer mehr Dollars in Silber investieren mußte, wurde das Gesetz vom Kongreß aufgehoben. Die Einkäufe wurden gestoppt. Sofort stürzten in Hongkong, Bombay und natürlich in London die Kurse.

Auf dem Papier war ich, wie auch viele andere meiner Kollegen, mit dieser Spekulation Millionär geworden, da der Kurs in London bis 50 geklettert war und mir einen astronomischen Gewinn gebracht hatte. In 24 Stunden war die Fata Morgana meiner Millionen verschwunden. Zum Schluß konnte ich nur noch meine Haut retten, und das nur deshalb, weil ich mich bei den gleitenden Kursen schnell gedreht hatte und durch Zufall ein kleineres Quantum leer verkaufen konnte.

Eine sehr kleine Revanche gab mir das weiße Metall fast 30 Jahre später. Ich hatte wieder Silber gekauft, zu einem Plafondpreis von 90 Cent, der von der US-Regierung künstlich gehalten wurde, um die Preise nicht in die Höhe gehen zu lassen.

Gewisse Symptome und Umstände veranlaßten mich damals, in Silber einzusteigen. Die chemische Industrie kaufte große Mengen, und der Vorrat war nicht zu hoch. Außerdem bekam ich von einem meiner Freunde (bei der Firma Merril-Lynch) einen Anruf mit dem Hinweis, die Broker der Federal Reserve hätten die Instruktion bekommen, daß sie für amerikanische Bürger und Residenten keine Silberkontrakte mehr kaufen dürften. Was tut in so einem Fall der Spekulant? Ich rief die Banque de l'Indochine in Lausanne an, mit der ich in freundschaftlicher Verbindung stand, ob sie bereit sei, für meine Rechnung ein größeres Quantum Silber (disponible Ware, also kassa) zu kaufen und zu finanzieren. Die Antwort war sofort positiv, und sie führten meinen Auftrag aus. 14 Tage später hatte die amerikanische Regierung den Plafondpreis um 20 Prozent, also auf 120 hinaufgesetzt. Der Coup war gelungen, wenn er auch nur einen bescheidenen Gewinn erbrachte.

Kaum 50 Jahre nach meinem ersten Silberabenteuer war das Edelmetall wieder Tagesgespräch, als die gesamte Weltpresse über die sensationellen Silbertransaktionen der Hunt-Brüder berichtete.

Die berühmten Texas-Millionäre hatten schon durch andere große Coups (Öl, Sojabohnen und so weiter) von sich reden gemacht. Anfang der achtziger Jahre faßten sie den Plan, die Silberbestände in der Welt aufzukaufen, den Preis in die Höhe zu treiben und dann bei einem astronomisch hohen Preis das Silber den Konsumenten zur Verfügung zu stellen. Eine Transaktion dieser Art heißt im Jargon »corner«.

Das entsprechende deutsche Wort für »corner« (eigentlich »Ecke«) ist »Ring«, und es bedeutet, daß eine Gruppe von Spekulanten die Produktion und die verfügbaren

Lagerbestände einer Ware aufkauft und dann durch aggressive Propaganda das Publikum zur Spekulation verführt, das heißt, diese Ware auf Termin, also auf Kredit, zu kaufen.

Die Grundidee der Hunts war, daß die Diskrepanz zwischen Produktion und Verbrauch immer größer wird, zum Beispiel durch die in der Welt ununterbrochen wachsende Fotomanie und die Nachfrage nach anderen Produkten der chemischen Industrie. Die Hunt-Brüder rissen die Kontrolle mehrerer Silberminen an sich und hielten die Produktion zurück. Durch eine geschickte Propaganda gelang es ihnen, das Publikum in die Spekulation zu locken. Eine todsichere Sache, dachten die Haussiers. Die Makler riefen alle ihre Kunden an und überzeugten sie, unbedingt in Silber einzusteigen: Die Hunts kaufen, und wenn sie kaufen, dann wissen sie, warum sie es tun.

Zur gleichen Zeit stiegen andere Spekulanten in ein Baisse-Engagement ein, das heißt, sie verkauften Silber, welches sie noch nicht besaßen, in der Hoffnung, es später viel billiger zurückzukaufen. Solche Spekulanten gab es Tausende in Amerika, aber auch in Bombay, Hongkong, Mexico City, überall wo Silber ein Heimprodukt ist. Sie alle waren der Ansicht, daß der Preis schon übertrieben hoch sei.

Aber der Preis stieg weiter, das Syndikat verknappte die Ware immer mehr, bis sie fast völlig vom Markt verschwand. Die Preise kletterten noch weiter, die Baissiers wurden auch immer wilder und verkauften immer mehr Baisse-Terminkontrakte. Auch die Broker riefen weiter ihre Kunden an und empfahlen ihnen, weitere Silberkontrakte zu kaufen, mit der Begründung, daß die Baissiers vom Hunt-Syndikat erwürgt werden würden . . . Das alte Lied.

So strömten die Kaufaufträge herein, die Kurse stiegen, mit dem Papiergewinn erwarb man weitere Kontrakte, denn das Spiel war leicht, man mußte ja nur 10 Prozent Garantie zahlen. Auf diese Weise geschah es dann, daß der Kurs von 5 auf 50 Dollar pro Unze stieg. Alle Börsenspieler der Welt beobachteten mit Spannung, wie die gigantische Pokerpartie enden würde. Einer meiner Freunde, ein Finanzjournalist, bot mir eine Wette an, daß der Kurs auf 500 Dollar pro Unze steigen würde. Vergebens warnte ich ihn, daß die Behörden eingreifen könnten, denn gewisse Kreise riefen schon »Skandal!« über den Silberwucher. Auch das spielt keine Rolle, erwiderte er, das Syndikat pfeift auf die Behörden. Vor den Silberscheiden standen die Menschen Schlange, weil sie ihr Haushaltssilber zu nie erhofften Preisen verkaufen konnten.

Niemand rechnete damit, daß der Silberboom jemals enden könnte – etwa dadurch, daß die Regierung oder die Börsenkammer eingreift. Und doch geschah es so. Dank verschiedener Maßnahmen, wie neuer Kreditbestimmungen, brach der Ring wie ein Kartenhaus zusammen.

Vor allem aber hatten die Hunts vergessen, daß man über unbegrenzte Mittel verfügen und die absolute Kontrolle über die Weltbestände haben muß, um einen »corner« erfolgreich abzuschließen. Nur dann kann man die Baissiers abwürgen, indem man sie zwingt, die Ware bei turmhohen Preisen abzunehmen. Der Silberring eines viel mächtigeren Finanziers, nämlich der amerikanischen Regierung, von dem ich bereits berichtet habe, ist dafür das beste Beispiel. Ihr standen tatsächlich unbegrenzte Mittel zur Verfügung – die Dollars der Federal Reserve Bank.

Sicher kannten die Hunt-Brüder den Spruch nicht, den die Spaßmacher der Budapester Börse geprägt haben: »Der Ring, der nie gelungen.«

Gewinnen kann man, verlieren muß man

Die »Silberringe«, von denen ich im letzten Kapitel berichtet habe, illustrieren sehr anschaulich die Risiken von Warentermingeschäften.

Schon seit Jahren stelle ich den Spitzbuben des Warenterminhandels die Frage, wie lange sie es noch weitertreiben wollen; und die Behörden frage ich immer wieder, wie lange sie noch zuschauen werden, wie das Publikum um Millionen geprellt wird.

Das Warentermingeschäft ist in mancher Hinsicht dem Glücksspiel vergleichbar, und im Inneren ist jeder kleine Sparer nun mal ein Mensch, der gerne spielt. Der Eintritt ins Spielkasino steht jedem mündigen Bürger offen. Doch wer es besucht, weiß, daß alle Kasinos unter strenger Kontrolle der Behörden stehen, damit nicht falsch gespielt wird. Das Rouletterad ist einwandfrei, und die Karten sind nicht gezinkt, dennoch können die Spieler auch in den kontrollierten Kasinos raffinierten Verführern zum Opfer fallen.

Aber im Vergleich zum Handel mit Warenkontrakten gibt es da einen wesentlichen Unterschied: Niemand darf für Spielkasinos persönlich werben. Hingegen werden die unwissenden Bürger, Männer und Frauen, in die Warenterminspelunken von aggressiven Zutreibern geschleppt – und hier wird falsch gespielt. Diese Werbung operiert oft mit unglaublich plumpen Methoden. Verführerische Telefonangebote und luxuriöse Prospekte sollen Anleger lokken. Man jongliert mit den Namen renommierter Firmen (die ohne ihr Wissen hineingezogen werden) und mit ihren angeblichen Garantien, die natürlich totaler Schwindel sind.

Ich warne auch vor einer neuen Art von Werbung, die

vorgibt, die amerikanische Börsenaufsichtsbehörde SEC kontrolliere diesen Handel. Auch eine Lüge. Die SEC ist für Warentermingeschäfte überhaupt nicht zuständig und hat deshalb damit nichts zu tun.

Freilich kann man die Institution der Warenterminbörse ebensowenig in Bausch und Bogen verurteilen wie die Spielkasinos. Aber die Falschspieler, die unehrlichen Croupiers des Kontrakthandels und das Heer ihrer gewissenlosen Werbeagenten hätte man schon längst unschädlich machen müssen.

Ich verdächtige a priori keinen Warenterminmakler, -händler oder -werber, ein Betrüger zu sein. Aber ich behaupte in voller Kenntnis der Sachlage, daß bei diesen Geschäften häufig das einzige Interesse der Beteiligten darin besteht, das Geld der Kunden in die eigene Tasche zu stecken. Die Warentermingeschäfte, wie sie in vielen Fällen in der Bundesrepublik abgewickelt werden, sind entweder

- totaler Betrug,
- halber Betrug
- oder zwar kein »De-jure«-, aber ein »De-facto«-Betrug.

Totaler Betrug:

Die Warenterminfirma verkauft zum Beispiel »Kaufoptionen« für Waren, die sie nicht besitzt. Wenn nun der Kunde dank einer Preissteigerung großen Profit zu machen glaubt, verkündet die Firma, ihren Verpflichtungen nicht nachkommen zu können, und meldet Zahlungsunfähigkeit an. Das ist genauso ein Betrug, als würde ein Spielkasino die Gewinne nicht auszahlen.

Halber Betrug:

Die Firma kauft zwar die Optionen in London, verkauft sie aber ihren Kunden zu einem 100 bis 200 Prozent höheren Preis. Der Kunde wird übervorteilt, weil er die tatsächlichen Preise nicht kennt.

De-facto-Betrug:

Die Firma bietet Beteiligungen an Sammelkonten oder Anteile von Warenterminfonds an. Der Manager des Sammelkontos oder des Warenterminfonds kauft zum Beispiel gleich bei der Eröffnung eines Börsentages zehn Soja-, zehn Gold- und zehn Orangensaftkontrakte. Bei jedem dieser Artikel können bei Börsenschluß etwa 30 000 Mark Gewinn oder Verlust entstehen. Die Kontrakte mit Verlust werden auf dem Sammelkonto verrechnet, Gewinn behält der Manager für eigene Rechnung. Kein Börsenvorstand, kein Paragraph, nicht einmal das eigene Gewissen können den Manager daran hindern.

Im Börsenjargon heißt das: »Auf dem Samt spielen«. Die Gewinne für den Manager, die Verluste für die Kunden. Es ist deshalb nicht verwunderlich, daß täglich neue Warenterminfirmen wie Pilze aus dem Boden schießen. Denn schon Alexandre Dumas der Jüngere schrieb: »Das große Geschäft ist das Geld der anderen.«

Wer dennoch von der unwiderstehlichen Lust ergriffen wird, in Waren zu spekulieren, sollte sich zwar an einen der großen amerikanischen Broker wenden, seine Aufträge jedoch nach eigenen Ideen und Entscheidungen selber erteilen. Schließlich muß auch der Roulettespieler selber am Tisch sitzen und darf sein Geld nicht anderen zum Spiel anvertrauen. Der Warenterminspekulant sollte sich auch nicht vom Broker oder dessen Angestellten beraten lassen, denn keiner der selbsternannten Fachleute weiß mehr, als er selber. Computersysteme, Experten und »Weltmeister« sind pure Legenden. Zudem können die Broker ja gar nicht wirklich objektiv beraten, weil sie an den Provisionen verdienen und den Umsatz fördern wollen. Der Spieler wird erst am Schluß entdecken, daß sein ganzes Kapital von Provisionen aufgezehrt wurde.

Deshalb mein Rat an Außenseiter: Hände weg von der Warenterminspielerei, denn wie für das Roulette behaupte ich nach siebzig Jahren Erfahrung auch im Kontrakthandel: »Gewinnen kann man, verlieren muß man.«

Hoch soll er stehen, der Franken!

Jahrelang notierte der Schweizer Franken unter einer Mark. Dann kam eine langsame Steigerung, und der Frankenkurs erreichte 1975 die Schwelle von einer Mark. Viele Spekulanten, Spieler, aber auch Amateurbörsianer, die eigentlich nicht viel von Währungsproblemen verstehen, waren der Ansicht, daß der Kurs übertrieben hoch sei. Ich wiederhole: Auch Amateure, die davon nichts verstehen. Denn ich habe die Erfahrung gemacht, daß bei größeren Kursverschiebungen Normalverbraucher, die nicht hinter die Kulissen sehen können, immer der Ansicht sind, daß eine große Bewegung, weil sie sie nicht verstehen, ungerechtfertigt sei.

Sie standen also alle ratlos dieser Kursentwicklung gegenüber, zumal ja die Inflationsrate der Schweiz größer war als die der Bundesrepublik und das Land mit diesem hohen Wechselkurs nun eines der teuersten Pflaster der Welt geworden war. Muß eine solche Situation nicht zum Ruin eines Landes führen, fragten sie sich, jedenfalls für den Tourismus und die Industrie?

Die Schweizer selber sahen dies nicht so. Die Preise waren international gesehen hoch, aber sie meinten, sie dürften ruhig noch steigen. Denn sie glaubten alle an die Qualität ihrer Währung. Sie meinten, man brauche keine gigantischen Ferienkolonien, keine Massentouristen, die in Motels wohnen und mittags heiße Würstel essen. Der

Jet-set und seine Nachahmer füllen die Luxusherbergen mehr als ausreichend. Das eleganteste Hotel in St. Moritz hatte ausgerechnet, daß zum Beispiel fünf seiner Gäste im Durchschnitt genausoviel Geld lassen wie 100 Autobustouristen.

Grund genug, die schönen Landschaften vor modernen Bauten zu bewahren, die überall sonst wie Pilze emporschossen, die grünen Wiesen, Wälder, Bergseen und Bächlein vor der Verschmutzung zu retten. Neue Fabriken sollten mit Schweizer Kapital nur im Ausland gebaut werden. Ja, die Schweiz, dieser schöne Garten inmitten des industrialisierten Europas, mit allen ihren Schornsteinen und Abfallhalden, sollte zehn Minuten vor Torschluß als idyllischer Raum bewahrt werden, so wie in Amerika die Nationalparks.

Aber es ging nicht nur um Romantik und Tourismus. Die wilde Expansion der Nachkriegsjahre hatte die Zahl der Gastarbeiter, die man in der Schweiz Fremdarbeiter nennt, auf 25 Prozent der erwerbstätigen Bevölkerung ansteigen lassen. Und 861 000 Gastarbeiter waren für eine Bevölkerung von 6,5 Millionen nun einmal zuviel. In der Bundesrepublik würde dies etwa acht Millionen Gastarbeitern entsprechen. Mit einer solch hohen Ziffer ist jedoch der Nährboden für eine Xenophobie vorbereitet. Wenn die Zahl der Italiener noch stark zunehmen würde, dachten viele Schweizer, könnten sie eines Tages den Anschluß des Tessins an Italien fordern, worauf nach dem Fall von Frankreich 1940 Mussolini schon Anspielungen gemacht hatte.

Es ist daher auch nicht erstaunlich, daß Anfang der siebziger Jahre die »Fremdarbeiterinitiative« für die radikale Reduzierung der ausländischen Arbeitskräfte in der Schweiz rund 35 Prozent der Stimmen bekommen hatte, trotz der gigantischen Gegenpropaganda von Kirchen, Regierungsstellen, Wirtschaftsführern und der gesamten Presse. Natürlich war die Mehrheit der Bevölkerung noch immer eher geschäftstüchtig eingestellt. Doch eine so große Minderheit von 35 Prozent mußte der Regierung zu denken geben.

Vergeblich hatte Bundesratsmitglied Nello Celio in weiser Voraussicht schon Jahre vorher einen Plan gegen die unkontrollierte Wirtschaftsexpansion gefordert. Und er dachte dabei nicht nur an die Italiener. Ergänzung und Ausbau der Infrastruktur des Landes wurden nämlich in den Jahren der Expansion nicht ausreichend berücksichtigt. Mitte der siebziger Jahre war es dafür schon beinahe zu spät. Nach einer damals veröffentlichten Studie hätte die Industrie, um die nötige Infrastruktur zu schaffen, dem Staat einen Betrag von mindestens 10000 Franken pro Arbeiter zahlen müssen.

Nun hat alles seine Grenzen. Um diese zu ziehen, war es das einfachste, einen hohen Frankenkurs zu halten. Der Markt der Schweizer Franken war ja nie gigantisch groß gewesen. Die Schweizer Nationalbank konnte diesen Markt jahrelang total kontrollieren und im Griff halten. Besonders vor einer Aufwertung der Mark hatte die Schweiz große Angst, denn ein höherer Markkurs hätte den internationalen Kapitalstrom noch stärker in die Schweiz gelenkt – der dank der neutralen politischen Lage, absoluter Devisenfreiheit und strengen Bankgeheimnisses bereits sehr kräftig floß.

Die Eidgenossen sollten, das war die Ansicht der Regierung und der Notenbank, weniger Arbeiter ins Land holen und dafür mehr Kapital exportieren. Und da, wie gesagt, die Schweizer Nationalbank auf dem Markt des Franken omnipotent war, hielt sie einen hohen Kurs. Das war die beste Medizin, so konnte man im Handumdrehen die verschiedenen Probleme lösen, inklusive das der Gastarbeiter, ohne daß man die Schweiz wegen Rassismus hätte anklagen können.

Diese Medizin war zwar kein Wundermittel, aber sie schlug durchaus an. Mit einem Wort: Der Kurs des Franken war kein devisentechnisches, sondern eher ein demographisches, soziales und ökologisches Problem. Da aber so viele Devisenspekulanten und -spieler diese Probleme nicht erkannt hatten, waren sie von der Idee besessen, daß der Schweizer Franken wieder auf eine Mark zurückfallen müsse. Doch je mehr auf den Sturz des Schweizer Franken gegenüber der D-Mark spekuliert wurde, um so stärker war nachher die Reaktion, als alle diese Spieler ihre Baisse-Engagements in Franken wieder decken mußten. So stieg der Franken unter dem Druck dieser Deckungen bis auf über 1,25 D-Mark und verursachte den Spekulanten enorme Verluste.

Ein so hoher Kurs konvenierte der Schweizer Nationalbank auch nicht, und nach den Deckungen der Spekulation ließ sie ihre Währung wieder etwas zurückfallen. Seitdem stagniert sie auf einem Niveau von ca. 1,20 DM für einen Franken.

Vom menschlichen Standpunkt her muß man anerkennen, daß die Schweizer in einer gewissen Art auch recht hatten. Ich bin zwar selber ein »Usländer«, aber ich fühlte damals mit den Schweizer Bürgern: Hoch soll sie leben, die Schweiz, hoch soll er stehen, der Franken.

Schweres Geld und leichtes Geld

Man spricht sehr oft über Währungsreformen. Ich weiß nie genau, von welchen Reformen da eigentlich gesprochen wird, und mir ist auch nicht klar, welchen Sinn sie haben sollten.

Ich habe in meinem Leben mehrere echte Währungsreformen erlebt, insbesondere zwei große – beide nach einem verlorenen Krieg in Zentraleuropa. Die Länder waren zerstört, Fabriken Scheiterhaufen, die Produktion auf Null, Devisen gab es für Rohstoffimporte nicht, aber eine Riesenproduktion von Banknoten. Ganz klar, daß die Währung total wertlos wurde und man eine neue schaffen mußte. Dazu kam noch, daß die Zentralmächte große Kriegsreparationen zu zahlen hatten.

Heute dagegen beklagen sich viele über eine deflationistische Tendenz, Rohstoffe notieren fast an dem Börsentief, und Industrieprodukte gibt es in Hülle und Fülle. Die letzte, aber weniger bedeutende Währungsreform war die Lösung des Dollars vom Goldstandard und die Einführung flexibler Paritäten zwischen dem Dollar und anderen Währungen.

Auch die beiden Währungsreformen, die es in Deutschland seit 1914 gab, sind jeweils nach einem verlorenen Krieg durchgeführt worden. Aber heute dient der Begriff als Slogan, um damit ängstliche Bürger einzuschüchtern.

Das Wort Währungsreform ist mehrdeutig; man kann es dutzendfach interpretieren. Ich habe in diesem Buch von einigen Währungsreformen erzählt, die nach dem Zusammenbruch der Donaumonarchie durchgeführt wurden – aber das war nicht mehr als der Austausch alter Noten gegen neue Noten: in Österreich Schillinge anstatt Kronen, in Ungarn Pengö gegen Kronen. Dann später Forint gegen Pengö, wieder nach einem verlorenen Krieg.

Auch in Frankreich hatten wir am 1. Januar 1960 eine Währungsreform, die nichts anderes war als ein Austausch des *leichten* Geldes gegen ein *schweres* Geld (sogenannte francs lourds). Diese Reform hatte rein psychologische Gründe. Die französische Regierung hielt es für wichtig, daß die Menschen künftig in kleineren Zahlen rechneten und so gegenüber dem neuen (schweren) Franc größeren Respekt empfanden.

Wenn das Publikum in großen Zahlen rechnen muß, sieht es im Bargeld tatsächlich eher so etwas wie Papierfetzen und verliert jeglichen Respekt vor der eigenen Währung. Am Wert des Franc hat sich aber durch diese Währungsreform nichts geändert. Zur Illustration sei ein zeitgenössischer Bericht über diese Transaktion zitiert:

Banknoten-Austausch vom 4. bis 16. Juni
Der Austausch der Banknoten findet vom 4. bis 16. Juni ohne Unterbrechung statt. Die Banken und die öffentlichen Schalter schließen selbst samstags und sonntags nicht.

Die derzeit im Umlauf befindlichen Banknoten mit einem Wert von 50 Franc und mehr gelten ab 4. Juni nicht mehr als Zahlungsmittel. Jedoch haben die öffentlichen Transportunternehmer, die Lebensmittelhändler und die Apotheker akzeptiert, während der ersten sechs Tage auch weiterhin die alten Banknoten – außer 5000-Franc-Scheinen – anzunehmen. (Man kann sich übrigens nur wundern, daß die Gasthausbesitzer nicht auch zugesagt haben.) Die kleineren Geldscheine werden später in Münzen umgetauscht.

Der Austausch findet in voller Höhe statt, es wird also keine Kommission verlangt. Der Umtausch muß einmalig während der zwölftägigen Periode getätigt werden.

Da es unmöglich ist, die geographische Verteilung der

Banknoten im voraus genau festzustellen, bekommt jeder Bürger, der kein Konto hat, zunächst 6000 Franc für sich und weitere 3000 Franc für jedes Familienmitglied, für das er unterhaltspflichtig ist und das in seiner Wohnung lebt. Für den Restbetrag erhält er einen auf seinen Namen lautenden Gutschein, den er jedoch erst nach der Austauschperiode einlösen kann.

Im Gegensatz dazu kann jeder Kontoinhaber die Auszahlung des gesamten Depots verlangen. Doch werden diese aufgefordert, davon nicht übermäßig Gebrauch zu machen. Eine genaue technische Vorbereitung und enorme materielle Mittel waren nötig, um den Banknoten-Wechsel korrekt vorzubereiten.

Der Austausch findet an 34 000 Schaltern im ganzen Land statt. An jeden Schalter sind drei Angestellte delegiert. Somit sind also insgesamt 102 000 Personen mit dem Umtausch beschäftigt. In 26 Departements liegt die Zahl der Bewohner pro Schalter unter 1000, in 27 beträgt sie zwischen 1000 und 1200 und in den restlichen 31 zwischen 1200 und 1500. Der Austausch findet während zwölf Tagen statt. So treffen also durchschnittlich 125 Personen pro Tag auf einen Schalter. Lange Warteschlangen dürfte man deshalb nur ganz selten sehen.

Zwei Monate lang haben 500 Lastwagen die notwendigen Formulare an die Wechselstellen ausgeliefert. So wurden insgesamt 32 Millionen Tauschzettel, drei Millionen Vollmachtsformulare, 60 000 Anweisungen für die Tauschstellen, 50 000 Anweisungen für die Bürgermeister, 91 000 Lieferscheinhefte à 100 Stück und 140 000 Lieferregister verteilt.

Bis heute und also fast 30 Jahre nach diesem Austausch rechnen viele Franzosen, wenn sie über Kapital, ihr eigenes oder das anderer, sprechen, in alten, *leichten* Franc. Sie würden zum Beispiel sehr viel eher sagen, dieser oder jener hat eine Milliarde, anstatt zu sagen, er hat zehn Millionen. Wenn es sich um Preise oder Einkommen handelt, rechnet man hingegen in neuen, *schweren* Franc. Man sagt etwa, dieser Kaffee kostet 5 Franc, und nicht 50 Franc.

Bei den Franzosen nichts Neues, denn es gibt keine Sprache in der Welt, die speziell für Geld so viele Synonyme hat. In meiner Jugend und auch noch nach dem Zweiten Weltkrieg hat man nicht nur im Argot, sondern auch in der Salonsprache nicht 20 Franc gesagt, sondern *1 Louis* (nach der Goldmünze Louisdor). Für 2000 Franc sagt man zum Beispiel *100 Louis*, und anstatt 5 Centimes hat man immer *Sous* gesagt. 5 Franc hießen zum Beispiel *100 Sous*.

Es ist anzunehmen, daß bald auch in Italien ein ähnlicher Geldumtausch durchgeführt wird, aus denselben rein psychologischen Gründen wie damals in Frankreich. Es ist eines zivilisierten Landes auch nicht würdig, eine Währung zu haben, wie eine Bananenrepublik. Nullen »abzuschneiden«, das heißt, das Geld schwerer zu machen, hat nichts mit Währungsreform zu tun. Ganz anders war es in der Weimarer Republik, als man nicht nur 12 Nullen wegstrich, sondern auch eine ganz neue Währung schuf. Ebenso nach dem Zweiten Weltkrieg, als man die Deutsche Mark einführte.

Manche Panikmacher erzählen gerne, und viele Dummköpfe übernehmen dies, daß in der Federal Reserve Bank in Washington schon seit Jahren neue Dollarnoten bereitliegen, um jederzeit eine Währungsreform durchführen zu können. Das ist völliger Unsinn. Tatsächlich ist es so, daß die Federal Reserve ununterbrochen alte Banknoten gegen neue aus ästhetischen und aus Sicherheitsgründen austauscht.

Dazu fällt mir eine kleine Geschichte ein, die ich selbst erlebt habe:

Vor einigen Jahren fand ich im Giftshop des Waldorf Astoria in New York einen geschlossenen Glassturz, angefüllt mit zerhacktem grünen Papier. Das Papier war nichts anderes als fein geschnipselte entwertete Dollarnoten. Zum Spaß kaufte ich mir einen von diesen Glasbehältern.

Bei der Rückreise in die Bundesrepublik bekam ich allerdings Schwierigkeiten, als der Zöllner mich fragte, was in dem großen Paket stecke.

Ich sagte ganz unschuldig: »Eine Million Dollar.«

Er schaute mich verständnislos an.

»Eine Million Dollar«, wiederholte ich.

Er verlangte von mir, das Paket aufzumachen und schaute das Objekt mit großen Augen an – so etwas hatte er noch nie gesehen.

Ecu als gemeinsame europäische Währung?

Seit einigen Jahren wird immer wieder von der eventuellen europäischen Währung »Ecu« gesprochen. Diese Bezeichnung für eine theoretische europäische Währung ist besonders glücklich gewählt worden, denn die drei Buchstaben bedeuten ja »European currency unit« (europäische Währungseinheit). Gleichzeitig ist dies aber auch die Wiedergeburt einer alten französischen Münze, die zwischen 1266 und 1653 verschiedenwertig geprägt wurde.

Der europäische Ecu ist eigentlich ein Cocktail, gemixt aus belgisch/luxemburger Franc, Deutscher Mark, niederländischen Gulden, dänischen Kronen, französischen Franc, italienischen Lire, irischen Pfund und griechischen Drachmen.

Ich könnte ihn auch als Index bezeichnen, wie zum Beispiel den Dow-Jones-Index an der New Yorker Börse, der eine Zusammenstellung der Entwicklung der 30 wichtigsten Industriewerte Amerikas darstellt. Diese theoretische Währung hat natürlich einen Tageskurs, der genauso zusammengestellt wird wie der Dow-Jones-Index. Aber genauso wie der Dow Jones kein Wertpapier ist, ist der Ecu auch keine Währung. Natürlich kann man mit dieser theoretischen Verrechnungseinheit handeln, sogar Anleihen emittieren, Schulden kontrahieren und so weiter, wie man auch an der New Yorker Börse in Indexen offiziell handeln kann. Aber es bedeutet nicht, daß der Ecu eine Währung ist, da doch die Kurse der verschiedenen Währungen, aus denen er sich zusammensetzt, untereinander größeren Verschiebungen unterworfen sind.

Die Währungsunion ist sicherlich der Wunschtraum aller leidenschaftlichen Europäer, aber sie ist weder die Grundlage noch die Bedingung für ein politisch vereinigtes Europa. Im Gegenteil: Das vereinigte Europa ist die Bedingung für eine gemeinsame europäische Währung, also für den Ecu, falls er dann eingeführt werden sollte. Denn eine Währung ist doch nichts anderes als ein Jeton aus Metall, Papier oder sogar aus Plastik, mit dem man die Produkte des betreffenden Landes erwerben, Löhne, Steuern und anderes zahlen kann. Die Jetons, die Banknoten, die in den europäischen Ländern als Zahlungsmittel benutzt werden würden, müßten daher von einer gemeinsamen europäischen Notenbank ausgegeben werden. Und diese europäische Notenbank ist auch heute nur ein Wunschtraum und weit von der Realität entfernt.

Sogar der erste Schritt in die Richtung einer gemeinsamen europäischen Währung, die Garantie für feste Paritäten aller EG-Währungen untereinander, ist äußerst problematisch. Was nützen feste Paritäten, wenn man sie von Zeit zu Zeit über Nacht um 10 bis 20 Prozent verschieben muß. Für Unternehmer und Kaufleute sind solche abrupten Auf- und Abwertungen noch gefährlicher als ein sauberes Floaten. Fixe Paritäten sind mit einer unbegrenzten Konvertibilität identisch.

Und diese Konvertibilität wird in der Zukunft fast sicher in eine Richtung gehen, nämlich in die der D-Mark. Es muß eine Antwort dafür geben, wie viele Francs oder Lire die Bundesbank wird aufnehmen müssen, wenn aus irgendeinem Grunde das französische oder italienische Volk wieder einmal von einer Panik ergriffen wird, wie wir es in den letzten Jahren schon öfter erleben mußten. Oder auf die Frage, was die Bundesbank etwa tun soll, wenn die französischen Sparer ihr Geld wieder einmal tonnenweise in andere Währungen konvertieren wollen.

Wenn ich von der geplanten europäischen Währung höre, muß ich immer an die ehemalige österreichisch-ungarische Krone denken, die von 1878 (elf Jahre nach der Versöhnung von Österreich und Ungarn und ihrer Vereinigung) bis 1918 (Zerfall der k.u.k.-Monarchie) ihre Rolle wunderbar erfüllte, solange beide Länder nicht nur gemeinsames Zollgebiet waren, sondern auch eine gemeinsame Armee und Diplomatie besaßen, also von einer supranationalen Macht regiert wurden. Derselbe Souverän, der Kaiser und König, sanktionierte die Gesetze der unabhängigen Parlamente beider Länder. Die Gesetze der beiden Länder mußten von demselben Staatschef (der zugleich auch König von Ungarn war) paraphiert werden. Die Kohäsion war in allen Staatsproblemen so fest, daß die österreichisch-ungarische Notenbank gemeinsame Banknoten ausgeben konnte, auf der einen Seite in deutscher, auf der anderen in ungarischer Sprache. (In kleinen Buchstaben war jedoch die Bezeichnung der Währung in den acht Sprachen der verschiedenen Nationalitäten der Monarchie aufgedruckt.)

Diese österreichisch-ungarische Krone war dann dank eines streng eingehaltenen Goldkernsystems bis zum Ausbruch des Ersten Weltkrieges jeden Moment in Gold einlösbar. Die Zins- und Kreditpolitik war daher dieselbe für die österreichischen sowie die ungarischen Unternehmer, Kaufleute, Landwirte, Rentner und Steuerzahler. Und die Personalunion vermochte es, trotz des Ressentiments der Ungarn gegen Österreich und die habsburgische Dynastie, diese komplizierte Struktur aufrechtzuerhalten. – Ein berühmter Spruch der ungarischen Nationalisten lautete: »Ungarn glaubt doch Österreich nicht, ganz egal, was es verspricht.«

Die Notenbank eines jeden EG-Landes betreibt aber heute eine souveräne Zins- und Kreditpolitik. Sie ist dabei der jeweiligen Sozial-, Steuer- und Wirtschaftspolitik wie auch den unterschiedlichen innenpolitischen Entwicklungen unterworfen. Diese wiederum werden von anderen Faktoren beeinflußt, wie Nationalcharakter, Lebensführung und auch etwa der Einstellung der Gewerkschaften, und sogar diese Phänomene ändern sich von Zeit zu Zeit, einmal friedlich, ein anderes Mal in aggressiver Form. In einem Land kann die Inflationsrate über 20 Prozent betragen, im anderen unter 2 Prozent.

Eine gemeinsame europäische Notenbank müßte aber allen europäischen Unternehmen zu denselben Bedingungen Kredite geben. Die Unternehmer hätten ihren Arbeitern überall dieselben Tarife zu zahlen, die von den Gewerkschaften der betreffenden Länder akzeptiert werden müßten. Die EG-Länder müßten sich auf eine gemeinsame Steuerpolitik einigen und natürlich – conditio sine qua non – dieselbe Inflationsrate und dieselbe innenpolitische Entwicklung aufweisen. Das ist in absehbarer Zeit kaum möglich. Bisher konnte man ja nicht einmal in der Katalysator-Frage eine Einigung finden. Und sogar bei der Einführung der Sommerzeit, wirklich nur eine Bagatelle, hat es jahrelang gedauert, um auf europäischer Ebene eine Übereinkunft zu erzielen.

Die EG-Länder sind voneinander so verschieden, daß sie zum Beispiel als Grundlage für einen gemeinsamen Lebenshaltungsindex nicht dieselben Artikel nehmen können. Denn gewisse Dinge sind für die Verbraucher eines Landes wichtiger als für die des Nachbarlandes. Warten wir also ab, bis die Notenbank der Bundesrepublik Europa gegründet ist und die Banknoten in zehn oder zwölf Sprachen gedruckt werden.

Der Devisenmarkt als Spielkasino

Die Macht der Spekulation

Wenn ich einen kritischen Blick auf die Erklärungen oder Verlautbarungen der Politiker – sogar amtierender Minister, oder, horribile dictu, Notenbankoffizieller – werfe, muß ich immer wieder feststellen, wie wenig sie die Macht der Spekulation ins Kalkül ziehen, und daß sie keine Ahnung haben, welchen Einfluß diese auf die Kursentwicklungen der Währungen haben kann. Die Spekulation kann Entscheidungen der Regierungen in Frage stellen oder sogar konterkarieren.

Ich erinnere mich noch, wie ein deutscher Finanzminister vor vielen, vielen Jahren, als der Goldpreis von der damaligen Goldlobby (der südafrikanischen Regierung mit Hilfe der Schweizer Großbanken) manipuliert wurde, verlauten ließ, man müsse den »realistischen« Marktpreis in Betracht ziehen. In seinen Augen war der manipulierte Preis »realistisch«, den man an der Londoner Börse gerade verkündete. Welch ein Unsinn! Wie kann man einen Kurs »realistisch« nennen, der das Ergebnis von Manipulation ist. Realistisch ist nur derjenige Kurs, der durch ein tatsächliches Angebot-Nachfrage-Verhältnis zustande kommt, nicht aber der Preis, der mit Hilfe künstlich geschaffener Nachfrage in die Höhe getrieben wurde.

Das kapitalistische System ist eine Riesenmaschine, in der die verschiedenen Räder sehr fein verzahnt zusammenspielen: Wirtschafts-, Sozial- und sogar Außen- und Rüstungspolitik, Zinsen, Geldmenge und Währungskurse. Dieses letzte Rad wird besonders durch die wilde Währungsspekulation angetrieben, so daß es oft durchdreht – aber leider kann man in einer freien Welt dagegen nichts ausrichten. Insbesondere die Goldspekulation, die auf alle Warenpreise eine direkte Wirkung hat, spielt dabei eine große, oft verheerende Rolle. Der einzige Mensch, von dem ich je ein kluges Wort über den Zusammenhang zwischen Gold und Warenpreisen gehört habe, war der schwarze Pförtner an der N. Y. Commodity Exchange (New Yorker Warenbörse). Auf der Galerie sagte er zu mir: »Sehen Sie, mein Herr«, und zeigte dabei in eine Ecke des riesengroßen Saales, in dem in getrennten Gruppen die verschiedensten Waren gehandelt wurden, »sehen Sie mein Herr, in dieser Ecke findet der Goldhandel statt.« Dort gestikulierten vielleicht hundert Menschen, überschrien sich gegenseitig, um ihre Goldgeschäfte abzuwickeln. »Wenn Gold dort ein, zwei Punkte steigt, dann werfen sich die Spekulanten auf alle anderen Rohstoffe und treiben deren Kurs ebenfalls in die Höhe. Wenn Gold fällt, dann verkaufen sie die anderen Waren auch.« Der schwarze Pförtner hatte wirklich recht. Gold ist die Standarte, die dem Feldzug der Waren vorangeht – und alle anderen folgen ihr.

Finanzpolitiker oder Notenbankoffizielle lassen sich ebenso von den Stimmungen beeinflussen und reagieren massenpsychologisch genauso wie das Publikum. Die Devisenspieler begleiten dagegen die Äußerungen der Politiker mit ihren hysterischen Transaktionen von Milliarden Dollar, Yen oder Pfund. Sie kaufen, verkaufen, kaufen wieder – nicht etwa Devisenbeträge, die sie für den internationalen Handel ihrer Export-Import-Kunden oder Investoren brauchen, sondern, um von einem Tag auf den anderen oder sogar von einer Stunde zur anderen Kursdifferenzen einzustreichen oder, öfters, einzubüßen. So wirken Politiker und Devisenhändler aufeinander ein.

Die Händler, wie schon oft erwähnt, haben freie Hand, um mit den Millionen ihrer Bank zu spielen. Im Laufe des Jahres 1976, mitten in der großen Pfundpanik, schrieb ich,

Der Händler

Jan Brychta, © DWS

»daß die stillen Reserven von England größer sind, als es sich die Devisenhändler vorstellen können, und daß, obwohl die Züricher Bahnhofstraße das Pfund schon begraben und der britische Löwe seine Zähne verloren hatte, sein Herz aber noch immer pocht«.

Dieselben Devisenhändler, die damals zu Tode betrübt Milliarden Pfund verkauft hatten, kauften ein Jahr später dieselben Milliarden wieder zurück. Die Folge war, daß die Devisenreserven der Bank of England, die noch ein Jahr vorher um Hilfe betteln mußte, inzwischen auf 18 Milliarden Dollar angestiegen waren und in der Welt – in punkto Rücklagen – an dritter Stelle standen. Auch ein Beweis dafür, daß die spekulierenden Händler nie überlegen, wahrscheinlich auch nichts verstehen und nicht einmal wissen, was eine »Währung« ist. Trotzdem äußern sie hochnäsige Meinungen und wiederholen wie Papageien unverantwortliche Kommentare.

Ein altes Sprichwort lautet: »Ein armer Aristokrat hat noch immer mehr als ein reicher Jude.« Das soll heißen, daß der Fürst Esterhazy, der heute bescheiden und unbekannt als Flüchtling in Zürich lebt, zum Beispiel noch immer reicher ist als der Baron Rothschild, von dem so viel geschrieben wird.

Auf der sozialen Leiter der Nationen entspricht England einem Fürstenhaus. Es ist und war reicher an Devisenreserven, als es sich die Devisenhändler vorstellen konnten. Sie setzten 1976 auf den totalen Niedergang des Pfundes (obwohl es sie mehr als zehn Prozent Zinsen pro Jahr kostete) und vergaßen ein altes Börsengesetz: Wenn alle Spieler auf eine angeblich todsichere Sache spekulieren, geht es fast immer schief.

Der Finanzmarkt ist nämlich äußerst bösartig und bringt immer neue Überraschungen hervor, das heißt, genau das

Gegenteil von dem, was man erwartet. Bei »festen Paritäten« auf die Aufwertung einer zu tiefen oder die Abwertung einer zu hohen Währung zu spielen, war fast immer risikolos. Aber bei floatenden Devisenkursen kann eine überzogene Devisenspekulation mit einem äußerst gefährlichen Rückschlag enden.

In den letzten 60 Jahren konnte man mit Devisenspielereien oft sehr viel verdienen oder aber genausooft verlieren und pleite gehen. Besonders, wenn die Spekulation den Kurs tiefer trieb, als es der wirtschaftlichen Lage und den stillen Reserven des Landes gemäß war. Die »Franc-Schlacht« von 1926, der Dollar-Höhenflug der achtziger Jahre und andere Beispiele zeigen, wie gefährlich die Devisenspekulanten leben.

Die Anatomie einer Geldabwertung

Das Geschehen auf dem Devisenmarkt ist rein psychologisch bedingt. Alle rennen in die gleiche Richtung, einer ruft in den überfüllten Raum der Devisenbörse »Feuer!«, und schon drängt alles zur selben Tür. Tote und Verwundete bleiben dann auf dem Feld, ohne daß ein einziges Streichholz aufgeflammt wäre. Wie es bei den Devisentransaktionen zu einer plötzlichen Panik kommen kann, möchte ich mit einer Entwicklung, wie sie in den letzten Jahren mehrere Male vorkam, illustrieren:

1. Die Handelsbilanz der USA befindet sich im Defizit, in der Bundesrepublik dagegen gibt es einen großen Überschuß im Außenhandel. Es entsteht der erste Strom von Dollarverkäufen gegen Mark. Um die durch den Export eingegangene D-Mark-Liquidität abzuschöpfen, erhöht die Bundesbank die Zinssätze.

2. Die hohen Marktzinsraten locken neue Beträge in Marktanlagen: ein erneuter Druck auf den Dollarkurs.

3. Der gedrückte Dollar läßt Unternehmer und Geschäftsleute befürchten, daß der Dollar ab- oder die Mark aufgewertet werden könnte. Die amerikanischen Importeure decken nicht nur ihren unmittelbaren, sondern auch ihren zukünftigen Bedarf an D-Mark schnell ein, und die deutschen Exporteure verkaufen genauso schnell auf Termin nicht nur ihre gegenwärtig bestehenden Dollar-Forderungen, sondern auch die zu erwartenden Exporterlöse für Waren, die sie nicht einmal produziert, geschweige denn geliefert haben. Die angebotenen Dollarbeträge werden immer größer, und die Kettenreaktion geht weiter.

4. Auch die Finanzdollar-Anleger (Anleihen- und Aktienbesitzer) bekommen Angst, verkaufen ihre Werte und verschleudern die dafür erworbenen Dollars auf dem Markt. Diese Summe beträgt nun schon ein Vielfaches des Handelsüberschusses der Bundesrepublik.

5. Die internationalen Spekulanten riechen den Braten und verkaufen Milliarden Dollar, die sie sich nur aus Spekulationsgründen pumpen, denn sie sind überzeugt davon, daß sie sich billiger eindecken werden.

6. Die Kettenreaktion steigert sich zur Hysterie, die Bundesbank kann keine weiteren Dollars aufnehmen, und der Kurs stürzt in die Tiefe.

Dies ist – in der Nußschale – die Geschichte einer Abwertung, wie sie etwa im Februar 1973 geschah, als der Dollar über Nacht 20 Prozent abgewertet wurde.

Die oben angeführten sechs Wellen übten auf den Dollar einen fatalen Druck aus. Der damalige amerikanische Finanzminister George P. Shultz flog nach Europa, um mit seinen Kollegen die Lage zu besprechen. Er setzte die Europäer unter Druck, sie sollten ihre Währungen aufwerten. Die Bundesregierung hätte dem Wunsch entsprochen unter der Bedingung, daß Frankreich mitmacht. Die Aufwertung der D-Mark – allein – hätte nämlich für Frankreich einen großen Export-Vorteil bedeutet. Frankreich wiederum stand vor Wahlen (Valéry Giscard d'Estaing war Finanzminister) und wollte das Risiko einer Franc-Aufwertung nicht eingehen. Die Linksopposition hätte sonst behauptet, die Regierung hätte dem Druck nachgegeben und im amerikanischen Interesse gehandelt.

Was nun geschah, war eine Intrige hinter den Kulissen. Eine oder mehrere Großbanken, eingeweihte Freunde der republikanischen US-Regierung, ahnten oder wußten, daß, falls kein Einverständnis mit der europäischen Währungsschlange erzielt werden würde, Präsident Nixon den Dollar abwerten wollte.

Die Banken, die alle Geheimnisse der Götter kannten, verkauften also binnen 48 Stunden ca. 10 Milliarden Dollar – damals ein astronomisch hoher Betrag – (sie hatten ja genügend fremdes Geld zur Verfügung) an die Bundesbank, die diesen Betrag noch vor Torschluß aufnehmen mußte. Am nächsten Tag stand der Dollar 10 Prozent tiefer. Der Coup war gelungen, die Banken strichen einen Gewinn von einer Milliarde Dollar ein.

Eine solche Information kommt einmal in Jahrzehnten vor, aber sie gelangt gewöhnlich nicht bis zu den Ohren der Spekulanten und Devisenhändler. Von zwei ähnlich gelagerten Fällen habe ich bereits in diesem Buch berichtet: Pierre Laval, dem berühmten französischen Ministerpräsidenten, war ein ähnlicher Coup mit dem Pfund gelungen, da er selbst eingeweiht war. Der andere französische Ministerpräsident Joseph Laniel hatte kein Glück mit dem französischen Franc, da sein Plan an dem Veto des Finanzministers scheiterte.

Den Devisenhändlern und Spekulanten würde ich also den Rat geben, solchen oder ähnlichen Informationen nicht nachzulaufen. Denn wirkliche Insiderinformationen sind für sie nicht zugänglich. Sie sollen sich auch nicht von einer Hysteriewelle mitreißen lassen, wie es 1976 beim Pfund der Fall war, sondern nachdenken und überlegen, was hinter einer Währung steht. Und sie sollten auch den Spruch des französischen Philosophen Descartes beherzigen: »Cogito ergo sum« (Ich denke, also bin ich). Ich möchte diesen Grundsatz noch erweitern: »Ich denke, also bin ich Spekulant . . .«

Wie hektisch und manchmal wirtschaftlich unbegründet heftige Kursschwankungen des Dollarkurses gegenüber der D-Mark stattfinden, dafür ist auch folgender Fall eine gute Illustration:

Ende 1986 war der französische Franc heftig angegriffen (die Studenten wollten Chirac in die Enge treiben). Und die internationale Devisenspekulation spielte auf Nummer sicher! Sie erwartete die Aufwertung der D-Mark oder die Abwertung des Franc oder beides. Die Devisenhändler kauften Milliarden von D-Mark gegen französische Franc. Die Banque de France war verpflichtet, Deutsche Mark gegen Franc zu geben, und da sie über keine DM-Devisen verfügte, mußte sie für 10 Milliarden Dollar Deutsche Mark kaufen. Das drückte auf den Dollarkurs. Entscheidend war also ein technischer Faktor, wirtschaftlich war der Kursrückgang keineswegs begründet.

Den Einfluß solcher Ereignisse will Finanzminister Stoltenberg aber nicht anerkennen. Er will nicht die kleinste Inflation zulassen und ist äußerst stolz auf seine Popularität bei den Hausfrauen, die ihn besonders schätzen, wenn die Kartoffeln auf dem Markt fünf Pfennige billiger werden.

Sie würden sich aber bestimmt nicht freuen, wenn ein paar Monate später ihre Männer arbeitslos wären. Daß Herrn Stoltenberg der rechte Weitblick fehlt, konnte man schon aus einer seiner Bemerkungen anläßlich des Dollarsturzes der letzten Jahre entnehmen. Er behauptete, der schwache Dollar spiele für die deutsche Wirtschaft keine Rolle. Begründung: Der Export nach Amerika sei für Deutschland nicht besonders bedeutend.

Das Problem der Dollar-Abwertung nur aufgrund des deutsch-amerikanischen bilateralen Handels zu beurteilen, ist indessen Unsinn. Man muß vielmehr global denken. Frankreich etwa hat bereits ein dramatisches Handelsbilanzdefizit. Wenn es seine Importe zusätzlich reduziert, wird dies auch die Bundesrepublik spüren, da Frankreich ihr größter Kunde ist. Vom Handelsbilanzdefizit Amerikas hat ja die ganze Welt, die Bundesrepublik inbegriffen, mächtig profitiert. Das amerikanische Wachstum und der hohe Dollarkurs waren ein großes Glück für die ganze Weltwirtschaft.

Als vor 16 Jahren Präsident Richard Nixon einen zehnprozentigen Importzoll-Zuschlag einführte, waren die Exporteure der ganzen Welt, die Bundesrepublik eingeschlossen, in heller Aufregung. Dabei wurde damit nur die Bremse gegen Importe gezogen, aber kein Stimulans für den Export und die Konkurrenzfähigkeit gegeben. Da spielt die Verteuerung der D-Mark um 40 Prozent für den Außenhandel eine ganz andere Rolle, wo doch die deutsche Wirtschaft zu rund 30 Prozent exportorientiert ist. Wenn wir dann enttäuschende Zahlen lesen, sollten wir auch dies bedenken: Der Dollarsturz auf unter 1,80 DM im Jahre 1986 war nicht die Folge fundamentaler wirtschaftlicher Faktoren, sondern das Ergebnis zweier technischer Ereignisse: Zum einen die Reaktion der Banque de France auf den oben angesprochenen Angriff auf den Franc. Zum anderen hatte der US-Finanzminister James Baker Japan und die Bundesrepublik ermahnt, ihre Wirtschaften anzukurbeln, sonst könne der Dollar noch weiter zurückgehen. Daraufhin haben alle Exporteure der Welt, besonders die Japaner, massenhaft Dollar verkauft.

Das waren also technische Faktoren plus Spekulation. Denn wirtschaftlich ist der amerikanische Dollar unterbewertet. Das aber will Stoltenberg nicht anerkennen.

Das Dollarkarussell

Ich staune jeden Sonntagvormittag, mit welcher Selbstsicherheit meine Freunde am Café-Stammtisch Prophezeiungen für die Nachmittagsrennen abgeben. Vier Stunden später sind die Rennen gelaufen, keiner hat den Sieger erwischt, und selbst wenn auch die »todsicheren« Pferde die letzten waren, hat keiner die geringsten Skrupel; denn eine Woche später verkündet jeder wieder seine unfehlbaren Tips.

Genauso geschieht es seit Jahren bei Wirtschafts-, Währungs- und Finanzprognosen, nicht nur seitens der Börsen- und Devisenagenturen, sondern auch aus den Mündern von Politikern, Experten und sogar Bundesbankpräsidenten. Deren Voraussagen stellen sich nämlich als genauso falsch heraus. Die Börsenspieler werden dafür bestraft, denn sie bleiben es nicht lange, wenn sie zu oft falsch liegen. Aber die Politiker, die selbsternannten Weisen und Fachleute, bleiben weiter auf ihren Posten, und das Volk hört sie mit Respekt an.

Ein deutscher Finanzpolitiker beantwortete zum Beispiel 1981 die Frage »Was macht der Dollar?«, indem er einen

Kurs von 1,50 Mark prophezeite, und der damalige Bundesbankpräsident Otmar Emminger – als der Dollar mit Ach und Krach von 1,75 auf 1,90 Mark kraxelte – bezeichnete diesen Aufschwung als übertrieben und unberechtigt. Auch Bundesbankpräsident Karl Otto Pöhl (für den ich ansonsten die größte Sympathie hege) fand den Dollar bei zwei Mark überbewertet.

Devisenhändler, Spekulanten, Banken und sogar Experten standen dann perplex vor dem Ergebnis, denn so etwas hatte man noch nicht erlebt: Eine materiell und psychologisch belastete Währung stieg binnen einiger Wochen um 25 Prozent (und in den folgenden Jahren sogar auf 3,40 DM).

Für mich war es leider (»leider« wegen meines Alters) keine Überraschung. Ich hatte ja die »Marne-Schlacht« des französischen Franc in den zwanziger Jahren erlebt und dabei persönliche Erfahrungen auf eigene Tasche gemacht. Damals stieg, wie ich bereits berichtet habe, auf die bloße Nachricht hin, daß Raymond Poincaré eine neue Regierung bilden und auch Finanzminister sein werde, der Franc innerhalb weniger Wochen um 50 und dann sogar um 100 Prozent. All das, obwohl sich wirtschaftlich nicht das geringste geändert hatte.

Doch der reiche, über gigantische Reserven verfügende Siegerstaat war eben plötzlich aus der Lethargie erwacht und hatte sein Vertrauen einem Mann geschenkt, der sicher kein Finanzgenie war, dafür aber ein integrer und glühender Patriot. Der Pessimismus im In- und Ausland hatte sich im Handumdrehen ins Gegenteil verkehrt, und die Spekulanten in Amsterdam, Zürich, Frankfurt und besonders in Wien, die auf den sicheren Sturz des Franc gesetzt hatten, waren alle pleite.

1981 geschah genau dasselbe: Ein neuer Mann hatte in

den USA die Führung übernommen, und die internationale Meinung drehte sich über Nacht.

Dazu kam damals noch ein schlechter Beigeschmack, was die Deutsche Mark anging. Die Mark lag sicherlich nicht am Boden und verfügte über genügend Stärke, aber auf der anderen Seite war der Dollar auch kein Fetzen Papier geworden, wie das die Armada der Spekulanten, Politiker und selbsternannten Experten herbeiprophezeien wollten. Jedes Ereignis war diesen Leuten recht, wenn es nur eine Dollarpanik auslöste, obwohl viele solcher Ereignisse eher für die Mark und die anderen europäischen Währungen ungünstig waren (zum Beispiel die Ölpreiserhöhungen).

Kein Spekulant, Politiker oder Devisenhändler dachte daran, die Ereignisse tiefer zu analysieren. Sie sahen nicht weiter als bis zu ihrer Nasenspitze. »Der Dollar fällt, und er wird weiter fallen«, wiederholten die Massenmedien Tag für Tag und wurden nicht müde, auch die Argumente der kleinsten Händler anzuführen, die selber nicht wissen, was eigentlich eine Währung ist.

Die Bundesregierung war an einem tiefen Dollarkurs wegen der Ölpreise interessiert und überschätzte dessen Bedeutung, während sie die kommende amerikanische Handelskonkurrenz unterschätzte. Folge dieser Haltung war dann eine Zeitlang das Leistungsbilanzdefizit der Bundesrepublik und auch die Arbeitslosigkeit hierzulande (die bis heute besteht). Die Politiker hatten vergessen, daß die wirtschaftlichen Folgen eines unrealistisch tiefen Dollarkurses erfahrungsgemäß meist erst zwei bis drei Jahre später fühlbar werden.

Es ist pure Legende, daß an allem nur die hohen Zinsen in den USA schuld gewesen seien. Den Zündstoff lieferte zwar teilweise auch der Zinsfuß. Doch in der Bundesrepublik sind dann die Zinsen ebenfalls gestiegen, während sie in den USA wieder fielen. Auf den Dollarkurs hat das keinen großen negativen Einfluß gehabt.

Die technischen und fundamentalen Gründe lagen ganz woanders: Der Dollar war überverkauft, denn die ganze Welt hatte sich in Dollar verschuldet. Die höheren Zinsen und die Angst, der Kurs könnte weiter steigen, verursachten plötzlich eine kleine Panik unter den Dollarschuldnern – und so kam die Trendwende. Ähnliches könnte heute, wo der Dollarkurs wieder einen Tiefstand erreicht hat, erneut passieren.

Alle Welt fragt sich heute wieder einmal: »Was macht der Dollar?« Wird er weiter fallen oder erneut überraschend steigen? *Voraussagen* kann man zwar nichts an den Devisenmärkten, ebenso wie an der Börse, nicht einmal mit den hervorragendsten Computern. Nur ahnen kann man und auf eine gewisse Erfahrung bauen.

Meiner Erfahrung nach besteht jede zyklische Bewegung (bei Aktien, Anleihen, Rohstoffen, Edelmetallen, Währungen, also in allen Märkten, auf denen spekuliert wird) aus drei Phasen: die Phase der Korrektur, die Phase des Stimmungsumschwungs, die Phase der Übertreibung. Diese Phasenabfolge können wir besonders deutlich beim »Dollarkarussell« beobachten (vgl. nebenstehende Grafik).

Nehmen wir als Beispiel die Wende nach dem tiefsten Stand des Dollarkurses. In der ersten Phase der Korrektur wird der Kurs (der unberechtigt tief gefallen war, aus psychologischen und technischen Gründen) ganz allmählich auf ein Niveau gehievt, das gewissermaßen realistisch und berechtigt ist. Irgendein Ereignis zündet, und es kommt zu einer Explosion, also einer Korrektur nach oben. In der zweiten Phase bessert sich die zuvor schlechte

Das Dollarkarussell der achtziger Jahre

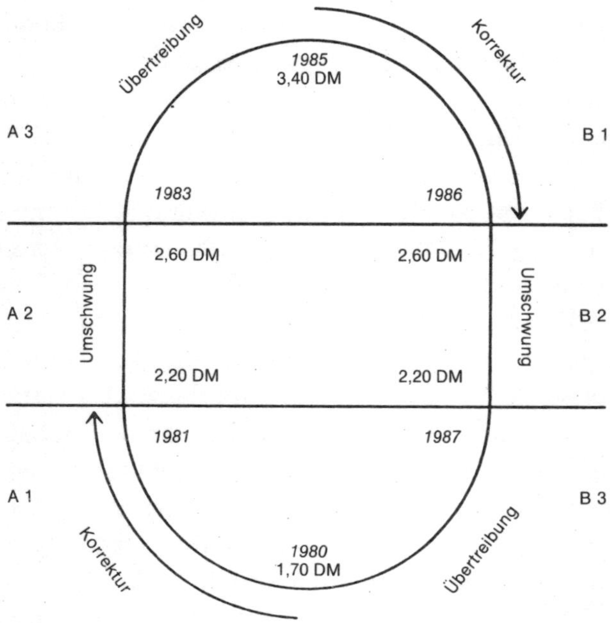

A 1 = Phase der Korrektur (Der Dollar war durch die Devisenspekulation über*ver*kauft und daher stark unterbewertet; Pessimisten hatten ihn schon bei 1,50 DM gesehen. Täglich werden weltweit 100 bis 150 Mrd. Dollar gehandelt.)

A 2 = Phase des Stimmungsumschwungs (Bessere Nachrichten wie Amtsantritt Präsident Reagans, Nachlassen der Inflation und der Arbeitslosigkeit. Der Kurs des US-Dollars entspricht in etwa seiner Kaufkraft.)

A 3 = Phase der Übertreibung (Der Dollar ist auf den Devisenmärkten über*ge*kauft und daher stark überbewertet; sogar ein Kurs von 4,– DM wird für möglich gehalten.)

B 1 = Phase der Korrektur (Der überhöhte Kurs beginnt abzubröckeln.)

B 2 = Phase des Stimmungsumschwungs (Schlechtere Nachrichten: wachsendes Haushalts- und Bilanzdefizit der USA. Entscheidung der US-Regierung und der westlichen Industrieländer, den Dollarkurs zu drücken.)

B 3 = Phase der Übertreibung (Der Dollar ist erneut stark unterbewertet. Rund um die Welt werden jetzt täglich 360 bis 400 Mrd. Dollar gehandelt. Erneut wird von einem Kurs von 1,50 DM oder sogar 1,30 DM gesprochen.)

Stimmung mehr und mehr und steigt nun zusehends mit jedem Tag. Der Optimismus treibt den Kurs noch weiter nach oben, als er berechtigt wäre. Denn ein Kurs steht ja nie genau dort, wo er sein sollte; er ist entweder höher oder tiefer. Nun beginnt die dritte Phase, in der der Dollarkurs von Stunde zu Stunde anzieht. Kurs und Stimmung treiben sich gegenseitig in die Höhe. Es herrscht Euphorie. Sie läßt den Dollarkurs weiter ins Kraut schießen und ist ausschließlich von Massenhysterie bestimmt.

Im Zyklus der nächsten Abwärtsbewegung des Dollarkurses folgen die Phasen in derselben Reihenfolge aufeinander: Phase der Korrektur – der Kurs war zu hoch gestiegen; Phase des Stimmungsumschwungs – ungünstige Ereignisse (steigende Zinsen, nachlassende Wirtschaft, Pessimismus und so weiter) verunsichern die Spekulanten; Phase der Übertreibung – der sinkende Kurs erzeugt einen tiefen Pessimismus, der wieder auf die Bewertung des Dollars drückt. Der Kurs fällt täglich immer tiefer. Das ist die Panik, die Dollars werden verschleudert.

Die Phase der Übertreibung nach oben oder unten dauert immer so lange, bis ein psychischer Elektroschock aus irgendeiner Richtung den Teufelskreis durchbricht. Wenn dieser reinigende Schock nicht kommt, dann tobt sich diese letzte, rein psychologisch bedingte Phase an den Devisenmärkten langsam aus. Und eines Tages wendet sich die Kurstendenz ohne jeden erkennbaren Grund zur Überraschung des Publikums und sogar der Experten, die darauf nicht vorbereitet sind. Nun beginnt die zyklische Gegenbewegung. Das ist die ewige Rotation auf allen Spekulationsmärkten – so wie in der Natur Ebbe und Flut einander abwechseln.

Ich glaube, wir sind heute mit dem Dollarkurs am Ende der dritten Phase (Übertreibung nach unten). Wie er sich allerdings weiter entwickelt, ob er nicht vielleicht doch noch tiefer fällt, das hängt von den außen- und innenpolitischen, wirtschaftlichen und sozialen Ereignissen ab, die auf uns zukommen.

Wer also heute entscheiden muß, ob er Dollars kaufen oder verkaufen soll, muß alle politischen und technischen Einflußfaktoren unter die Lupe nehmen. Denn die radikale Abwärtskorrektur des amerikanischen Dollars war nur »der erste Streich, und der zweite folgt sogleich«.

Ohne ein bisserl Inflation könnten wir nicht leben

In der alten k.u.k. Monarchie besuchte Kaiser Franz Joseph manchmal auch die kleineren Städte Ungarns, empfing die Würdenträger und stellte jeweils dieselbe Frage: »Wie war heuer die Ernte, Herr Bürgermeister?« Einmal war Bürgermeister Grün an der Reihe und gab folgende Antwort: »Sehr gut, Majestät, aber ohne ein bisserl Wucher könnten wir nicht leben . . .«

Grün müßte heute sagen: ». . . ohne ein bisserl Inflation könnten wir nicht leben.« Und das ist wohl die Wahrheit. Denn ohne maßvolle Inflation würde heute die Wirtschaft der freien Welt ersticken.

Die Weltwirtschaft braucht diese Art Stimulans wie der menschliche Organismus manchmal ein wenig Alkohol, Kaffee oder Nikotin. Warum? Weil die Staaten, die Städte, große und kleine Unternehmer, Baulöwen und Kaufleute alle so in der Kreide stehen, daß sie sich ohne »ein bisserl Inflation« nie von ihren Schulden entlasten könnten.

Diese gigantische Verschuldung mit hoher Zinslast wurde von Anfang an in der Hoffnung eingegangen, daß die Preise weiter steigen würden. Tun sie das nicht mehr, kann die ganze Welt pleite gehen – so wie plötzlich anhaltende Dürre blühende Felder vernichtet. Ob dieses Schuldenmachen richtig war oder nicht, darüber heute zu philosophieren, ist zu spät. Es ist nun einmal geschehen, und vielleicht war es anders gar nicht möglich.

Mithin, wenn die Inflation unter Null sinken würde, könnten Millionen Schuldner ihre Verpflichtungen nicht mehr einhalten. Gehen jedoch die Schuldner zugrunde, sind die Gläubiger ebenfalls fertig. Man muß nur ein wenig realistisch denken, alles andere ist pure Heuchelei.

Wenn die Regierungen die Inflation brutal bekämpfen würden, wie es derzeit ausschließlich die Deutsche Bundesbank unter Herrn Schlesinger unternimmt, wären die Folgen verheerend, wie die Geschichte der zwanziger Jahre belegt. Der amerikanische Präsident Herbert Hoover verursachte mit seiner Deflationspolitik den größten wirtschaftlichen Zusammenbruch der Weltgeschichte. In Deutschland brachten Kanzler Heinrich Brüning und sein Reichsbankpräsident Hans Luther über restriktive Finanzpolitik gar Adolf Hitler an die Macht.

Nach dem Kriege schuf Präsident Dwight D. Eisenhower erstmals wieder Rezession und Arbeitslosigkeit. Die vermeintliche Stabilitätspolitik des Premiers Edward Heath ließ in England die Labour Party siegen, und Raymond Barre stellte mit seinen Sparplänen die Weichen für die Machtübernahme der Marxisten in Frankreich.

Kurz, die Inflation ist ein großes Übel, aber noch immer ein kleineres Übel als die Deflationspolitik, die zum Schluß zum Staatskapitalismus führen muß, was mit Sozialismus gleichbedeutend wäre.

Schlimm und gefährlich ist jedoch auch die Inflationspsychose der Geschäftsleute und die Hysterie des Publikums.

Die Panikstimmung, die das Publikum jedesmal während einer Inflation ergreift, erinnert mich immer an das Verhalten der Bienen, wenn man ihren Korb zerstört. Die Biene gilt ja auch als Symbol des Sparens. Wenn der Bienenkorb, in dem sie ihre Ersparnisse aufbewahrt haben, zerschlagen wird, werden die Bienen hysterisch. Sie sausen herum wie verrückt und stechen dann nicht nur die Menschen, sondern bereiten auch ihren eigenen Tod dadurch vor.

Genauso sind die Sparer. Von der Angst ergriffen, daß ihre Ersparnisse verlorengehen könnten, irren sie herum und suchen Rettung. Sie kaufen alles, was man ihnen anbietet. An jeder Straßenecke lauert ein gewissenloser Geschäftemacher, der sichere Mittel zur Überlistung der Inflation anbietet. Diese Geschäftemacher, oft unerfahrene Anlageberater, empfehlen dem Sparer nicht diejenigen Sparmedien, die ihnen gemäß sind, sondern locken sie in Anlageformen, mit denen sie selbst den größten Profit machen können.

Und was ist dann das Ende der Geschichte? Wie Molière sagt: »Die Kranken sterben nicht an ihrer Krankheit, sondern an der Medizin, die man ihnen verabreicht.«

Diese Inflationsmentalität muß geändert werden, und die meisten Regierungen zeigen auch, daß sie es damit ernst meinen. So wie bei vielen Krankheiten das Fieber zunächst künstlich erhöht wird, um schließlich eine Heilung zu erzielen, muß auch bei der Inflationskrankheit der Zinsfuß in die Höhe geschraubt werden. Eine wirksame Methode, wenn auch vorübergehend sehr schmerzhaft.

Die Spekulation zeigt sich natürlich überrascht. Denn seit Jahren setzt sie auf den permanenten Sturz des Dollars und auf die galoppierende Preisinflation. Die ganze Welt hat Dollarschulden und ist fest davon überzeugt, daß sie alle die Milliarden und aber Milliarden zu einem äußerst tiefen Kurs eindecken wird, und je später, um so tiefer. Unternehmer in der ganzen Welt nehmen an erster Stelle Dollarkredite in Anspruch.

Genauso war es vor sieben Jahren, als sogar die Ostblockländer und Sowjetrußland sich Dollars ausliehen, um damit D-Mark oder Gold zu kaufen, anstatt die Investitionen zu tätigen, für die diese Kredite bestimmt waren. Einen interessanten Fall habe ich noch gut in Erinnerung. Vor ungefähr sieben Jahren, als der Dollarkurs auf dem Tiefstand von ca. 1,70 DM war, bekam ich aus einem osteuropäischen Land einen Telefonanruf von einem bekannten Diplomaten, mit dem ich seit Jahren befreundet war. Er wird am nächsten Tag nach Paris kommen und muß mich unbedingt auf zehn Minuten treffen.

Da ich wenig Zeit hatte, verabredeten wir uns für den nächsten Tag.

Als er dann eintraf, sagte er gleich: »Herr Kostolany, ich brauche eine Antwort von Ihnen. Bitte antworten Sie mit ja oder nein auf meine Frage. Soll man heute für Dollar D-Mark kaufen oder nicht?«

Darauf war meine Antwort nicht ja oder nein, sondern: »Ich weiß es nicht. Aber ich möchte Ihnen die Frage stellen: Warum müssen Sie das unbedingt wissen?«

»Weil wir eine Dollaranleihe bekommen haben von 50 Millionen, die wir erst in sechs Monaten brauchen werden, und wir dachten, wir könnten inzwischen D-Mark kaufen und einen kleinen Profit damit machen.«

»In diesem Fall«, war meine Antwort, »ist es verboten. Wenn Sie heute Dollar schuldig sind und diese Dollars in sechs Monaten brauchen werden, dann dürfen Sie damit nicht spekulieren. Das wär ein reines Spiel. Sie sind Dollar schuldig, müssen Sie in Dollar bleiben. Denn alles ist möglich, der Dollar kann 30 Prozent steigen, und er kann noch weiter fallen.«

Und was geschah? Der Dollar stieg in den folgenden sechs Monaten um 30 Prozent. Mein Freund war mir dankbar, denn sein Staat hätte damals einen großen Betrag verloren.

Viele europäische Unternehmer investierten massiv in den USA, aber nicht mit eigenem Geld, sondern mit gepumpten Dollars. Jeder nutzte seine Kreditmöglichkeiten maximal aus. Zu diesen Schulden kommen dann noch die Hunderte von Milliarden, die für Warenspekulationen benutzt werden. Denn die Warenterminkäufe sind ja nichts anderes als Schulden auf Gold, Kupfer, Kautschuk, Zukker, Sperrholz und so fort.

Allein diese Art von Spekulationskäufen ist wahrscheinlich für ein paar Prozent in der Inflationsrate verantwortlich gewesen. Krönung des Spekulationsrausches war jedoch das Devisenspiel gegen den Dollar. Die Beträge, die dabei eingesetzt wurden, sind nicht einmal annähernd zu schätzen.

Die ungezügelte Spekulation mit Waren und Währungen schürte die amerikanische Inflation weiter, die dann auch in andere Länder exportiert wurde. Denn steigt das Gold, kauft man auch Kupfer, Kautschuk, Zucker und alles andere. In Frankreich zum Beispiel sind die Mieten und Grundstückspreise in Spitzenlagen als Folge der Goldspekulation Anfang der achtziger Jahre innerhalb eines Jahres um 50 Prozent gestiegen.

Die radikale Methode gegen diesen Unfug ist die Zinsschraube. Die Zinserhöhung, die Mr. Greenspan im Herbst 1987 verfügte, war wieder einmal ein Versuch, gegen die Spekulation vorzugehen. Die Spekulanten müssen bestraft werden und sollen deutlich höhere Zinsen zahlen. Dieses Signal wurde von den Währungsspekulanten auf der ganzen Welt wahrgenommen. Es wirkte sogar als erster Schock und führte dann zu den Ereignissen im Oktober 1987, die man mittlerweile schon als historisch ansehen kann. Der »Schwarze Montag« und seine Folgen waren ein eklatantes Beispiel, welchen enormen Einfluß die Devisenspekulation auf die Effektenbörsen haben kann. Die Inflationsgefahr ist noch in vielen Köpfen, und der Inflationswunsch ist noch in den Herzen vieler Menschen (Geldspekulanten, faule Schuldner und so weiter) verankert. Zur Illustration wieder einmal ein jüdischer Witz:

Im Zug sitzt unter den Passagieren auch unser Bekannter Kohn, der ununterbrochen seufzt: »Ach, hab' ich an Durscht, ach, hab' ich an Durscht.« Bei der nächsten Station bringt einer der Passagiere eine Flasche Bier, überreicht sie Kohn – großer Dank –, und Kohn leert die Flasche.

Der Zug fährt weiter, und Kohn fängt schon wieder an: »Ach, hab' ich an Durscht gehabt, ach, hab' ich an Durscht gehabt.« »Jetzt reicht's«, ruft zornig der andere Passagier, »Sie haben ja Ihren Durst gelöscht.« Da jammert Kohn weiter: »Ja, aber welchen Durscht werd' ich noch haben.«

Ich habe einmal für die Inflation die Definition geprägt: »Sie ist ein angenehmes warmes Bad; aber wenn man es immer heißer macht, explodiert zum Schluß die Badewanne.« Naturgemäß werden bei der nächsten Explosion an erster Stelle diejenigen verletzt werden, die in der Wanne sitzen.

Für ein paar Dollar mehr . . .

Viele Fachleute, halbe und ganze Börsenprofis, aber besonders die Broker und Makler, die auf dem Devisenmarkt aktiv sind, und natürlich die Tausende Zaungäste, die auch mit dem Dollar spielen, behaupten, daß dieses Spiel um Devisen eigentlich die Essenz der freien Marktwirtschaft ist. Freier Handel mit Waren, und freier Handel mit Geld. Zwar kann ich diese These nicht unbedingt akzeptieren – dazu ließe sich der Geschichtsphilosoph Montesquieu zitieren, daß freier Handel nicht bedeutet, daß man alles machen darf. Aber, wie schon einige Male bemerkt, man kann in der heutigen Welt den Menschen nicht verbieten, mit dem Geld, das sie in der Tasche haben und das sie juckt, das zu machen, was sie wollen. Sonst müßte man strenge Devisenverordnungen einführen, doch danach sieht es im Augenblick nicht aus – eher im Gegenteil.

Wir befinden uns heute nicht mehr im Irrgarten der Währungsspekulation, sondern in einem wahrhaftigen Irrenhaus. Dazu fällt mir immer das Gespräch zweier Landstreicher ein, die unter einem Telegrafenmast sitzen und das Summen der Telefondrähte hören. »Was ist das?« fragt der eine. »Juden reden telefonisch miteinander.« – »Und was reden sie?« – »Immer dasselbe: ich nehm', ich geb', ich nehm', ich geb'.« In unserem Falle natürlich den Dollar.

Mir sträuben sich die Haare, wenn ich an folgendes Erlebnis denke: Ich war vor kurzem in Budapest und besuchte die Central European International Banking, eine sogenannte Off-Shore-Bank (unter ihren Aktionären ist auch die Bayerische Vereinsbank). In dem Raum, in dem der Devisenhandel abgewickelt wurde, saßen vier junge

Damen in den vier Ecken des Raumes mit Telefon, Computer, Monitor und allen Schikanen.

Ich schätzte die Damen auf 20 bis 30 Jahre; sie hatten einige Jahre an der Export-Akademie studiert und dort etwas Deutsch und Englisch gelernt. Von der Schulbank waren sie direkt in die Devisenbank gekommen, dort wurden sie vor die genannten Apparate gesetzt mit der Aufgabe, nun in Währungen zu handeln. Zum einen sollten sie die Aufträge der Kunden abwickeln, daneben aber auch auf eigene Faust und nach eigenem Gutdünken Devisen kaufen und verkaufen, um etwa beim Kauf oder Verkauf von einer Million Dollar 100 Mark Gewinn zu machen.

Meine Frage an die eine war: »Wie sehen, Sie, liebe Kollegin, die weitere Entwicklung des Dollars?«

»Für die nächste Stunde bin ich etwas flau.«

Und dann ging ich in die andere Ecke und fragte die zweite Kollegin, wie sie die Zukunft des Dollars beurteile.

»In den nächsten zehn Minuten sehe ich eher einen festeren Kurs, ich habe soeben 5 Millionen gekauft.«

Ich rechnete schnell ihren möglichen Gewinn durch, der 500 bis 1000 Mark ausmachen konnte. Devisenhandel also als Glücksspiel, von irgendwelchen Überlegungen konnte keine Rede sein. Es gibt seit einiger Zeit viele solcher jungen Damen (und Herren), und ihre Einstellung ist immer dieselbe. Sie machen das, was die anderen machen.

Auf dem Chikagoer Devisenterminmarkt und auch im Telefonhandel zwischen den Banken arbeiten natürlich auch ältere Männer, die über eine reiche Erfahrung verfügen, aber auch sie reagieren meist nach den Gesetzen der Massenpsychologie. Sie achten wie hypnotisiert auf jedes Wort, das ein Politiker, so unbedeutend er auch sein mag, ausspricht, und auf jedes kleinste Ereignis, das irgendwo auf der Welt passiert – und sie kaufen oder verkaufen daraufhin Dollars. Aber in ihren Reaktionen sind sie nicht einmal konsequent.

In den siebziger Jahren verkauften die Devisenspieler sofort mehr Dollars (das heißt, sie spekulierten à la baisse), als der Ölpreis erhöht wurde. Warum, ist für mich noch heute unverständlich. Denn die Ölpreiserhöhung war logischerweise für den Dollar eher positiv, zumindest mittelfristig. Öl wird in Dollar abgerechnet, und bei höheren Preisen müssen Japan, die Bundesrepublik und alle anderen Industrieländer für ihren Ölbedarf mehr Dollar zahlen. Diese Dollars aber bleiben, auch wenn sie nun den Ölstaaten gehören, in Form von Investitionen dieser Länder weiterhin in Amerika.

Während der Dollar-Talfahrt der letzten Jahre war es genau umgekehrt. Die Devisenfritzen haben den Dollar leer verkauft, weil sie damit rechneten, daß die Industrieländer als Folge des Ölpreisverfalls weniger Dollars brauchen würden. Die Kursausschläge sind also durch rein psychologische Reaktionen hervorgerufen worden. So spielen Hunderttausende, wenn nicht Millionen Menschen in verschiedenen Währungen, aber in erster Linie in Dollar, als wenn sie Roulette spielen würden. Die Devisenspieler und Devisenfritzen sitzen neben dem Computer und haben auch einen Bildschirm vor sich, auf dem alle Daten und Zahlen in größter Geschwindigkeit erscheinen, um dann schon einige Minuten später revidiert oder dementiert zu werden, bevor die Devisenhändler noch eine Entscheidung getroffen haben, Rot oder Schwarz zu spielen. Schnell dreht sich dann das Rouletterad um eine Runde weiter – allerdings ohne sie.

Wer könnte von diesem Wirrwarr überhaupt profitieren? Nur derjenige, der über das Tohuwabohu hinaus in die Ferne blickt und global zu denken vermag.

Und was werde ich – der ich doch schon seit 68 Jahren mit dem Devisengeschäft verbunden bin, aber nie einen Computer besessen habe – in all dem kommenden Chaos tun? Dasselbe wie der kleine Moritz, den die Mama ins Bett schicken will, weil sie ihren Liebhaber erwartet: »Geh schon schlafen, Moritz! Ich geb' dir einen Gulden.« – »Ich will nicht.« – »Geh doch! Ich geb' dir zwei Gulden.« – »Nein, ich will nicht.« – »Was willst du denn?« – »Zuschau'n, Mama!«

Die Nummer eins bin ich, der Dollar!

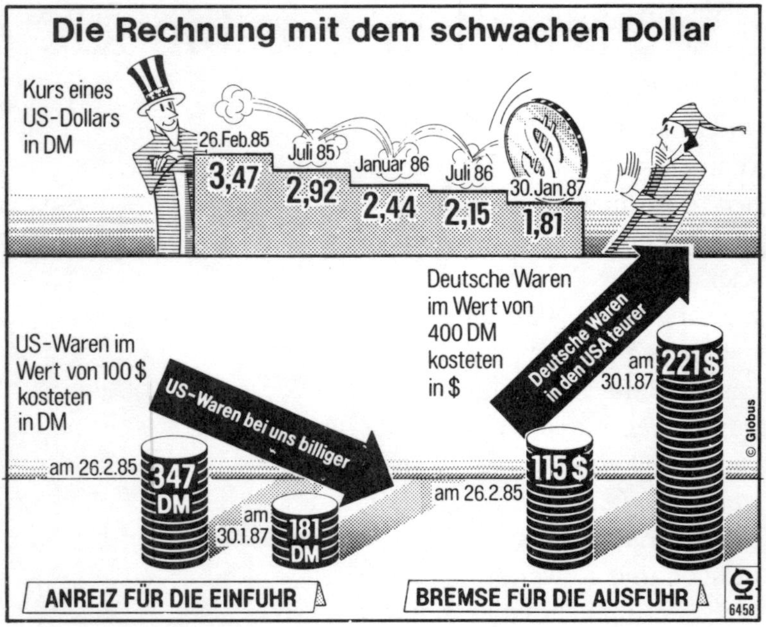
Die Rechnung mit dem schwachen Dollar
Kurs eines US-Dollars in DM
26.Feb.85
3,47
Juli 85
2,92
Januar 86
2,44
Juli 86
2,15
30.Jan.87
1,81
US-Waren im Wert von 100 $ kosteten in DM
US-Waren bei uns billiger
am 26.2.85
347 DM
am 30.1.87
181 DM
Deutsche Waren im Wert von 400 DM kosteten in $
Deutsche Waren in den USA teurer
am 26.2.85
115 $
am 30.1.87
221 $
© Globus
ANREIZ FÜR DIE EINFUHR
BREMSE FÜR DIE AUSFUHR
6458

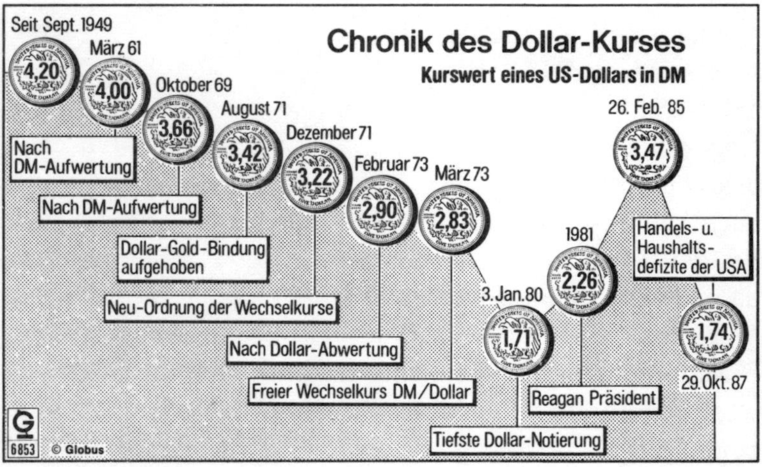
Chronik des Dollar-Kurses
Kurswert eines US-Dollars in DM
Seit Sept. 1949
4,20
März 61
4,00
Nach DM-Aufwertung
Oktober 69
3,66
Nach DM-Aufwertung
August 71
3,42
Dollar-Gold-Bindung aufgehoben
Dezember 71
3,22
Neu-Ordnung der Wechselkurse
Februar 73
2,90
Nach Dollar-Abwertung
März 73
2,83
Freier Wechselkurs DM/Dollar
3. Jan. 80
1,71
Tiefste Dollar-Notierung
1981
2,26
Reagan Präsident
26. Feb. 85
3,47
Handels- u. Haushalts-defizite der USA
1,74
29. Okt. 87
6853
© Globus

Lügen, gemeine Lügen und Statistiken

Es gibt heute in der Welt viele gesellschaftliche Gruppen und Länder, die stark antiamerikanisch eingestellt sind. Sie versuchen mit allen Mitteln, die ihnen zur Verfügung stehen, das Image und die Glaubwürdigkeit der USA in Frage zu stellen und sogar deren Potential für die weitere Entwicklung zu schädigen. Eine dieser Waffen ist natürlich die amerikanische Währung: der Dollar.

Um den Dollar zu diskreditieren, werden außer Propaganda statistische Daten benutzt, die zwar nicht immer falsch, jedoch unvollkommen und Tempi passati sind. Jedenfalls werden die Zahlen fast immer falsch interpretiert. Teilweise, weil man sie mit den europäischen Daten nicht vergleichen kann, weil die Buchhaltung, die Berechnungen und so weiter nicht identisch sind mit denen Europas, aber manchmal auch nur, um die öffentliche Meinung irrezuführen. Das heißt, man benutzt die Statistiken, um zu beweisen, daß man mit Statistiken alles beweisen kann.

Man nörgelt zum Beispiel unentwegt am Haushaltsdefizit (zur Zeit 148 Milliarden Dollar, nachdem es schon einmal 220 Milliarden waren) und der gigantischen Verschuldung der USA herum. Dabei fällt heute das Haushaltsdefizit der USA mit rund 3,5 Prozent vom Bruttosozialprodukt prozentual nicht höher aus, als es in der Bundesrepublik während der Schmidt-Regierung war. Und auch heute ist das Defizit in der Relation nicht größer als das der Bundesrepublik – genaugenommen sogar kleiner, da man vom Federal-Defizit 50 Milliarden Dollar abziehen muß, den Gesamtüberschuß der einzelnen Bundesstaaten.

Man muß auch berücksichtigen, daß der Verteidigungsetat, der im amerikanischen Haushalt der größte Ausgabenposten ist, nicht nur die laufenden normalen Kosten enthält, sondern auch die Riesensummen, die in die High-Tech-Industrie wandern. Da steckt man Milliarden hinein, im Gegensatz zu Europa, wo diese Investitionen nicht über den Verteidigungshaushalt, sondern durch separate Subventionen an die Industrie finanziert werden. Und last but not least: In den Vereinigten Staaten existiert, im Gegensatz zu allen europäischen Staaten, keine Mehrwertsteuer. Eine Mehrwertsteuer von 5 Prozent würde aber mit einem Schlag das gesamte Haushaltsdefizit neutralisieren. Es gibt auch ein Gerücht, wonach in amerikanischen Regierungskreisen überlegt wird, ob man irgendeine indirekte Steuer (etwa auf Ölimporte) einführen sollte – wenn auch keine Mehrwertsteuer.

Auch die Verschuldung des amerikanischen Staates ist relativ nicht größer als die der Bundesrepublik – nämlich genau 50 Prozent des Bruttosozialprodukts. Für die Bundesrepublik muß man sogar noch die Rentenverpflichtungen hinzurechnen (die es in den USA nicht gibt) – die ja eigentlich eine versteckte Verschuldung darstellen, aber nicht als solche bezeichnet werden. Dieser Haushaltsposten, dessen genaue Höhe nur schwer festzustellen ist, wird sich aufgrund der demographischen Entwicklung in Zukunft immer belastender auswirken.

Manche Analytiker behaupten gar, die Verschuldung Amerikas sei größer als die Brasiliens. Das ist natürlich ein guter Witz, zudem eine Beleidigung für die Intelligenz jeden Lesers.

Ich gebe zu, daß die Zahlen, die aus den Vereinigten Staaten kommen, gigantisch aussehen, aber das amerikanische Bruttosozialprodukt ist ja auch gigantisch (4300 Milliarden Dollar zur Zeit). Und dafür, daß diese monströsen Zahlen die europäischen Länder manchmal zu erdrücken scheinen, können die USA nun wirklich nichts. Ähnlich ist die monetäre Situation: Eine geringe Erhöhung der Geldmenge in Amerika, und schon ist Europa mit Geld überschwemmt; die kleinste Geldknappheit in den USA verursacht bereits eine gefährliche Deflation in der Alten Welt. Nicht nur, daß die Zahlen gigantisch sind, oft wird auch die Disproportion für Europa gefährlich, aber daran ist leider nichts zu ändern.

In diesem Zusammenhang muß ich immer an eine Novelle des berühmten schwedischen Schriftstellers August Strindberg denken. Ihr Thema: In einer Auseinandersetzung zwischen dem kleinen zerbrechlichen und dem großen muskulösen Mann schlägt sich die Mehrheit immer auf die Seite des ersten. Er wird gepriesen, der letztere getadelt. Der Große, Starke hat immer unrecht. Vielleicht wird der Große mehr respektiert, aber der Kleine wird geliebt.

Genauso falsch wie das sogenannte Haushaltsloch wird das Handelsbilanzdefizit interpretiert. Denn die Zahlen, die heute vom Zollamt veröffentlicht werden, beziehen sich ja auf Warenein- und -ausfuhren, die in längst vergangenen Monaten getätigt wurden und wiederum das Ergebnis von Verträgen sind, die zwölf bis achtzehn Monate früher abgeschlossen wurden – zu einem Zeitpunkt also, in dem der Dollarkurs noch wesentlich höher lag. Das Jahr 1987 ist insofern ein ganz spezieller Fall. Die Exporte in die USA nahmen Anfang des Jahres deswegen stark zu, weil die amerikanischen Importeure und die ausländischen, besonders die japanischen Exporteure, panische Angst vor einem weiteren Dollarrückgang oder eventuellen protektionistischen Maßnahmen der USA hatten. Die Japaner haben zum Beispiel dreimal soviel Autos nach den USA exportiert (aber noch nicht verkauft) wie sonst in einem vergleichbaren Zeitraum. Auch die Ölimporte der Amerikaner schossen in die Höhe – aus Angst vor Komplikationen im Persischen Golf.

Das alles sind temporäre, von der Situation abhängige Fakten, die die Statistiker ignorieren. Im übrigen: Die Öleinfuhren machen mit 25 bis 30 Prozent den größten Posten der amerikanischen Importe aus. Und die Dollars, die für Öl aus dem Nahen Osten gezahlt werden, stellen zudem nur de jure und nicht de facto ein Passivum dar, denn die Petro-Dollars der Saudis und der anderen arabischen Länder gehören zum Dollar-Raum. Diese Länder denken und bilanzieren in Dollar. Der ganze Unterschied ist, daß durch die Petro-Dollars die Depots von Ali und Mustafa wachsen und die von Smith und Jones kleiner werden.

Mit all den oben erwähnten verdrehten Zahlen und ihren absonderlichen Interpretationen fördert man einen virulenten Antiamerikanismus. Nichtsdestoweniger lassen sich die Devisenspieler von den Statistiken und Handelsbilanzen hypnotisieren und richten ihre Spekulationen danach, obwohl die Zahlen, die man heute veröffentlicht, morgen revidiert und die revidierten übermorgen korrigiert werden . . .

Wie recht hatte doch Mark Twain, als er sagte: »Es gibt drei Sorten von Lügen: Lügen, gemeine Lügen und Statistiken.«

Interessant ist aber, daß man in der ganzen Welt über das amerikanische Handelsbilanzdefizit meckert, obwohl es jahrelang die »Muttermilch« für die gesamte Weltwirtschaft war. Nicht nur dank des hohen Dollars, sondern auch durch das wachsende Bruttosozialprodukt ist der Konsum in den Vereinigten Staaten ununterbrochen gestiegen. Man warf und wirft den Amerikanern vor, daß sie über ihre Verhältnisse leben und mehr ausgeben, als sie einnehmen. Die Jugend trinke schon Champagner statt Coca-Cola. – Und tatsächlich hat Spanien zur Zeit des Dollar-Höhenfluges seinen Sekt-Export nach Amerika verdoppeln können.

Gewiß ist der Amerikaner kein leidenschaftlicher Sparer, obwohl sich das auch in den letzten zwanzig Jahren verändert hat. Die Amerikaner sparen auch, aber in anderen Sparmedien als die Europäer. Sie haben nicht nur Sparbücher, sondern auch große Lebensversicherungen, riesige Aktienportfolios, worin sie einen großen Teil ihrer Ersparnisse verstecken. Außerdem gibt es den sogenannten Sparplan, nach dem steuerbegünstigte Anlagen in Aktien getätigt werden können, und Milliarden und aber Milliarden von Dollars sind in den sogenannten money market fonds angelegt, die von den Brokern verwaltet werden. Diese Fonds sind jede Woche kündbar, und ihre Verzinsung wird ebenfalls jede Woche neu festgelegt. Nichtsdestoweniger muß ich wiederholen, der Amerikaner ist kein geborener Sparer, er ist vielmehr ein geborener Unternehmer. Denn jedes amerikanische Baby denkt schon in der Wiege an seine zukünftigen Investitionen in einem Unternehmen und welche neuen Unternehmen es mit seinen Gewinnen gründen wird, während jeder deutsche Säugling bereits an seine zukünftige Rente denkt.

Ich habe schon einige Male Briefe von jungen Leuten bekommen, die mich um Rat fragten, wie sie ihr Leben einrichten sollen. Kürzlich schrieb mir ein Achtzehnjähriger, daß es sein größtes Ziel sei, so bald wie möglich in den Ruhestand zu treten. (Das war natürlich ein guter Spaß für mich. Denn ich bin ja erst mit 60 Jahren richtig aktiv geworden, nachdem ich mich schon mit 35 Jahren »zur Ruhe gesetzt« hatte. Auch wenn ich mich während meiner »Ruhestandsjahre« immer um meine persönlichen Anlagen gekümmert und die Börse beobachtet hatte, habe ich schließlich schwer unter diesem Rentnerdasein gelitten.)

Der Amerikaner ist sicherlich kein Sparer par excellence, und bestimmt würde er sich nie totsparen, denn er ist auch ein großer Genießer. Ich meinerseits bin auch kein Totsparer, und deswegen habe ich auch Jean de La Fontaines Fabel über die Grille und die Ameise etwas umgeschrieben. Sie kennen wahrscheinlich diese Fabel, in der die Ameise den ganzen Sommer über spart, um sich für den Winter Reserven zu schaffen. Die Grille dagegen singt den ganzen Sommer lang und denkt nicht an das Sparen für den Winter. Als die Grille dann im Winter in Nöten ist, wendet sie sich an die Ameise um Hilfe. Die Ameise aber weist sie grob ab.

Meine Fortsetzung ist folgende: Der Winter vergeht, es wird wieder Frühling, die Ameise kommt aus ihrem Versteck heraus und beginnt sofort damit, Vorräte für den nächsten Winter anzulegen. Auf einmal sieht sie die Grille mit einer dicken Zigarre in einem großen Rolls-Royce heranfahren, wie üblich fröhlich singend. Die Ameise ist höchst erstaunt und fragt die Grille:

»Woher hast du den großen Wagen, und was willst du jetzt tun?«

»Wie ich zu ihm gekommen bin, ist meine Sache, und ich fahre jetzt nach Paris.«

»Mit deinem Rolls-Royce?«

»Jawohl«, sagt die Grille, »mit meinem Rolls-Royce«.

»Dann bitte ich dich um eine große Gefälligkeit«, sagt bescheiden die Ameise. »Bitte suche den Monsieur La Fontaine auf und zitiere ihm Goethe meinerseits.«

Abgesehen von der Fragwürdigkeit und Fehlinterpretation der Statistiken – man muß auch viele andere Tatsachen ins Kalkül ziehen, die mit den gegenwärtigen Zahlen nichts zu tun haben, aber in der Zukunft die Basisdaten ändern können.

Die Schule, durch die ich Amerika kennengelernt habe, war der Zweite Weltkrieg, den ich von Pearl Harbor bis zum Victory Day erleben und überleben konnte. Jeder Tag brachte eine neue Erfahrung, einen neuen Beweis für die Potenz des Landes und auch für die Art und Weise, wie das Land seine Probleme lösen konnte.

Ich erinnere mich ganz genau an die Radionachricht, die ich in einem Auto sitzend hörte (genau wie meine Mutter 27 Jahre zuvor durch den Nachrichtentelefondienst vom Attentat in Sarajewo erfuhr): die Vernichtung der amerikanischen Flotte bei Pearl Harbor. Am nächsten Morgen hielt Präsident Roosevelt eine Rede im Radio und erklärte: »Wir sind von heute an im Krieg mit dem ›Empire of Japan‹.«

Wir waren also im Krieg, und die Regierung nahm sofort alle Vorbereitungen auf, um das Land und die Wirtschaft in den Kriegszustand zu konvertieren. Es wurden zahlreiche Kommissionen gebildet, um das alltägliche Leben dem neuen Zustand anzupassen. Die ganze Industrie wurde umorganisiert. Ein Dekret nach dem anderen wurde veröffentlicht, unter anderem ein Verbot, welche Artikel aus Ersparnisgründen nicht produziert werden durften. Unter diese Restriktionen fielen etwa Füllfedern, Taschenradios und Schreibmaschinen für private Bedürfnisse. Alles wurde auf die Kriegsindustrie konzentriert. Die Werbung der großen Industrieunternehmen war darauf gerichtet, das

Publikum dazu anzuregen, weniger Konsumgüter zu kaufen.

Ein interessantes Beispiel: General Motors, die größte Firma der Welt, finanzierte mit vielen Millionen Dollar die NBC-Konzerte unter der Direktion von Arturo Toscanini. Jeden Sonntag nachmittag von fünf bis sechs Uhr saßen Millionen Amerikaner am Radio und lauschten dem Toscanini-Konzert. Und das alles für die folgende Werbung von ein, zwei Minuten Länge: General Motors ist da, um immer mehr und mehr Produkte für immer mehr und mehr Leute zu erzeugen. Aber heute ist der Krieg unser Geschäft. Und so veranlaßte die Werbung das Publikum, *nicht* zu kaufen.

Ein anderes Beispiel, das mir bis heute klar in Erinnerung geblieben ist, und das fanden wir Europäer alle besonders ulkig: Die Kommission für die Textilindustrie schrieb unter anderem vor, Herrenanzüge mit doppelreihigem Jakkett dürften von nun an keine Westen haben, Einreiher hingegen schon; die Aufschläge an den Herrenhosen mußten abgeschafft werden. Wahrscheinlich hatten sie speziell auf die Herrenhosen einen Pik, denn im Rahmen der Sparmaßnahmen mußte auch die kleine Falte am Bund der Herrenhosen verschwinden. Ich persönlich hatte noch Glück, denn mein Schneider, ein deutscher Flüchtling, schlug mir vor, diese kleine Falte doch anzubringen, sie aber durch Abnäher zu verstecken – damit ich sie nach dem Ende des Krieges wieder zum Vorschein bringen könnte.

Wir Europäer besprachen im Kaffeehaus all diese ungeheuren Maßnahmen, die für den Krieg getroffen wurden, und wußten nicht, ob wir lachen oder uns ärgern sollten. Mit solchen Maßnahmen wollen die Amerikaner Hitlers Wehrmacht zerstören? Wir durchschauten damals die amerikanische Methode nicht, Schritt für Schritt alle notwendigen Vorbereitungen zu treffen. Ein Jahr später bauten die Vereinigten Staaten täglich tausend Flugzeuge und tausend Transportschiffe. Das ist Amerika!

Kurz und gut: Sollte ein Land, das Hitlers Wehrmacht und die japanische Armee zerstören konnte, das Europa und zahlreiche Pazifik-Inseln besetzt hat, ohne seine sozialen Strukturen wesentlich zu verändern, nicht mit einem Haushaltsdefizit von zwei Prozent fertig werden? Amerikas Handeln, sei es in der Politik, sei es in der Wirtschaft, sei es im Hinblick auf soziale Probleme ist immer: »Eile mit Weile«, die Geschichte von der Schildkröte und dem Hasen.

In La Fontaines Fabel tragen die beiden Tiere ein Wettrennen aus. Die Schildkröte eilt mit Weile zum Ziel, während der Hase sich über sie lustig macht, hin und her hüpft, äst, schläft, wieder aufspringt und so weiter. Am Ende erreicht die Schildkröte als erste das Ziel. In meinen Augen ist die Schildkröte das Symbol für Amerika, der Hase steht für den jeweiligen Gegner – ob auf militärischem, technologischem oder wirtschaftlichem Gebiet. In fast allen Bereichen hat Amerika bisher seine Herausforderer geschlagen – immer nach dem Motto: »Eile mit Weile.«

Immer wieder wurde mir von Studenten an den Universitäten die Frage gestellt: Wie ist es möglich, daß der Dollar seit dem Krieg ununterbrochen nur auf Talfahrt war? Meine Antwort: Der Zweite Weltkrieg hat Amerika Milliarden und aber Milliarden gekostet, und diese Dollars wurden in der ganzen Welt gestreut. Während des Krieges verfolgte die Regierung eine strenge Geldpolitik und konnte so die Inflation verhindern, obwohl kleine Preissteigerungen vorkamen. Nach dem Krieg aber waren plötzlich zu viele Dollars da, und speziell zuviel gegenüber der

Menge der europäischen Devisen. So kam es zu einer Inflations-Explosion. Außerdem gab es den Marshall-Plan, Milliarden-Ausgaben für Europa, später die Unterstützung für Japan und sogar für Sowjetrußland für eine gewisse Zeit. Während des Zweiten Weltkriegs hatte Amerika das Geld mit vollen Händen ausgegeben, wie ein betrunkener Seemann, nichts war zu teuer oder zuviel, um Hitler zu schlagen.

Die Talfahrt des Dollars war also nicht die Folge einer falschen Politik, sondern die logische Folge einer politischen Entscheidung. Außerdem hat sich auf den Finanzmärkten das Spiel in Währungen ununterbrochen vergrößert nach dem Kriege. Die Broker bilden ja eine ganze amerikanische Industriezunft. Und da das Spiel mit Rohstoffen für sie besonders profitabel ist, haben sie Tausende und Tausende Kunden animiert, mit den Rohstoffen zu spielen, das heißt zu kaufen.

Während des Vietnamkrieges und während der Watergatekrise hatten die Vereinigten Staaten mit zahlreichen Kalamitäten zu kämpfen: Studentenunruhen, Probleme mit der farbigen Bevölkerung, Rauschgiftsucht und schließlich auch noch die Ölprobleme, die immens waren. Die USA waren politisch paralysiert, sie schienen zumindest paralysiert zu sein. In Wirklichkeit arbeiteten aber auch in jener Zeit Forscher, Wissenschaftler und Techniker mit Volldampf in den Labors und realisierten technologische Wunder, von denen wir bis heute noch keine Ahnung haben. Und dann kam parallel mit der Ölkrise auch das Dollardebakel.

Die Kurse an der Wall Street – Symbol der amerikanischen Wirtschaft – sanken in den Keller. Mein Optimismus für die USA aber wurde durch diese Ereignisse nicht beeinträchtigt, mein fester Glaube an die Selbstheilungskräfte nicht gefährdet, die dieses große Völkergemisch seit ein paar Jahrhunderten kennzeichnen. Es ist die Summe meiner Erfahrungen, wie gesagt während des Zweiten Weltkrieges gesammelt, die mich immer gegen das oberflächliche Krisengerede immun bleiben ließ.

Mein Gott, wie schnell haben sich dann die Zeiten wieder geändert, schneller, als ich zu hoffen wagte. In der Geldanlage bewährt sich wie im Leben Geduld am meisten. Eine ebensolche Tugend ist in meinen Augen der Optimismus. Ein Optimist ist ein Millionär, auch wenn er nicht einen Pfennig in der Tasche hat, ein Pessimist ein armer Schlucker, auch wenn er einen gefüllten Tresorschrank besitzt. Nichtsdestoweniger zahlt sich Optimismus auch in barer Münze aus, wie die rasante Aufwärtsbewegung in Wall Street nach diesen pessimistischen Jahren beweist. Und auch nach dem Schock vom 19. Oktober 1987 steht der Dow-Jones-Index immer noch fast dreimal so hoch wie in den Jahren der Krise.

Napoleon hat einmal gesagt: Der Hartnäckige gewinnt jede Schlacht. Mit Hartnäckigkeit errang Amerika auch im Zweiten Weltkrieg den totalen Sieg, und sicherlich war das kein Kinderspiel. Vietnam war ein ganz spezieller Fall. Da erlitten die USA nicht eine militärische, sondern eine psychologische Niederlage, dank der Linksintellektuellen und Pazifisten im Inland – abgesehen von dem Druck vieler neutraler Staaten wie Schweden, Frankreich und so weiter.

Auf wissenschaftlichem Gebiet war der Sputnik vor rund 30 Jahren eine große Herausforderung. Der damalige sowjetische Vorsprung ist heute schon längst vergessen. Wenn Präsident Ronald Reagan für das Jahr 2000 Laserkanonen zur Zerstörung von Raketen ankündigt, dann sind sie wahrscheinlich heute schon zu 75 Prozent verwirklicht

– sonst hätte er sie vermutlich nicht einmal erwähnt. Und vielleicht hat er mit dem Jahre 2000 sogar tiefgestapelt. Die Chinesen und die Sowjets sind bestimmt der gleichen Meinung, sonst wäre ihre Reaktion nicht so hysterisch gewesen.

Was nun das Energieproblem anbelangt, so ist auf diesem Gebiete der Sieg der Schildkröte spektakulär. Noch 1980 sagte uns der mächtige Scheich Achmed Saki el Jamani in Davos auf seine vornehme, sanfte Art, der Ölpreis müsse in den kommenden Jahren unaufhörlich steigen. Er kritisierte vehement die Absicht der US-Regierung, den Ölpreis durch Steuererhöhungen anzuheben. Mehr Geld fürs Öl zu verlangen, so sagte er, sei Sache der OPEC und nicht der amerikanischen Regierung. Er wiederholte mehrmals: »Wir werden den USA eine gute Lektion erteilen.«

Die Entwicklung der folgenden Jahre kennen wir. Jamani wurde gefeuert und lebt heute als Besitzer einer Uhrenfabrik in der Schweiz. Amerika hingegen ist noch immer da und kontrolliert nach meinem Eindruck souverän den Ölpreis, damit er nicht unter 15 Dollar fällt und nicht über 20 Dollar steigt. Ein zu tiefer Preis wäre gegen die Interessen der großen amerikanischen Ölkonzerne, die hohe Energieinvestitionen getätigt haben, und ein Preis über 20 Dollar wäre schädlich für die Wirtschaft. Der heutige Kurs ist eine Art von Kompromiß zwischen diesen Interessen. Jamanis Herrschaft ist Vergangenheit – recht geschieht es ihm, denn schon damals pflegte ich den Spruch: Jubelt die OPEC, muß der Westen weinen. Die unbegrenzte Potenz der Technologie des Westens, speziell der USA, hat gesiegt und nicht die OPEC.

Auch dies ist ein Grund, weshalb ich nicht nur für Amerika, sondern für die ganze westliche Welt optimistisch bleibe. Aber: Auf lange Sicht wird der Dollarkurs bestimmen, ob die Diskrepanz zwischen der Wirtschaftskraft der USA und derjenigen der übrigen Länder größer oder kleiner wird. Aus verschiedenen Gründen setze ich darauf, daß diese Diskrepanz immer größer wird, und ich würde sogar eine Wette eingehen, die ich jedoch weder zahlen noch kassieren werde. Ich wette, daß es in 20 Jahren nur noch drei Währungen geben wird: den Dollar für den freien Westen, den Yen für den Orient und den Rubel für den Ostblock (sofern dort inzwischen nichts passiert).

Amerika wird seine Währung nicht aufdrängen, aber das Leben wird es so entscheiden; denn wie sagte schon Goethe: »Amerika, du hast es besser . . .«

Fallen kann er, steigen muß er!

»Und was macht der Dollar? Wohin geht er?« ist die ständige Frage, die ich seit 70 Jahren höre. Meine Antwort ist immer dieselbe: Das Schicksal des Dollars und das von Amerika sind eng miteinander verbunden. Immer wieder bin ich jedoch überrascht von der Überraschung der Experten, wenn der Dollar einige Pfennige steigt. Aber ganz überrascht waren sie, als 1983 die Zinsen fielen, der Dollar nichtsdestoweniger stieg. Aber es geschieht ja immer genau das Gegenteil von dem, was sich die Experten vorstellen.

Ich warne alle Devisenhändler, Spieler und verantwortlichen Geschäftsleute, auf einen Automatismus zwischen Zinsen und Dollarkurs zu spekulieren – wenn Zinsen so, dann Dollar so –, wie sich das der kleine Moritz vorstellt. Für jede der möglichen unzähligen Variationen gibt es eine logische Erklärung. Aber die meisten Spekulanten erfahren sie erst nachher.

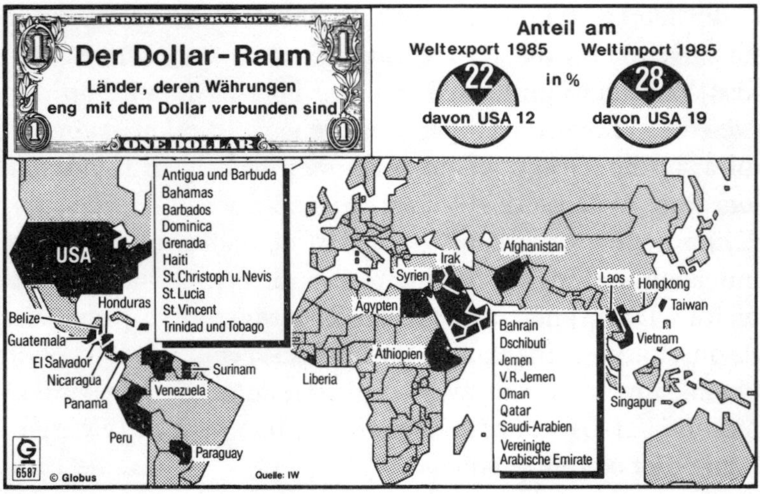
Der Dollar-Raum
Länder, deren Währungen eng mit dem Dollar verbunden sind
Anteil am
Weltexport 1985
Weltimport 1985
22
28
in %
davon USA 12
davon USA 19
USA
Antigua und Barbuda
Bahamas
Barbados
Dominica
Grenada
Haiti
St. Christoph u. Nevis
St. Lucia
St. Vincent
Trinidad und Tobago
Honduras
Belize
Guatemala
El Salvador
Nicaragua
Panama
Surinam
Venezuela
Peru
Paraguay
Liberia
Ägypten
Syrien
Irak
Äthiopien
Afghanistan
Bahrain
Dschibuti
Jemen
V.R. Jemen
Oman
Qatar
Saudi-Arabien
Vereinigte Arabische Emirate
Laos
Hongkong
Taiwan
Vietnam
Singapur
© Globus
6587
Quelle: IW

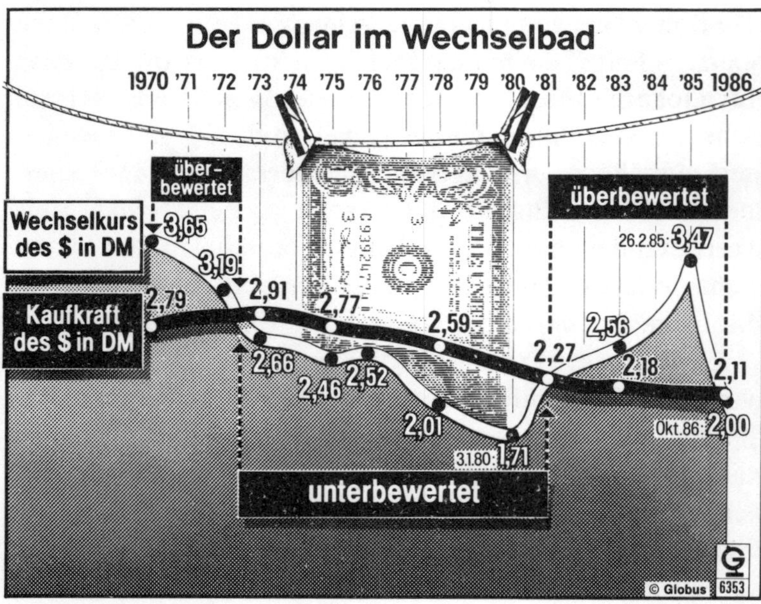
Der Dollar im Wechselbad
1970 '71 '72 '73 '74 '75 '76 '77 '78 '79 '80 '81 '82 '83 '84 '85 1986
über-bewertet
überbewertet
Wechselkurs des $ in DM
Kaufkraft des $ in DM
3,65
3,19
2,91
2,79
2,77
2,59
2,66
2,46
2,52
2,01
31.80: 1,71
2,27
2,56
2,18
26.2.85: 3,47
2,11
Okt.86: 2,00
unterbewertet
© Globus
6353

In den USA konnte die Bundesbank 1983 zum Beispiel den Geldmarkt lockern und die Zinsen fallen lassen, weil das Vertrauen in die US-Währung gestiegen war. In den siebziger Jahren dagegen war der Dollar auf Talfahrt, obwohl die Zinsen hoch waren, weil eben kein Vertrauen da war. Wächst das Vertrauen in den Dollar, der das Symbol der amerikanischen Wirtschaftspotenz ist, oder mißtraut man der Deutschen Mark, geht noch mehr Geld in die USA und erhöht den Dollarkurs, aber auch die Liquidität mit sinkenden Zinsen. Dafür kann es Dutzende von Gründen geben. Ich will nicht behaupten, daß Zinsen und Dollar-DM-Parität in gar keinem Zusammenhang stehen. Wenn zum Beispiel der Dollar steigt, kann die Bundesbank die Zinsen für D-Mark nicht lockern, denn dann würde noch mehr Geld aus dem Lande gehen.

Die hohen Zinsen allein wären jedoch kein genügender Grund für die spektakuläre Dollarsteigerung in den Jahren 1981 bis 1985, wenn nicht die immense Dollarverschuldung existiert hätte (die immer noch besteht). Die hohen Zinsen für Dollareinlagen waren zwar verlockend, aber viel entscheidener war, daß die riesigen Dollarschulden plus Zinsen allmählich zurückgezahlt werden mußten. Nicht die hohen Haben-Zinsen waren ausschlaggebend, sondern die verheerenden hohen Soll-Zinsen. Jahrelang hat sich die ganze Welt in Dollars verschuldet, oft aus rein spekulativen Motiven.

Es ist also ein Irrtum, zu glauben, daß die hohen Zinsen vor allem Spargeld aus dem Ausland in die USA gepumpt haben. Vielmehr zwangen die hohen Debet-Zinsen auch die Dollar-Schuldner, ihre Verpflichtungen zurückzuzahlen. Anfang der achtziger Jahre war ein Schuldenberg von Milliarden Dollar aufgehäuft worden – in der Hoffnung, diese Schuld später zu einem halbierten Kurs eindecken zu können. Deshalb war es ganz natürlich, daß die Schuldner versuchten, ihre Dollarschulden möglichst schnell zu dekken, um der Belastung durch die hohen Zinsen zu entgehen.

Viele verbreiteten auch die Legende von 1000 Milliarden vagabundierenden Euro-Dollar, ohne zu wissen, was Euro-Dollar überhaupt sind. Ich habe sie nie gezählt. Vielleicht gab es 1000 Milliarden Euro-Dollar-Forderungen, aber es gab genauso viele Euro-Dollar-Schulden. Alles hing davon ab, wer zuerst Angst bekam: die Gläubiger oder die Schuldner. Häufig mahnte ich meine Leser mit den Worten: »Vergeßt mir den Dollar nicht!« und prägte den Spruch: »Der Dollar? Fallen kann er, steigen muß er!«

Außerdem muß man präzisieren, was Euro- (oder Asia-) Dollar bedeuten und woher sie stammen. Euro-/Asia-Dollar heißen jene Forderungen und Dollar-Anleihen, die nicht in amerikanischem Besitz sind, und sie entstehen auf folgende Weise: Nehmen wir an, eine japanische Firma verkauft für 10 Millionen Dollar an China Ware und hat damit eine Forderung von 10 Millionen. Andererseits hat die japanische Firma Ware aus Frankreich gekauft und ist dafür 10 Millionen schuldig. Der Franzose fordert also von dem Japaner den Betrag, ist aber einem englischen Unternehmen ebenfalls 10 Millionen schuldig. Den Engländer finanziert eine Londoner Bank, die wiederum einem US-Geldinstitut den genannten Betrag schuldig ist.

Fazit: Die euro-asiatischen Firmen sind 50 Millionen Dollar schuldig und haben Forderungen über 40 Millionen. Die ersten 10 Millionen stammen von einer US-Bank, und sie sind zu 40 Millionen Euro-/Asia-Dollar geworden.

Ich könnte diesen Reigen nicht besser illustrieren als mit einer kleinen Geschichte. Ein Freund aus Paris fragte mich bei einem Besuch in Budapest noch vor dem Krieg:

»Woher nehmen die Leute das viele Geld, das sie ausgeben?« – »Ganz einfach«, war meine Antwort, »in Budapest gibt es nur eine 1000-Forint-Banknote, aber diese ist durch Handel, Schachern, Schenken, Pumpen, Diebstahl oder ähnliches jeden Tag in der Tasche eines anderen.«

Das ist die genaue Topographie der Euro-Dollar-Landschaft. Die internationale Rolle des Dollars ist es ja gerade, daß er rollt. Jeder aus den USA gepumpte Dollar geht von Hand zu Hand und wird zu drei bis zehn Euro-Dollar. Sollte sich die Quelle des Euro-Dollars erschöpfen, wäre das die größte Katastrophe und würde den ganzen Welthandel paralysieren.

Wie hoch heute die Verschuldung der Ausländer in Dollars ist, durch Spekulations-Transaktionen oder durch einfache Schulden, wieder in der Hoffnung, die Dollars viel billiger einzudecken, ist nicht genau festzustellen. Aber eines ist sicher: Die Milliarden und Milliarden Dollar, die auf europäische und japanische Rechnung für Investitionen herübergehen, sind kein *hot money* für Spekulationszwecke, sondern ganz seriöse langfristige Investitionen. Die arabischen Kapitalisten etwa kaufen Immobilien, Hotels, Restaurants und ähnliche Objekte oder halten Milliarden Dollar Bargeld parat, um solche zu kaufen. Natürlich besitzen sie auch für viele Milliarden Staatspapiere wegen der Rendite; aber das Kapital, das dort auf ausländische Rechnung investiert wird, ist für lange Zeit festgelegt.

Wenn ich über Amerika nachdenke, erinnere ich mich oft an alte Fotos oder Szenen in historischen Filmen, die Emigranten zeigen, wie sie einst im New Yorker Hafen eintrafen. Sie stehen auf dem Schiffsdeck, starren auf die Freiheitsstatue und reißen die Arme in die Luft mit dem Ruf: »Amerika, Amerika, Amerika.« Das Land der Freiheit, der Sicherheit und der unbegrenzten Möglichkeiten – aber auch das Land des Risikos.

Sie kamen aus den verschiedensten Schichten und in verschiedenen Wellen nacheinander: Mitte des 19. Jahrhunderts immigrierten die politischen Flüchtlinge nach fehlgeschlagenen Revolutionen – Freiheitskämpfer aus Ungarn, Polen und so weiter. Dann kam das Lumpenproletariat, alle die, die vor den Hungerlöhnen davongelaufen waren. Es kamen auch Bankrotteure, Wechselfälscher und Deserteure oder Offiziere, die ihre Spielschulden nicht bezahlen konnten.

Nach dem Ersten Weltkrieg wanderten Angehörige der Intelligenzija aus den besiegten Ländern ein – Ärzte, Ingenieure, Chemiker, die in Europa keine Stellung fanden. Und Gelehrte und Erfinder, denen die amerikanischen Unternehmen Millionen für die Forschung zur Verfügung stellten. Ihnen folgten in den dreißiger Jahren alle diejenigen, die vor dem Nazismus flüchteten: zunächst die mit Geld, danach solche, die nichts hatten. Nach dem Zweiten Weltkrieg kamen wieder Massen, diesmal aus den von den Kommunisten übernommenen Ländern; und nach dem Wirtschaftswunder in einigen europäischen Staaten kamen die alten und neuen Reichen, um Kapital in Amerika zu investieren. Fast alle diese Emigranten blieben, integrierten sich in die Gesellschaft und Wirtschaft, nur wenige gingen wieder in die Alte Welt zurück, ihre Kinder schon gar nicht. Sie trugen bei zum Aufbau und zum Reichtum von Amerika, wie zuvor ihre Eltern mit ihrem Geld.

Heute sind es nicht mehr die Menschen, die nach Amerika wandern, es ist nur das Geld, besser gesagt das Kapital. Es integriert sich in die Wirtschaft des Landes genauso wie es die Menschen getan haben. Und wie die Kinder der

Emigranten, so bleiben auch die Früchte des investierten Kapitals im Lande. Besonders dank der jüngsten Steuerreform, die eigentlich eine wahrhaftige Steuerrevolution ist. Niemand hat etwas dagegen in Amerika.

Kurz und gut: Zuerst waren die Menschen ohne Geld gekommen, dann Menschen mit Geld, und nun geht das Geld ohne die Menschen. Sie selbst bleiben nun lieber in Europa, sie wollen nicht auf Paris oder Berlin, auf die bayerischen Alpen oder die Côte d'Azur verzichten – die sie nun viel besser genießen können, da sie ihr Hab und Gut in Amerika in Sicherheit wissen. Die Skeptiker, die an »Dollarium tremens« leiden, hoffen und warnen: Wenn das Vertrauen zu Amerika wieder schwindet, werde das Geld das Land genauso rasch verlassen, wie es gekommen war, und dann komme auch mit Sicherheit der ganz große Dollarkrach.

Am besten illustriert die Mentalität vieler Europäer in Amerika ein sogenannter Flüchtlingswitz: Zwei alte Wiener Flüchtlinge sitzen auf einer Bank im Central Park. »Are you happy in this country?« fragt der eine. »I am happy«, ist die Antwort, »aber glücklich bin ich nicht.« Und das glaube ich ihm aufs Wort. Viel, viel glücklicher wäre er in einem Wiener Kaffeehaus, aber »happy« bedeutet, daß seine Person, sein Hab und Gut, seine Freiheit in absoluter Sicherheit sind. Ich glaube nicht, daß in Europa eine große Unsicherheit herrscht, insbesondere keine Unsicherheit hinsichtlich der persönlichen Verhältnisse, aber: Sicher ist sicher, meinen viele, die ihr Kapital in Amerika haben.

In Europa sind alle vier bis fünf Jahre Parlamentswahlen. Viele Sparer und besonders die Unternehmer zittern jedesmal, wie die kommenden Wahlen ausfallen werden. Wer wird die Mehrheit gewinnen und die kommende

Regierung bilden? In den USA gibt es auch alle vier Jahre Wahlen, aber solche Überlegungen sind absolut nicht nötig, denn beide Parteien stehen fest auf dem Boden der freien Marktwirtschaft, des freien Unternehmertums. Daher ist es ganz gleich, ob Republikaner oder Demokraten an die Macht kommen. Viel wichtiger ist die Persönlichkeit des kommenden Präsidenten. Die Differenzen in der Finanzpolitik beider Parteien sind Detailfragen. Sogar die große Steuerreform wurde von Republikanern und Demokraten gemeinsam beschlossen. Es ist natürlich möglich, daß gewisse Branchen sich mehr von der einen, andere Branchen mehr von der anderen Partei versprechen, aber im Prinzip besteht kein gravierender Unterschied in ihrer Politik.

Panikmache

Aufgrund meiner Erfahrungen in den letzten 65 bewegten Jahren zeichne ich also ein sehr positives Bild von Amerika – wie sollte ich da den Kassandrarufen der vielen Panikmacher und Schwarzmaler Glauben schenken? Es leuchtet mir nicht ein, wieso ununterbrochen wiederholt wird, daß der nächste Krach oder Crash, wie sie es nennen, unmittelbar vor der Türe steht. Pessimisten halten ihn schon morgen für möglich, die Optimisten unter den Pessimisten prophezeien ihn für 1990. Crash, Währungsreform und Währungsschnitt, Staatsbankrott und so weiter sind Worte, die viele zitieren, ohne jedoch zu wissen, was sie eigentlich bedeuten. Vor einigen Jahren war das Wort »Euro-Dollar« in aller Munde, dann sind es wieder die Geldmengen M_1 und M_2 und andere Begriffe. Zu viele Milchmädchen, Krawattenverkäufer und ähnliche Außenseiter sind plötzlich Geldexperten geworden, die sich alle mit Staatsschulden und Liquiditätsproblemen beschäftigen, aufgehetzt von Gurus, die sich qualifiziert fühlen, weil sie zwei Bücher über Volkswirtschaft gelesen haben.

Was bedeutet nun der oben zitierte »Crash«? Das Wort kommt vom deutschen Wort Krach, das wegen seines lautmalerischen Charakters in viele Sprachen übernommen wurde. »Krach« ist die akustische Wiedergabe eines Ereignisses mit weitreichenden Folgen. Das Dienstmädchen läßt eine Vase fallen, es kracht, die Scherben klirren, und danach macht die Hausfrau einen Krach wegen des Schadens. Es war eine dramatische Überraschung, an die man eine Sekunde vorher noch nicht einmal gedacht hatte oder die noch nicht vorauszusehen war. Hätte man die Vase langsam auf den Boden gestellt, wäre es kein Krach gewesen. Allein das plötzliche Fallen hatte die Reaktion ausgelöst, sogar in drei Etappen.

Was wäre nun ein Crash in der Wirtschaft? Irgendein unerwartetes Ereignis, ein Blitz aus heiterem Himmel, der alles auf den Kopf stellt. Plötzlich wären alle Wertpapiere unverkäuflich, die Fabriken müßten ihre Tore und die Banken ihre Schalter schließen. Plötzlich will kein Mensch mehr irgendeine Ware kaufen, alle heben ihr Geld von der Bank ab, um es bei sich zu Hause zu verstecken. So war es 1929: Geld war nicht wertlos, sondern zur größten Rarität geworden.

Die Apologeten der Währungsreform prophezeien die totale Vernichtung der Geldwerte, wie sie in den vergangenen 60 Jahren schon zweimal in Deutschland vorgekommen ist. Haben die Experten vergessen, daß diese Währungsreformen jeweils nach einem verlorenen Krieg stattgefunden haben? In den zwanziger Jahren war Deutschland in der größten Misere, die Regierung druckte Banknoten für Billionen, aber kaufen konnte man dafür nichts. Die Devisenkassen waren leer, es gab keine Rohstoffe, nur Millionen von Arbeitslosen. Frankreich aber saugte Deutschland mit astronomisch hohen Reparationsforderungen aus, was sogar die Engländer mißbilligten. (Insofern ist meiner Meinung nach die damalige französische Politik mitverantwortlich gewesen für Hitlers Aufstieg!) Nach dem Zweiten Weltkrieg lag Deutschland auch physisch am Boden, die Städte waren zerstört, die Fabriken ein Scheiterhaufen. Ich habe beide Situationen persönlich erlebt; und diese Zustände wollen die Experten mit der heutigen Bundesrepublik vergleichen. Das ist kein Spaß mehr!

Ich frage diese Gurus, die Staatsbankrotte voraussehen und unbegrenzte Inflationen, warum die Währungen ihren Wert verlieren sollten? Gibt es nicht genügend Waren, die man kaufen kann? Die Rohstoffpreise standen noch vor kurzer Zeit auf dem tiefsten Niveau seit Jahren. Die Fabriken produzieren auf vollen Touren. Man muß nur einen Spaziergang auf der Kö, der Old Bond Street, der Rue de la Paix oder der 5th Avenue machen, um zu sehen, daß man alles kaufen kann, was das Herz begehrt, hat man nur Geld, ein Scheckbuch oder sogar eine bescheidene Plastikkarte in der Tasche.

Was die Banken anbelangt, glaubt man wirklich, daß sie ihre Schalter schließen werden? Unsinn! Die Notenbanken stehen in allen Ländern fest hinter ihrem Bankensystem, solange die Banken Schulden in der eigenen Währung haben. Auch wenn die Schuldnerländer vorläufig nicht einen Pfennig zurückzahlen können (ich komme darauf später zurück), ist die Liquidität der Banken garantiert. Schon in den siebziger Jahren schrieb ich in meiner *Capital*-Kolumne, daß die Banken längst unter Wasser stünden, wenn sie eine ehrliche Bilanz erstellen müßten. Aber wer zwingt sie dazu? Niemand. Ich habe schon damals genau aufgezählt, daß Milliardenforderungen der Banken faul waren, und nannte auch die Gründe dafür.

Bilanzen sind ja generell falsch, gefälscht, fast immer frisiert, jedenfalls Vergangenheit. Wie mein Freund Carl Zimmerer es so prägnant ausdrückt: »Die Bilanz ist nicht, was sie ist, sondern was gemacht wird.« Während ich dies schreibe, fällt mir die Antwort meines Vaters ein, den ich fragte, als eine vornehme Bank im alten Ungarn in Konkurs ging, wie dies möglich sei: »Sehr einfach«, sagte er, »sie machte Bilanz und war pleite.«

Aber damals, in den siebziger Jahren, war dies nicht der Fall, da man keine Bilanz machen mußte. Denn was geschah? Nichts! Alle Forderungen wurden wieder aufgewertet, mit Ausnahme vielleicht der Kredite, die durch Öltanker gesichert waren. Die mußte man halt langsam abschreiben. Immobilien sind hingegen manchmal auf das Zehnfache gestiegen. Auch New York City ist nicht zahlungsunfähig geworden.

Vor drei Jahren gab es ein Ereignis, das als Beispiel dienen kann. Ausländische Kunden zogen von der Continental Illinois Bank Hunderte Millionen Dollar ab und erwarben US-Staatspapiere dafür. Viele verkauften in der Panik die Depotzertifikate der Continental, eine Nuance tiefer als ihr Nominalwert. Andere wiederum kauften die Zertifikate mit dem (zutreffenden) Argument, diese seien genausogut wie Schatzanweisungen, da der Staat sowieso dafür zahlen würde, falls die Bank in Schwierigkeiten käme. Seit Jahren predige ich, daß nur die Gewinne der Banken in privater Hand verbleiben, die Verluste jedoch schon längst verstaatlicht sind.

Ich weiß, daß Buchhalter und Wirtschaftsprüfer sich den

Kopf zerbrechen, wie man die Bilanzen durch Kosmetik verschönern kann. Man hat ja wieder neue Worte erfunden: Umschuldung, Überbrückung und viele ähnliche. Das sind halt deren Sorgen. Für uns Normalverbraucher ist nur wichtig, daß wir hinsichtlich unserer Guthaben und Depots in den Banken ruhig schlafen können. Die Panikmacher sollen ruhig vor Neid auf unseren guten Schlaf zerspringen.

Wenn ich auch zugebe, daß die verschiedenen komplizierten Umschuldungsabkommen, die zur Verschleierung der Wahrheit dienen, betrügerisch sind, so heiße ich diese Manipulationen dennoch gut. Denn schon Michel de Montaigne, der gescheiteste Mann Frankreichs, sagte, obwohl Moralist: »Das allgemeine Wohl verlangt Lügen und Verrat.« Und mit etwas Zynismus würde ich auch behaupten, daß das ganze kapitalistische System ein Schwindel ist, auf Illusionen aufgebaut, aber eben ein gut gemachter. Gott soll es geben, daß es noch lange lebt.

Die sogenannte Schuldenkrise

Die Forderungen an die Dritte Welt gelten heute als das größte Problem der Banken. Nur, man kann nicht behaupten, daß die größten Schuldnerländer (Mexiko, Brasilien, Argentinien) bankrott wären. (Ich wüßte auch gerne, wie eigentlich der Staatsbankrott definiert ist.) Sie sind bloß illiquid in harten Devisen und werden das noch lange bleiben. Sie besitzen zwar immense Reichtümer, zum Beispiel Mexiko, das nach der Auskunft der Geologen größere Ölreserven besitzen soll als Saudi-Arabien – aber sie haben kein Bargeld in der Tasche, und zwar oft nur deshalb, weil die Vermögenden ihr Geld im Ausland angelegt haben.

Im alten Österreich-Ungarn kannte ich Aristokraten, Großgrundbesitzer von 50 000 bis 100 000 Morgen, die nicht genügend Bargeld in der Tasche hatten, um die Kartenschulden einer Nacht begleichen zu können. Und ich kannte auch Roulettespieler, die am grünen Tisch vor sich einen Haufen Jetons liegen hatten, die ihr ganzes Vermögen ausmachten – sofern es nicht gepumpt war.

Genauso ist es mit den Schuldnerländern der Dritten Welt. Kapital und Vermögen ist nicht identisch mit Bargeld in der Tasche. (Das erinnert mich an Peter Altenberg, den berühmten Wiener Bohemien und Schriftsteller, der als Caféhaus-Pumper bekannt war. Eines Tages schrieb er an seinen Bruder: »Bitte schicke mir 1000 Schilling, denn alles, was ich besitze, ist auf der Sparkasse.«)

Das Schuldenproblem der Entwicklungsländer wurde von den Massenmedien derart aufgebauscht, daß ich von den verschiedensten Menschen (Handwerker, Taxifahrer, Lehrer, Schüler und den meisten Wirtschaftsexperten) andauernd gefragt werde, was geschehen würde, wenn diese Länder ihre Schulden nicht zurückzahlen könnten. Die Frage ist jedoch ein Anachronismus; denn soviel ist heute schon klar: Die Schulden werden nie beglichen, und die Wörtchen »wenn« und »würde« kann man getrost vergessen.

Am liebsten antworte ich auf diese Frage, wenn sie mir gestellt wird, mit zwei Gegenfragen. Frage eins: »Was glauben Sie denn, was geschehen könnte?« Darauf bekomme ich keine Antwort, und mit Recht, denn nichts würde passieren. Gar nichts.

Die Kredite sind so gut wie geschenkt an die Dritte Welt, weil es politische Kredite sind. Die Gläubigerbanken (etwa 50, 60 über die ganze Welt verstreut) werden ihre Forderungen ad infinitum prolongieren und in homöopathischer

Dosis kaffeelöffelweise abschreiben. Ihr Geschäft machen sie schließlich dadurch, daß die Kreditnehmer immer höhere Zinsen zahlen müssen und die Sparer tiefere Zinsen bekommen. Die breite Zinsmarge ist also logisch, mit ihr sollen die Abschreibungen gedeckt werden. Und die als Folge der unbezahlten Schulden entstandene schleichende Inflation entwertet zusätzlich die Forderungen und verzehrt sie in 30 Jahren.

Diese Kredite sind total eingefroren. Trotzdem kann den Gläubigerbanken nichts passieren. Denn hinter dem internationalen Bankensystem steht die »Nato der Notenbanken«. Auch dies ist nichts Neues, sie existiert seit über 30 Jahren, nur mußte man es nicht immer so ausdrücklich betonen, um das Publikum zu beruhigen.

Eigentlich geht das alles natürlich zu Lasten unseres Lebensstandards, der viel höher sein könnte, wenn diese faulen Forderungen nicht existierten. Ob es richtig ist, ist eine andere Frage, genauer eine politische. Ich finde, wir müssen die Versicherungsprämie gegen Feuerschaden zahlen. Sie wird so lange notwendig sein, wie es »Bösewichte« in der Welt gibt, die nur darauf lauern, irgendwo einen sozialen Konflikt ausnützen zu können, um Umsturz und Chaos zu schaffen.

Also, bitte, keine Angst! Sorgen müssen sich nur die Buchhalter, die in ihren Bilanzen die diversen Posten zwischen Soll und Haben herumschieben, damit sie schön frisiert sind. Immer wiederhole ich, daß es wichtiger ist, einen guten Gläubiger zu finden als einen guten Schuldner. Und die Entwicklungsländer haben gute Gläubiger gefunden!

Meine zweite Frage, die ich den Sonntags-Volkswirten stelle, ist provozierender: »Was würde aber geschehen, wenn plötzlich ein Wunder geschähe und die Schuldnerländer zur Überraschung der Welt alle ihre Schulden auf einmal, cash on the table, zurückzahlten?« Nehmen wir an, mit frecher Phantasie, daß sie Gold- und Platinminen gefunden haben, und nun halten sie auf einmal alle Verpflichtungen ein. Auf diese Frage ist natürlich niemand vorbereitet, und es folgt die große Stille, betretenes Schweigen. Ich muß also selber die Antwort geben: Die größten Komplikationen würden bevorstehen. Denn was sollten die Banken plötzlich mit den ca. 1000 Milliarden Dollar liquidem Geld, die sie auf einmal in ihren Taschen hätten, anfangen? Sie müßten sich neue Kreditnehmer suchen und wären verführt, womöglich dubiosen Schuldnern das Geld nachzuschmeißen. Wirtschafts-Hasardeure würden mit Milliarden von heißem Geld jonglieren und lebensunfähige Unternehmen gründen. Die Spekulationswut würde noch mehr angekurbelt werden. Eine monströse Inflation würde Preise und Löhne in die Höhe treiben.

Vielleicht würde man auch den Sowjets, beziehungsweise dem ganzen Ostblock Milliarden bei fallenden Zinsen nachwerfen, wodurch diese Länder dann, vom wirtschaftlichen Druck befreit, ihr Geld wieder in die Rüstung stecken könnten. In diesem Falle hätte auch ein Abrüstungsvertrag keine Chancen mehr, denn nur der materielle Druck der immensen Rüstungsausgaben hat die sowjetische Regierung an den Verhandlungstisch gezwungenn. Eigentlich wurde Präsident Reagan in seiner unnachgiebigen Haltung in der Frage der Mittelstreckenraketen bestätigt.

Ein Glück also – so paradox es auch klingt –, daß die Entwicklungsländer ihre Schulden nicht zurückzahlen und uns so manches Übel ersparen. Dabei fällt mir ein Witz ein: Fromme Juden sind verpflichtet, den armen Nachbarn Gutes zu tun. Eine jüdische Gemeinde war jedoch so wohlhabend geworden, daß eines Tages niemand übrigblieb, dem man Gutes tun konnte. Man lieh sich also einen Schnorrer aus der Nachbargemeinde. Der aber wurde mit der Zeit so frech, daß man ihn zur Bescheidenheit mahnte. Worauf er drohte: »Ich fahre sofort zurück! Dann könnt Ihr suchen, wem Ihr Gutes tun könnt!«

Die Notenbank ist wie die Wacht am Rhein

Trotz aller Gegenargumente wird weiterhin mit Worten wie Crash oder Zusammenbruch Panik verbreitet. Nicht einmal die Gurus glauben ernsthaft daran, nur scheint es für sie ein gutes Geschäft, ihre Anhänger in Angst zu versetzen. Viele Bankdirektoren, Politiker und Experten sind selbst schuld daran, daß sich solche Schreckensvorstellungen ausbreiten.

Sie sollten ihre Probleme hinter den eigenen vier Wänden besprechen und nicht auf dem Marktplatz diskutieren, da diese Fragen den Normalverbraucher sowieso nichts angehen, nur die Wirtschaftsprüfer. Das Publikum sollte eigentlich endlich begreifen, daß heute in der Welt nicht nur ein Sozialnetz existiert, um Arbeitslose zu unterstützen, sondern auch ein Kreditnetz, das die Kundendepots praktisch genauso absichert, als wären sie beim Staat. Viele zitieren den amerikanischen Banken-Crash von 1933, der aber im Grunde kein Crash war, wie ich bereits geschrieben habe. Regierungen und Notenbanken haben diese Lektion nicht vergessen.

Für die Wirksamkeit des Kreditnetzes gab es vor fünf Jahren einen guten Beweis. Eine winzige Wall Street-Firma hatte nach vier Monaten Existenz mit Milliarden Dollar Staatsanleihen wild spekuliert. Der Ballon platzte bei einer Fälligkeit von 250 Millionen Dollar. Über 30 erstklassige Firmen standen am Rande des Ruins, wäre die Federal Reserve nicht eingesprungen. Sie forderte die Chase Bank auf, welche für die geplatzte Firma als Verrechnungsorgan fungierte, die fehlenden Millionen zu bezahlen. Unabhängig davon, ob sie verantwortlich sei oder nicht. Man mußte den Zusammenbruch des Establishments vermeiden. Binnen 24 Stunden ließ die Chase die Millionen springen, aufgrund der Garantien der Notenbank, daß sie allen Banken zur Verfügung steht und die Liquidität sichert.

Vor dem Zweiten Weltkrieg hätte solch ein Fall die größte Katastrophe verursacht. Dabei ist die Chase für das Debakel de jure vielleicht nicht einmal verantwortlich gewesen. Aber als Bank hatte sie sehr leichtsinnig gehandelt, da sie die waghalsigen Spekulationen einer neuen kleinen Firma finanzierte. Man munkelte sogar, Direktoren der Chase seien bestochen worden. Eine Untersuchung wurde angeordnet. Draußen hui, drinnen pfui!

Heute ist ein Banken-Zusammenbruch also nicht mehr möglich, da die Notenbanken frei darüber entscheiden, in welchem Umfang sie die Geldmenge ausweiten. Jeder Schuldner hat einen Gläubiger, und dieser Gläubiger ist der Schuldner eines anderen Gläubigers; der letzte Gläubiger am Ende der Kette ist die Notenbank eines jeden Landes. Sie ist niemandem schuldig und kann nicht pleite gehen, denn sie hat die Notenpresse in der Hand. So entsteht in Krisenzeiten ein stillschweigendes Moratorium. Niemand zahlt, alles bleibt beim alten. Die Notenbank ist wie die Wacht am Rhein.

Wie so eine Notenpresse funktioniert, kann sich jeder anschauen, der das US Printing Office (die staatliche Druckerei der USA) besucht und durch die Galerie geht, in der das Drucken der Dollarnoten gezeigt wird. Ein sehr interessantes Schauspiel für Touristen in Washington. Ich versäume den Besuch nie, wenn ich in der amerikanischen Hauptstadt bin.

Wer nicht an Wunder glaubt, ist kein Realist

Aufgrund meiner vorherigen Ausführungen, meiner Erfahrungen, Erkenntnisse und Ideen ,muß ich zu folgendem Fazit kommen: Das Schicksal einer Währung ist unmittelbar mit dem Schicksal des Landes verbunden. Wie gesagt: Sie kann nur in ihrem eigenen Bett sterben und muß auch im eigenen Bett genesen. Ihre Qualität und ihre Zukunft hängt von den Tugenden und Lastern des Landes, das heißt seiner Sparer, seiner Unternehmer, Manager, Politiker, mit einem Wort von seiner Wirtschaftspotenz ab.

Entscheidend ist vor allem die psychologische Einstellung, die in einem Land vorherrscht: Besteht ein grundsätzliches Vertrauen in die eigenen Möglichkeiten und in die Zukunft? Wenn Vertrauen vorhanden ist, ist fast alles erlaubt. Haushalts- und Handelsbilanzdefizite (besonders wenn sie gegenüber dem Bruttosozialprodukt unbedeutend sind) spielen dann letztlich keine Rolle. Wenn kein Vertrauen da ist, dann helfen alle wirtschafts- und finanzpolitischen Maßnahmen nichts.

Aufgrund meines Optimismus für Amerika habe ich natürlich auch in den Dollar Vertrauen. Dieser leidenschaftliche Optimismus stammt noch aus einer Schule, in der ich einen Teil meiner Jugend verbracht habe: Amerika während seiner schwierigsten Jahre während des Zweiten Weltkrieges. Ich bin herumgereist vom Atlantik bis zum Stillen Ozean, vom Norden in den tiefen Süden. Meine einzige Beschäftigung und mein einziger Zeitvertreib waren, alles zu sehen und zu hören, die Ereignisse – natürlich auch Wall Street – zu verfolgen und dann jeden Abend aus den Erfahrungen Bilanz zu ziehen. All das, was ich in dieser Schule gelernt habe, bildet die Grundlage des wenigen, was ich heute von Wirtschaft, Politik und Finanzen verstehe.

Ich war zu dieser Zeit natürlich auch Spekulant und ununterbrochen in Wall Street aktiv, und so habe ich auch viel mehr Schulgeld gezahlt, als ich in der Harvard Business School hätte zahlen müssen. Daher auch mein Credo: Man soll weniger addieren, subtrahieren, multiplizieren, dafür um so mehr denken und überlegen. Die Zahlen sind nur Erscheinungen an der Oberfläche. Oft sogar nur Illusionen, die wie Seifenblasen platzen. Viel wichtiger ist, was dahintersteckt und was die Ursachen dafür sind.

Da ich nicht nur Börsianer, sondern auch ein Musikus bin (wie Hans Sachs ein Schuster war und ein Poet dazu), kommt mein Beispiel wie so oft aus dem Bereich der Noten: In den literarischen Salons des 18. Jahrhunderts wurde über die Oper leidenschaftlich debattiert: »Prima la musica – poi le parole?« Oder »Prima le parole – poi la musica?« Was kommt zuerst, und was ist wichtiger bei der Oper, die Musik oder der Text? Seit Jahrzehnten stellt sich uns immer wieder die Frage: »Prima l'economia – poi le finanze?« Oder umgekehrt? Meine Entscheidung ist unwiderruflich: Erst kommt die Wirtschaft. Ich gebe zu, daß – wie bei der Oper der Text – so in unserem politischen System die Finanzen auch ihre Bedeutung haben. Aber sie spielen nicht die entscheidende Rolle.

Für uns Börsenspekulanten spielen, speziell mittelfristig, die Finanzen natürlich eine große Rolle, weil die finanzielle Situation eines Landes zu verschiedenen Regierungsmaßnahmen führt, die für mittelfristige Kursschwankungen maßgebend sind. Nicht für langfristige Überlegungen; da sind die vorher zitierten Einflußfaktoren entscheidend.

Erst die Wirtschaft und dann die Finanzen. Eine Fabrik zum Beispiel mit ihren hervorragenden Maschinen und Produkten kann durch ein unverantwortliches Finanzkunststück pleite machen. Es ist möglich, daß die Aktionäre ihr Geld verlieren. Aber die neuen Besitzer, die das Unternehmen günstig aufkaufen, können die Fabrik – dank ihrer Infrastruktur – wieder hochbringen und ein Bombengeschäft machen.

Oder wenn ich zum Beispiel den menschlichen Körper, den Organismus, mit der Wirtschaft gleichsetze und die Finanzpolitik mit der Lebensweise eines Menschen, dann wird das Bild noch deutlicher: Einen gesunden, zähen Körper können Vergehen und Sünden in der Lebensweise nicht ruinieren. Sie können ihm zwar schaden und viele Miseren verursachen, sie müssen jedoch nicht tödlich sein. Aber ein zerbrechlicher, von Geburt an geschwächter Körper wird auch durch die vorsichtigste und strengste Lebensart nicht wieder gesund.

Auch eine leichtsinnige politische Führung kann eine robuste, potente Wirtschaft nicht vernichten, höchstens vorübergehend in Schwierigkeiten bringen. Ebenso kann die strengste orthodoxe Finanzverwaltung mit den besten Buchhaltern aus einer maroden Wirtschaft keine Erfolge herauszaubern.

Darum behaupte ich, daß Präsident Reagan kein Zauberer ist. Was er vollbracht hat, wäre auch anderen politischen Führern gelungen. Der Aufschwung ohne Inflation in Amerika ist nicht Reagans Erfolg, sondern der Erfolg von Uncle Sam.

»Wer nicht an Wunder glaubt, ist kein Realist«, sagte

einmal David Ben Gurion. Reagan, ein Realist und Pragmatiker, glaubte an Wunder, als er die Inflation und die Arbeitslosigkeit zu gleicher Zeit bekämpfen wollte. »Da lachen doch die Hühner«, sagten ironisch manche Experten, Volkswirte und geschulten Oberbuchhalter, als die Pläne Reagans bekannt wurden. Sie hatten völlig vergessen, daß die Normen und Thesen, die man in Europa aus Büchern lernt, nicht unbedingt etwas mit der Praxis zu tun haben; außerdem gelten die Erfahrungen aus anderen Ländern, was Wirtschaft betrifft, für Amerika noch lange nicht. Erst als sich die Hoffnungen Reagans verwirklichten, mußten sie einsehen, daß die USA mit ihrer Wirtschaftspotenz auch Aufgaben lösen können, die in ihren Augen bisher unlösbar erschienen. Reagan hatte ganz einfach neue Ideen.

Aber er ist nicht unersetzlich. »Auf dem Friedhof liegen Tausende unersetzliche Männer«, sagte Georges Clemenceau. »Präsidenten kommen und gehen, die USA bleiben«, schrieb ich oft während der unglücklichen Jahre unter Präsident Carter, als die ganze Welt Amerika verhöhnte. Reagan hatte das Vertrauen der Mehrheit des Volkes errungen. Wie gesagt, das war das wichtigste. Denn unser ganzes liberales System ist auf Vertrauen aufgebaut. Ohne Vertrauen gibt es keinen Kredit, und ohne Kredit gibt es keinen wirtschaftlichen Fortschritt.

Ein Schauspieler, sogar ein schlechter, sagten die Intellektuellen verächtlich über Reagan. Aber sind nur Professoren, Staatsbeamte oder Gewerkschaftsführer qualifiziert, etwas von Politik und Wirtschaft zu verstehen? Vor Jahren, während Reagans Wahlkampagne, fragte ich meinen besten Jugendfreund, der in der Film- und Theaterwelt aufgewachsen ist, so wie ich an der Börse, ob ein Filmschauspieler auch ein kluger Mann sein könne. »Und wie!« war die Antwort. »Aber dann bleibt er kein Schauspieler.«

Wer kommt nach Reagan?

Wie wird es nach Reagan weitergehen? Sein Mandat läuft Ende 1988 ab. Welche Perspektiven müssen wir uns vor Augen halten für die Post-Reagan-Periode?

Wahlergebnisse kann heute niemand voraussagen. Es gibt zwar Meinungsumfragen, die die heutige Gesinnung der Wähler zeigen, daß heißt, für wen sie heute stimmen würden. Eine Präsidentenwahl in Amerika ist aber so vielen Einflußfaktoren und Imponderabilien unterworfen, so daß auch die Meinungsumfragen jeden Monat andere Ergebnisse erbringen.

Zur Zeit sagt uns die Meinungsforschung, daß Senator Dole und Vizepräsident Bush die größten Chancen haben, Kandidat der Republikaner zu werden. Wenn einer von den beiden gewählt werden sollte, würde das meine Prognosen für die weitere Entwicklung Amerikas kaum beeinflussen. Wer der demokratische Kandidat sein wird, läßt sich heute noch nicht sagen. Man spricht auch über den genialen Autoindustriellen Iacocca, was natürlich genauso gut wäre. Aber wie gesagt, alles ist noch in der Schwebe.

Dennoch wird im Laufe des Jahres 1988 in Amerika, aber auch in der ganzen Welt, sehr viel über die nächsten amerikanischen Präsidentschaftswahlen debattiert werden. Wir werden Ergebnisse von Meinungsumfragen und Analysen in der gesamten Weltpresse finden; darunter auch überzeugende Prognosen und sichere Tips, wer das Rennen machen wird. Ich habe jedoch zu viele Wahlkämpfe miterlebt (darunter mehr als 16 Kampagnen zu amerikanischen Präsidentschaftswahlen, und davon allein 14 als aktiver Börsianer), um nicht immer auch ein wenig skeptisch zu sein.

Ich habe alle diese Wahlen sehr intensiv verfolgt,

erstens, weil ich als Börsenprofi mit den Auswirkungen der Wahlresultate rechnen mußte, aber auch wegen der Wetten, die ich manchmal auf verschiedene Kandidaten abgeschlossen habe.

1932 konnte man noch beim Stockbroker offiziell auf die Wahlen setzen. Ich mußte 5000 Dollar bei dem Broker hinterlegen (eine hübsche Summe damals), um 1000 Dollar zu gewinnen, wenn Franklin D. Roosevelt gegen Herbert Hoover gewählt werden sollte. Roosevelts Wahl erschien sehr wahrscheinlich während der Hoover-Krise, der größten in der US-Geschichte. 1936 standen die Wetten zugunsten Roosevelts noch günstiger: zehn zu eins, dank seines spektakulären Erfolgs, der das Land und das kapitalistische System vor der Katastrophe rettete.

Dann aber kam 1940. Amerika war zwar neutral, England und die freie Welt hingegen in großer Gefahr. Gegen Roosevelt gab es eine heterogene, jedoch sehr potente Koalition: Die Pronazis, die engagierten Antisemiten, die Bonafide-Pazifisten aus Angst, Roosevelt könnte Amerika in den Krieg reißen (sie hatten ja eigentlich recht), die Irländer aus Haß gegen England und viele Konservative, nur weil es gegen die Tradition war, zum drittenmal zu kandidieren. Bei dieser Koalition waren natürlich Roosevelts Chancen viel kleiner als vorher; die Wetten standen nur zwei zu eins für ihn. Er wurde dennoch gewählt und 1944 erneut, weil die Amerikaner während des Krieges keinen Wechsel wünschten. Ich habe bei jeder Wahl auf Roosevelt gesetzt und gewonnen.

Die Fachleute schworen darauf, es sei eine sichere Sache, auf den Favoriten der letzten Wochen zu wetten – egal mit welcher Relation, weil sich dann der allgemeine Konsensus bereits kristallisiert habe. Es gäbe dann keine Überraschungen mehr. Glücklicherweise war ich 1948 während der Wahlen nicht in Amerika, als die Wetten zugunsten Thomas E. Deweys und gegen Harry Truman 25 zu 1 standen, so sicher war Deweys Wahl. Ich hätte natürlich nach der erwiesenen Regel auch auf Dewey gesetzt und dabei mein Hemd verloren, denn wie so oft an der Börse, gibt es auch in der Politik unangenehme Überraschungen. Es war nicht zu glauben, aber Truman gewann.

Es ist bekannt, daß die amerikanische Wählerschaft fast halb und halb geteilt ist (es gibt etwas mehr Anhänger der Demokraten). Aber bei der Entscheidung spielen viele nichtpolitische Phänomene eine große Rolle, zum Beispiel das Wetter. Schönes Wetter am Wahltag begünstigt die Demokraten, die Kandidaten der kleinen Leute, weil die Wohlhabenden dann in ihr Landhaus fahren. Bei Roosevelts Wahlerfolgen spielte seine unvergeßlich schöne Stimme im Radio eine große Rolle. Bei jeder Rede, die man Kamingespräch nannte, saß ganz Amerika am Radio. Truman hat viele Wähler gewonnen, die für den Underdog, der er war, Mitleid und Sympathie hatten. Und auch weil die Dewey-Anhänger den Sieg schon in der Tasche glaubten und ihre Stimmabgabe für überflüssig hielten. (Das könnte sich bei der kommenden Wahl auch wiederholen.)

Dwight D. Eisenhower war der große Held des Zweiten Weltkriegs, es war leicht für ihn. John F. Kennedy besiegte Richard Nixon dank einer Fernsehdebatte; er war jung, schön, brillant, und Nixon wirkte verkrampft. Lyndon B. Johnson hatte einen sehr schwachen Gegner, den unpopulären Rechtsextremisten Barry Goldwater. Nixon gewann später doch – gegen den schwächsten Kandidaten in der amerikanischen Geschichte, den Linksextremisten George McGovern. Außerdem war Nixon der Protegé von Eisenhower.

Jimmy Carter verdankte seinen Aufstieg seinem Puritanismus und der Reaktion auf den korrupten Tricky Dicky und Watergate. 1980 schließlich brachte eine erneute Gegenreaktion der Wähler Ronald Reagan den Sieg, nach der Amtszeit des schwachen, unentschiedenen Erdnußbauern Carter, den man für einen Dummkopf hielt (obwohl er es nicht war).

Reagan war der starke Mann, der Patriot, der die vielen Erniedrigungen des amerikanischen Volkes, wie zum Beispiel die Teheraner Geiselnahme, wiedergutmachen sollte. Bei seinem zweiten Wahlkampf hat er sich dann auf die großen Erfolge seiner vierjährigen Amtszeit beziehen können. Obwohl keiner der Experten daran glauben wollte, hat er die Arbeitslosigkeit und die Inflation zu gleicher Zeit radikal heruntergesetzt und eine starke wirtschaftliche Konjunktur in Gang gebracht. Nun, zum drittenmal wird er nicht kandidieren, erstens wegen seines Alters und zweitens wegen der Tradition – die nur Roosevelt verletzt hat.

Wer auch immer die Kandidaten und der gewählte Präsident sein werden, für die Wirtschaft spielt es keine Rolle. Für die Börse kann es eine Bedeutung haben, aber um darüber Genaueres sagen zu können, muß man zuerst die Kandidaten und und ihre Programme kennen.

Da ich weder Lotto noch Roulette spiele und mich auch nicht an Pferdewetten beteilige (die Börsenspekulation ist ein ganz anderes Kapitel), werde ich vielleicht beim nächsten Hasardspiel Wahlwetten wieder einmal mitmachen.

Es bleibt festzuhalten, daß nicht die Parteizugehörigkeit des künftigen amerikanischen Präsidenten den Ausschlag geben wird, sondern seine Persönlichkeit. Da es im Kongreß keine einheitliche Stimmabgabe gibt, werden viele Gesetze und Verordnungen quer über die Parteigrenzen hinweg verabschiedet oder abgelehnt. Parteidisziplin ist im amerikanischen Kongreß unbekannt. Viel hängt also vom Charisma des kommenden Präsidenten ab, von seiner Fähigkeit, das Vertrauen des Volkes zu gewinnen und von seiner politischen Einstellung und seiner politischen Philosophie. Diese sind oft mit den Doktrinen der Partei nicht identisch. Die konkrete Außen- und Wirtschaftspolitik, die er dann während seiner Amtszeit ausführen wird, ist mittelfristig natürlich von großer Bedeutung. Wie es Baron Louis, der französische Finanzminister, zu seinem König Louis Philippe gesagt hat: »Macht mir eine gute Politik, dann mache ich gute Finanzen.« Auf lange Sicht aber, ich wiederhole es noch einmal, muß Uncle Sam das Vertrauen besitzen, sind die Fundamente, das heißt die Wirtschaftspotenz, ausschlaggebend.

Die zwölf Halbgötter

Wie auch immer die politische und wirtschaftliche Zukunft der Vereinigten Staaten sich gestalten wird – mit weiteren Schwankungen und jähen Ausschlägen des Dollarkurses können wir fest rechnen. Das Dollarkarussell dreht sich weiter, weil das Spiel um die amerikanische Währung – wie schon einige Male illustriert – immer hysterischer wird. Dazu zitiere ich den berühmten Satz, der das Wappen der Stadt Paris ziert: »Fluctuat nec mergitur.« (Auch wenn sie schwankt, so geht sie doch nicht unter.) Ich wüßte heute für den Dollar kein besseres Motto.

Natürlich reagieren die Devisenspieler auch sehr nervös auf Nachrichten über die Zinsentwicklung. Der Wunschtraum eines jeden Devisenfritzen ist es, zu erfahren, welche Entscheidungen in der Federal Reserve getroffen werden.

Nicht, daß sie in die Geheimnisse der Götter eingeweiht sein wollen, sie sind bescheiden und würden sich schon mit den Geheimnissen der Halbgötter begnügen, jener zwölf Gentlemen, die in den USA das allmächtige FOMC (Federal Open Market Committee) bilden. Dieses Dutzend trifft sich alle drei Wochen unter dem Vorsitz des Chefs des Federal Reserve Board, um die Geld-, Kredit- und Zinspolitik der Vereinigten Staaten zu besprechen. Das Gremium entscheidet über das Schicksal von Millionen Geschäftsleuten, Spekulanten und Spielern, indem es die Geldmenge erhöht oder abschöpft und entscheidet, ob die Zinsen ermäßigt oder erhöht werden. Die »zwölf Geschworenen« prüfen die aktuelle Wirtschaftslage, die verschiedenen Indikatoren der Industrie, des Handels, des Arbeitsmarktes und an erster Stelle die Preis- und Lohnentwicklung. Sie beschließen unter allergrößter Geheimhaltung, ob die Federal Reserve Bank von New York auf dem sogenannten offenen Markt US-Schatzwechsel und andere Regierungsschuldscheine kaufen oder verkaufen soll.

Wenn sie sich etwa für den Kauf entscheiden, dann steigen diese Papiere im Kurs, die Zinsen fallen, und dies kann wiederum eine negative Auswirkung auf den Dollar haben. Für die gesamte Wirtschaft ist eine solche Entscheidung ebenfalls von größter Bedeutung, denn die Banken und Geldinstitute können dann die Wertpapiere, die sich in ihrem Besitz befinden, günstig verkaufen, sich dadurch mehr liquide Mittel beschaffen und ihren Kunden billigere Kredite gewähren – was wiederum eine leichte inflatorische Wirkung haben könnte. Wenn dagegen die Federal Reserve Staatspapiere verkauft, gehen die Kurse zurück, und die Banken bleiben mit ihren Papieren blockiert, weil es sich bei fallenden Kursen nicht empfiehlt, zu verkaufen. Sie müssen ihre Außenstände vermindern und erhöhen die

Kreditzinsen. Die Wirkung dieser Entscheidung wäre leicht deflatorisch.

Kurz und gut: Die Open-Market-Politik ist das wirksamste Instrument zur Kontrolle der Geldmenge, der Zinsfüße und damit des gesamten Wirtschaftslebens. Für den Dollarkurs hat sie nur sekundäre Bedeutung, da ist, wie schon mehrmals gesagt, das allgemeine Vertrauen entscheidend.

Die zwölf Herren, die über eine solche Macht verfügen, sind die sieben Gouverneure des Federal Reserve Board, einer Art Zentralbankrat, die auf 14 Jahre vom Präsidenten der USA ernannt werden. Alle zwei Jahre läuft die Amtszeit zweier Gouverneure ab, und es werden zwei neue Kandidaten auf 14 Jahre ernannt. Pflichtmitglied ist der Präsident der Federal Reserve Bank von New York. Tragisch für die Spieler und Spekulanten ist nur die Tatsache, daß die Zwölf ihre Beschlüsse im stillen Kämmerlein treffen und sie erst drei Monate später veröffentlichen, wenn die Folgen am Finanzmarkt ohnehin schon spürbar sind. So bleibt den Devisenhändlern nichts anderes übrig, als aus gewissen Symptomen auf die Entscheidungen des FOMC zu schließen.

In ihrer Verlegenheit bemühen sie sich während des dreimonatigen Informations-Blackouts, zwischen den Zeilen der Erklärungen der einzelnen FOMC-Mitglieder zu lesen. Die Interpretation dieser Verlautbarungen ist jedoch besonders für Ausländer äußerst schwierig, nicht nur, weil man an angelsächsische Redewendungen gewöhnt sein muß, sondern auch, weil diese Erklärungen bewußt so formuliert werden, daß daraus möglichst niemand klüger wird. Die jeweiligen Vorsitzenden, deren Formulierungen ich in den letzten Jahren verfolgt habe, gebrauchten in ihren Antworten immer mindestens zwei »obwohl«, zwei »nichtsdestoweniger«, zwei »dessenungeachtet« und zwei »gleichwohl«.

Wie in Deutschland sind die souveränen Währungs- und

Zinspolitiker auch in Amerika von der Regierung nicht völlig unabhängig. Man muß also stets im Auge behalten, wie die Zinspolitik der jeweiligen US-Administration aussieht. Im allgemeinen nimmt man an, daß der Notenbankpräsident eine Art Zinsdiktator ist. Das ist zwar gewissermaßen richtig, aber er selbst kann nicht wissen, welchen Zins er in drei Monaten diktieren wird. Sein Diktat ist vielen Einflußfaktoren unterworfen, die er selbst im voraus nicht kennen kann: Wird die Stimmung inflatorisch oder deflatorisch? Wie werden sich die Unternehmer und Konsumenten verhalten? Wie wird die außen- und innenpolitische und die soziale Lage sein und so weiter. Auch dies ist ein Beweis dafür, daß man an den Finanzmärkten nie etwas präzise voraussagen kann.

Spieler und Spekulanten in der Wall Street zerbrechen sich zur Zeit den Kopf über Alan Greenspan, den neuen Mann in der Federal Reserve Bank. Viel weiß man nicht über ihn, nur daß seine Prognosen als Finanzberater – trotz der Millionen, die sie kosteten – nicht sehr glücklich, ich möchte fast sagen, enttäuschend waren. Die Spekulation tappt im dunkeln, welche Zins- und Geldpolitik Greenspan betreiben wird – er selbst vermutlich auch. Ein alter Spruch aus den polnischen Provinzen der k.u.k.-Monarchie lautet: »A Sach' hat a jeder Jud' gern: Scheene Weiber und hohe Zinsen.« Aus Washington ist zu hören, daß der Junggeselle Greenspan immer von schönen Frauen umringt sei. – Über seine Einstellung zu Zinsen war bisher nichts zu erfahren, außer, daß er, um einer möglichen Inflationspsychose vorzubeugen, die Zinsen kurz nach seinem Amtsantritt sanft erhöhte.

All diese Faktoren, wie Zins- und Geldpolitik, beeinflussen den Dollarkurs nur kurz- und mittelfristig. Auf lange Sicht aber ist das Schicksal des Dollars mit dem von Amerika engstens verbunden. Und meine Prognose für Amerikas Wirtschaft ist absolut positiv.

Vor einigen Monaten stellte mir ein großer Verlag telefonisch die Frage und bat um spontane Antwort: »Was wären Ihre Pläne, wenn Sie 20 Jahre alt wären?« Ich erwiderte wie aus der Pistole geschossen« »Nach Amerika auswandern.« Mein Interviewer war überrascht. »Wieso, warum?« »Weil ich in einem Land Karriere machen möchte, in dem ich das kapitalistische System garantiert sehe.«

Warum ich optimistisch bin

Neben all den schon angeführten Gründen für meine optimistische Einstellung sehe ich zwei außerordentlich wichtige Ereignisse, deren Wirkung wir erst in Zukunft deutlich spüren werden. Das eine ist die amerikanische Steuerreform, besser gesagt *Steuerrevolution,* mit der man die Einkommensteuer auch für die höchsten Einkommen auf 28 Prozent und die Steuer für die Unternehmen auf 33 Prozent begrenzt hat. Wie gesagt, das ist eine Revolution, die sich erst ab 1988 richtig auswirken wird; sie wird die USA geradezu zu einer »Steueroase« machen. Man stelle sich vor, in Deutschland würde Vergleichbares gewagt! Denn die deutsche Steuerreform ist eigentlich ein schlechter Scherz.

Die große amerikanische Steuerrevolution wird auch der Innovationsfähigkeit im Bereich der Spitzentechnologie neue Impulse geben. Japan ist zwar ein bedeutender Konkurrent auf diesem Gebiet, die Kreativität liegt aber nach wie vor in Amerika und zum Teil auch in Westeuropa. Die Japaner entwickeln alle vorhandenen Erfindungen weiter, sind aber selbst keine Erfinder. Erst in diesem Jahr erhielt zum ersten Mal ein Japaner den Nobelpreis. Als Musiker verfolge ich japanische Musikinterpreten. Japan hat heute die erstklassigsten Violin- und Cello-Virtuosen und auch Pianisten, aber es gibt nicht einen einzigen japanischen Komponisten von Weltrang.

So wird es wahrscheinlich unvermeidlich sein, daß in einigen Jahren das Weltwährungssystem nicht nur de facto, sondern de jure auf dem Dollar aufgebaut wird. Der Dollarstandard ersetzt praktisch schon heute den Goldstandard. Jede Notenbank könnte theoretisch selbst festsetzen, wie viele Dollars oder Cents sie für ihre Währung haben will. Und da ist alles möglich, wie auch das Gegenteil davon, wie es einst Jean de la Bruyère sagte, den ich gerne und oft zitiere.

Wenn etwa die deutsche Wirtschaft auf Export und amerikanische Investitionen verzichten will, kann die Bundesbank einen Dollar für jede Mark verlangen, und so auch die Franzosen für ihren Franc. Über die Dollarparität auf lange Sicht werden nicht die Devisenhändler entscheiden, sondern die Wirtschaftspotenz, die Produktivität und die Gewerkschaften.

Der Dollar gleich einer D-Mark? Warum nicht? Wenn die Gewerkschaften mit 2000 Arbeitsstunden im Jahr (heute weniger als 1700 gegen 1900 in den USA) und 20 Tagen Ferien (heute 30 gegenüber zwölf in den USA) einverstanden wären. Der Chef von General Motors droht, 1000 Roboter einzustellen, jedesmal wenn die Gewerkschaften eine Lohnerhöhung fordern. Unterdessen träumen in Deutschland Ideologen, Gewerkschaften und Teile der SPD von einer Besteuerung neuer Maschinen und Unternehmen. In Amerika bieten viele Gewerkschaften Lohneinschränkungen an, nur damit ihre Firma überleben kann, während hier für die 35-Stunden-Woche ohne Lohnausfall gekämpft wird.

Nicht zu vergessen die große Diskrepanz in der Mentalität, die ich schon angesprochen habe. Jeder Amerikaner ist schon in der Wiege ein Kapitalist. Er wird bauen, schaffen und die Profite in ein neues Unternehmen stecken. Mancher Deutsche wird dagegen schon als Rentner geboren und denkt sogleich an Freizeit und die allerheiligste Rente. Diese Diskrepanz zwischen der Neuen Welt und Old Germany wird nicht leicht zu überwinden sein, besonders angesichts der neuen technologischen Revolution, die in allen Branchen der amerikanischen Wirtschaft zu spüren ist.

Jedesmal, wenn ich von Europa nach den USA fliege, dreht sich die Uhr um sechs Stunden zurück. Aber ich habe den Eindruck, der Zeit 30 Jahre voraus zu sein. Das ist eine schöne Leistung, da ich selbst in den Achtzigern bin. So kann ich drüben noch sehen, was ich in Europa nicht mehr erleben werde.

Ein neues Goldenes Zeitalter?

Das andere welterschütternde Ereignis mit der größten wirtschaftlichen und politischen Bedeutung ist die bevorstehende Unterzeichnung des Abrüstungsvertrages zwischen den USA und der Sowjetunion. Die Verhandlungen haben ein erfolgversprechendes Stadium erreicht, da beide Staatschefs ein Interesse daran haben, dieses Abkommen so bald wie möglich zu unterzeichnen, auf jeden Fall noch vor den nächsten amerikanischen Präsidentschaftswahlen. Reagans Wunsch ist es, seine Amtszeit mit einer solch spektakulären Geste zu beenden, und Gorbatschow ist ebenfalls daran interessiert, das Abkommen vor der Wahl eines neuen amerikanischen Präsidenten zu unterzeichnen, damit es für den nächsten Amtsinhaber bereits ein Fait accompli ist.

Ein solcher Vertrag würde, über die tatsächlich vereinbarten Rüstungskürzungen hinaus, in der ganzen Welt eine Atmosphäre der Entspannung und des Friedens schaffen, und es ist auch anzunehmen, daß dadurch viele lokale Konflikte gelöst werden oder zumindest zum Stillstand kommen. Viele Konflikte sind doch von kleineren Staaten provoziert worden, um die beiden Großmächte aus eigenem Interesse gegeneinander auszuspielen. Solche Tricks wären dann nicht mehr möglich. Außerdem könnten die Sowjetunion und die USA ihre Verteidigungsbudgets reduzieren. Den größten Posten des amerikanischen Haushaltsdefizits macht ja die Rüstung aus. Und Rußland würde ebenfalls von den immensen Belastungen der ununterbrochenen Rüstung befreit.

Das Interessanteste für die Wirtschaft wäre aber folgende Tatsache: Wenn ein Vertrag zustande käme und eine neue Entspannungsatmosphäre zwischen den Großmächten geschaffen würde, würde Amerika – und das ist meine Überzeugung – die sogenannte »black list«, die den Export von aber Tausenden von Artikeln nach Rußland verbietet, allmählich lockern und möglicherweise sogar später ganz abschaffen. Was das für die amerikanische Wirtschaft, aber auch für die westlichen Industrieländer bedeuten würde, ist heute noch unvorstellbar. Der Nachholbedarf der Sowjetunion ist immens. Die Russen würden schon heute sehr viel mehr kaufen, wenn sie es nur bekommen könnten. Ich habe oft gehört, welch hohe Beträge sie etwa für bestimmte Computer angeboten haben, das Doppelte und Dreifache des normalen Preises, aber sie nicht erwerben können.

Diese Boykottliste gilt für alle Ostblockstaaten. Ein Beispiel: Die ungarische Regierung wollte ein neues Telefonsystem bei Ericson in Stockholm bestellen. Die Schweden aber konnten nicht liefern, weil irgendein amerikanischer Chip eingebaut war und auf der Schwarzen Liste stand.

Wenn also, wie ich hoffe, die »black list« gelockert wird, werden Aufträge in Milliardenhöhe aus Sowjetrußland an die westlichen Industriestaaten gehen. Welche Gewinne würde zum Beispiel ein Unternehmen wie IBM erst machen, wenn die Russen bei ihnen alles bestellen könnten, was ihr Herz begehrt.

Die Frage ist aber berechtigt, wie die Sowjetunion all das bezahlen könnte. Meine Antwort ist: Sie können bezahlen. Erstens ist das Land sehr reich an Bodenschätzen, sie liefern Gold, Platin, Erdöl, Erdgas und so weiter, aber auch Wodka und Kaviar. Und wenn sie nicht genügend Bargeld hätten, würden sie große Kredite bekommen, denn ihre Kreditwürdigkeit ist außerordentlich hoch, »triple A« (AAA), wie die Amerikaner sagen würden.

Ich erinnere mich noch genau an die zwanziger Jahre, als die Sowjetunion noch in den Kinderschuhen steckte. Damals haben die Russen in Deutschland gekauft und gekauft, aber alles mit Wechseln bezahlt. Ich hatte in dieser Zeit viele Bekannte, russische Flüchtlinge, die früher Bankiers und Finanzagenten waren und jetzt alle in Berlin saßen. Sie schufen sich ein Vermögen, indem sie diese Sowjetwechsel, oder wie man sie nannte, »Russenwechsel«, von deutschen Unternehmen abkauften. Die letzteren haben mit Freude sogar 30 Prozent Diskontsatz pro anno gezahlt, um die Geschäfte noch schneller abwikkeln zu können. Und nie ist ein Wechsel geplatzt. Man kann sich leicht vorstellen, wie hoch die Profite der deutschen Unternehmen bei ihren Exportgeschäften mit der

UdSSR gewesen sein müssen, wenn sie 30 Prozent p. a. verschmerzen konnten.

Die Chancen für künftige Geschäfte mit der Sowjetunion sind also außerordentlich gut. Die Russen sind zwar manchmal schwierige Verhandlungspartner, aber sie sind zuverlässig. Ich habe viele Freunde, die schon vor dem Zweiten Weltkrieg mit russischen Handelsdelegierten zu tun hatten. Ihre Meinung ist uniform: Man mußte mit den Delegierten nächtelang hart und zäh in verräucherten Hotelzimmern bis zum Morgengrauen verhandeln und handeln, bis sie endlich bereit waren, einen Vertrag zu unterschreiben. Hatten sie aber, nachdem sie einen Hektoliter Wodka und tausend Zigaretten verzehrt hatten, endlich unterschrieben, gab es hinterher nie mehr den geringsten Einwand. Und gezahlt wurde, als seien sie die Bank von England.

Wenn die politische Atmosphäre sich wirklich dramatisch verbessern sollte, dann besteht meiner Meinung nach auch eine große Chance für sogenannte amerikanisch-sowjetische Joint-ventures zur Ausbeutung der Bodenschätze in diesem riesigen Land – denn auf diesem Feld sind die Amerikaner sicherlich bedeutend effizienter.

Natürlich besteht das Risiko, daß Gorbatschow mit seiner Reformpolitik scheitert. Auch ich habe Angst, eines Morgens im Radio eine schlimme Nachricht zu hören. In diesem Fall müßte ich meine optimistischen Erwartungen natürlich korrigieren. Zunächst bleibe ich jedoch Optimist, denn gute Kenner der Sowjetunion, darunter zwei Professoren aus Moskau, haben mir bestätigt, daß Gorbatschows Position jeden Tag etwas fester wird. Alte Funktionäre und Apparatschiks sind natürlich gegen ihn, er ist auch vielen Leuten auf die Hühneraugen getreten, aber wie die Professoren mir sagten, sind die Frauen alle für ihn, dank des Wodka-Verbots, und die Jugend und die Intelligenzija unterstützt ihn wegen der Öffnung gegenüber der westlichen Kultur.

Viele zweifeln aber daran, daß zwischen den USA und der Sowjetunion jemals eine intime Freundschaft entstehen könnte (allerdings haben die beiden Länder während des Zweiten Weltkriegs schon einmal eng zusammengearbeitet). Ihnen würde eine solche Entwicklung wie ein Wunder erscheinen.

Ein viel größeres Wunder ist meines Erachtens aber die heutige deutsch-französische Freundschaft nach Jahrhunderten voll von gegenseitigem Haß. 1923 unternahm ich als Tourist eine lange Reise kreuz und quer durch Deutschland. Ich sehe noch heute die Plakate vor mir, die an den Toren der Museen und Schlösser angebracht waren: Franzosen und Belgier Eintritt verboten! Meine deutsche Sprachlehrerin benutzte nie das Wort Franzose, sie sagte immer »Saufranzose«. In Paris wiederum hörte ich nie das Wort »l'Allemand«, es hieß nur »les boches« (die »Saudeutschen«). – Und heute?

Ich habe noch das Bild vor Augen, wie Konrad Adenauer und General de Gaulle die Champs Élysées im Auto entlangfahren. Und ich gehe heute täglich über einen kleinen Platz in einem der schönsten Viertel von Paris, der »Place Chauvellier Adenauer« heißt. – Das sind in meinen Augen Wunder!

Wenn also meine Hoffnungen, ja, Erwartungen für diese beiden Entwicklungen sich verwirklichen sollten – nämlich die Auswirkungen der amerikanischen Steuerreform und eine verstärkte amerikanisch-russische Zusammenarbeit als Folge des Abrüstungsvertrages –, dann gingen wir einer Epoche des wirtschaftlichen Aufschwungs, ja, der wirtschaftlichen Euphorie entgegen, wie sie die heutige Generation noch nicht erlebt hat.

Manchmal frage ich mich aber auch, ob meine optimistische Einschätzung tatsächlich berechtigt ist und nicht nur Wunschdenken. Denn wenn ich die Fachpresse der Welt lese, die sich mit ökonomischen und finanzpolitischen Analysen beschäftigt, finde ich dort nie auch nur das kleinste Wort darüber. Im Sommer 1987 besuchte ich ein großes internationales Wirtschaftssymposion, wo acht Wirtschaftsexperten und Professoren aus acht Ländern ausschließlich über ökonomische Prognosen debattierten. Von morgens früh bis abends spät saßen sie am grünen Tisch, und einer nach dem anderen stellte seine Analyse vor. Man diskutierte Zahlen über Zahlen, ob die Wachstumsrate oder ein anderer Indikator der Wirtschaftsentwicklung nun 2,1 oder 1,9 Prozent ausmachen werde, aber nie fiel eine Bemerkung zu den möglichen Auswirkungen der amerikanischen Steuerreform und den eventuellen Folgen einer russisch-amerikanischen Versöhnung. Da so große Ereignisse unter den Experten offenbar ohne Widerhall bleiben, überlasse ich dem Leser das Urteil, ob meine Analyse richtig ist oder nicht.

Wall Street

Jan Brychta, © DWS

Was nun, Herr Kostolany?

Herr Kostolany, Sie waren in den letzten Wochen, das heißt vor dem 19. Oktober 1987, sehr optimistisch für den Dollar.

Bin ich auch weiterhin.

Nun ist es aber doch ganz anders gekommen. Der Dollar fällt und fällt . . .

Entschuldigen Sie, das ist ein Mißverständnis. Wenn ich sage, ich bin optimistisch, bedeutet das nicht, daß ich optimistisch bin für vier, fünf Tage und auf fünf Pfennige, sondern für die nächsten drei Jahre und dafür, daß der Dollar wieder auf zwei Mark oder auf 2,20, 2,50 stehen wird. Ja, ich war optimistisch, und der Dollar ist um zwei oder drei Pfennige gefallen. Na, und? Momentan spielen eben zwei, drei Pfennige eine Riesenrolle, weil die Börsenspekulanten außerordentlich empfindlich auf den Dollarkurs reagieren, und wenn der Dollar um einen Pfennig fällt, ist das schon eine Sensation. Nicht nur für die Börsenspekulanten, sondern vor allem für Radio, Fernsehen und die Presse.

Viel stärker als der Rückgang beim Dollar fiel der Einbruch am Aktienmarkt aus. Wie ist das zu erklären?

Der Rückschlag kam völlig erwartet. Ich selber habe schon seit fast zwei Jahren davor gewarnt. Man kann zwar generell nichts vorhersagen – aber das war zu befürchten.

Aus welchen Gründen?

Die Spekulation hat es zu toll getrieben. Besonders an den Exoten-Börsen in Hongkong und Sydney. Der Ballon war zu stark aufgeblasen. Da genügt ein Nadelstich – und die Luft entweicht. Die Kleinanleger, die Waschweiber und die Hausfrauen werden so aus der Börse vertrieben.

Was war der Nadelstich?

In der Wall Street: die steigenden Zinsen in den USA. Als der zunächst erwartete Zinsrückgang nicht eintrat, fielen die Kurse an den Aktien-Börsen. Außerdem stellt der schwache Dollar ein Problem besonders für die deutsche und europäische Exportindustrie dar. Das hat die Sache sicherlich noch verschärft.

Waren nicht auch die Politiker schuld?

Ja, vor allem Herr Schlesinger, der Vizepräsident der Bundesbank. Sie haben den Dollar in einem psychologisch ungünstigen Moment mit einer Zinserhöhung getroffen. Doch der Rückgang wird nicht lange dauern. Denn der Dollar ist innerlich stark.

Bei allem Optimismus für den Dollar: Nun ist es ja schon ein bißchen was anderes, ob der Dollar von 1,80 auf 1,78 sinkt oder ob er unter 1,70 fällt.

Nein, da bin ich nicht Ihrer Meinung. Wenn ich in Devisen eine Meinung habe, dann gilt die ja nicht für Devisenspieler, sondern für Anleger. *Worin* soll man anlegen? Ich würde jetzt mein ganzes Geld in Dollar anlegen. Ob der nun um zwei Pfennige fällt oder nicht, meinetwegen sogar um 10 oder 20, spielt gar keine Rolle. Ich lege ja sowieso nicht in Dollar an, sondern in Dollarpapieren, und da spielen drei, vier, fünf Prozent Kursunterschied gar keine Rolle, denn die Papiere sind in den letzten sechs Jahren um 200, 300, 400, ja sogar 1000 Prozent gestiegen.

Der Dollar ist von 1,70 auf 3,40 gegangen, dann von 3,40 auf 1,80 . . . Was spielt es da schon für eine Rolle, wenn er wieder auf 1,70 fällt? Abgesehen davon, daß ich auch weiß, *warum* er zurückgeht. Das ist das Wichtige. Man muß immer die Diagnose haben. Und die Diagnose, die hab' ich.

Lautet sie so: »Zunächst hat's an der Börse gekracht, jetzt kracht's beim Dollar?«

Nein, denn beim Dollar ist es eben *kein* Krach. Der Dollar ist ganz langsam, Pfennig für Pfennig, zurückgegangen. Auch wenn der Dow-Jones-Index in Wertpapieren zurückgeht um 22 oder 25 Prozent, zum Beispiel, aber nicht an einem Tag, sondern langsam, auf sechs, acht Monate gedehnt, ist das kein Krach; das ist ein Rückschlag, eventuell ein »bear market«. Krach kann man es nennen, wenn es an einem Tag geschieht. Man muß da semantisch sehr nuanciert sein. Und der Dollar ist jetzt nicht gekracht, sondern hat sich von 1,80 auf 1,67 ganz langsam zurückgezogen – wie es in den Kriegsmeldungen immer hieß: »Unsere Armee hat sich aus strategischen Gründen zurückgezogen.« Krach war es, als der Dollar von 3,40 in einer Tour auf 2,40 absackte. Beim Floating gibt es eine Talfahrt oder eine Aufwärtsbewegung, aber keinen Krach.

Ich bin also weiter optimistisch. Glauben Sie, ich ändere meine Meinung jeden Tag?

Gut, und warum sind Sie jetzt *optimistisch?*

Zum einen hat das fundamentale und technische Gründe, und dann natürlich psychologische. Den fundamentalen Grund zuerst: Die Parität Dollar – Mark auszurechnen ist unmöglich, nicht einmal der klügste Computer kann das, genausowenig wie Computer berechnen können, was eine Siemens-Aktie wert ist oder eine IBM-Aktie. Denn der Kurs hängt von so vielen verschiedenen Faktoren ab, die Sie nicht alle in den Computer eingeben können. Nun, die meisten Leute kalkulieren heute wieder so: Daß das Außenhandelsdefizit so groß ist, bedeutet, daß der Dollar zu hoch ist für den Außenhandel.

Doch der Außenhandel ist nicht maßgebend. Die

Schweiz hat jahrelang immer passive Handelsbilanzen gehabt, und nichtsdestoweniger ist der Schweizer Franken die härteste Währung. Auch die Kaufkraft ist nicht ausschlaggebend, denn sonst wäre vor dem Zweiten Weltkrieg der rumänische Leu die stärkste Währung gewesen, weil die Kaufkraft dort die größte – und, mit anderen Worten, Rumänien das billigste Land war. Ausschlaggebend in meiner Kalkulation ist folgendes: Wie ist die Kaufkraft für Investitionen? Was bringt ein investierter Dollar in Amerika, und was bringt der investierte Dollar in einem anderen industrialisierten Land? Diese Parität suche ich. Und ich kann Ihnen versichern, daß der investierte Dollar in Amerika fünfzig bis hundert Prozent mehr bringt als anderswo.

Warum? Das hat verschiedene Gründe. Einer ist zum Beispiel, daß die Gewerkschaften in Amerika den Unternehmen Konzessionen machen, wenn sie spüren, daß ein Unternehmen bestimmte Löhne nicht verkraften kann. Wie schaffte Lee Iacocca es zum Beispiel, den Chrysler-Konzern so kolossal zu sanieren? Er hat aus einer Pleitegesellschaft ein Unternehmen gemacht, das heute viel Geld verdient; die Aktien sind von 3,5 oder 4,5 auf 105 gestiegen. Warum? Auch weil die Gewerkschaften Konzessionen gemacht haben.

In Deutschland machen sie keine Konzessionen. Im Gegenteil – sie haben immer mehr und mehr Forderungen, jetzt wollen sie schon die 35-Stunden-Woche. Die soziale Situation, etwa der Lohnfrage, ist in Amerika ganz anders. Der beste Beweis ist, daß heute Milliarden und Milliarden Dollar aus Japan, Deutschland, England, aus der Schweiz, aus Holland, sogar aus dem mit 80 Milliarden Dollar verschuldeten Frankreich nach Amerika gehen, um dort investiert zu werden. Jeder Unternehmer kann Ihnen das sagen.

Der ganze Aufbau der Wirtschaft ist in Amerika anders, offensichtlich produktiver, denn noch in den letzten Krisenjahren haben die Unternehmer viel investiert und modernisiert. Das Ganze ist also eine Frage der Rentabilität. Und es *ist* so: Trotz der höheren Zinsen – denn in Amerika sind sie ja viel höher –, trotzdem machen die Gesellschaften steigende Gewinne.

Die Zinsen in Deutschland sind viel tiefer, und trotzdem investiert man nicht. Und trotz der höheren Zinsen investiert man in Amerika.Da muß doch etwas sein.

Trotz Ihres Optimismus: Hat der Dollar-Rückgang nicht doch Auswirkungen auf die Bundesrepublik?

O ja, eventuell sogar große. In Deutschland war schon der Kurs: 1 Dollar = 1,80 DM ein großer negativer Faktor, obwohl Ihr Finanzminister ununterbrochen wiederholt hatte, es spiele keine Rolle. Es spielt jedoch eine ganz große Rolle, nicht für alle, aber für die deutsche Wirtschaft, die zu 38 Prozent exportorientiert ist. Stoltenberg sagte aber, der Dollarkurs sei unwichtig, weil Deutschland nach Amerika sehr wenig exportiere. Das stimmt, denn die USA brauchen deutsche Waren ja nicht. Was die Bundesrepublik produziert, geben die Amerikaner aus. Man kann auch ohne Mercedes und Porsche leben. Aber Frankreich, Italien, die ganze Welt exportiert nach Amerika. Und wenn sie aufgrund des niedrigen Dollarkurses zusammen weniger exportieren, bleibt ihnen auch weniger Geld, um Waren in Deutschland zu kaufen.

Die französische Handelsbilanz ist katastrophal, und wahrscheinlich auch die italienische, etc. Was ist mit den Arabern, die doch große Kunden sind, und mit den Ostblockkunden? Die rechnen doch alle in Dollar. Wenn der Dollar tief steht, dann können sie in Deutschland weniger kaufen. So etwas Elementares müßte man doch eigentlich schon in der Volksschule der Wirtschaft lernen.

Man muß es global sehen, nicht bilateral. Wie der deutsch-amerikanische Handel steht, ist doch nicht entscheidend. Wichtig ist, welche Währung heute auf dem Weltmarkt billiger geworden ist. Und wie sehr das eine Rolle spielt, dazu werde ich Ihnen ein Beispiel nennen. Vor achtzehn Jahren bestand genau dasselbe Problem. Amerika hatte zuviel importiert, dadurch war die Handelsbilanz unausgeglichen. Und was tat Nixon? Über Nacht führte er einen zehnprozentigen Zusatz-Zoll ein. Die ganze Welt geriet in Panik: Was wird jetzt geschehen? Amerika hat die Zölle um zehn Prozent erhöht! Wohlgemerkt nur die Zölle, für den Export war nichts gemacht worden. Dennoch sprach man von einer Quasi-Abwertung. Das war falsch, denn wenn man den Dollar abgewertet hätte, hätte das auch dem Export Impulse gegeben. So war es aber nicht, das Ganze war nur gegen den Import gerichtet. Und schon dadurch entstand eine Panik in der Welt. Warum? Weil diese zehn Prozent ja schon eine Riesendifferenz ausmachen für eventuelle spätere Importe.

Also, es gab damals eine Panik, nur weil man die Zölle um zehn Prozent erhöht hatte, und jetzt spielt es angeblich keine Rolle, daß der Dollar um, sagen wir, 40, 50 Prozent zurückgegangen ist? Weder für die amerikanischen Importe noch für die amerikanischen Exporte? So ein Unsinn! Das sind Worte, die eines deutschen Finanzministers nicht würdig sind. Jeder Pfennig spielt eine Rolle; und jeder Pfennig, um den der Dollar heruntergeht, läßt doch die Börsianer überlegen, er könne noch weiter fallen, vielleicht auf 1,60 oder sogar auf 1,50 . . . Nun, das wäre dann die Katastrophe für die deutsche Wirtschaft! Vielleicht geht der Kurs gar auf eine Mark zurück? Wenn die Bundesbank entscheidet: »Man muß uns einen Dollar für jede Mark geben!«, dann wird es wohl so geschehen.

Das könnte man machen unter der Bedingung, daß Deutschland auf seine Exporte und auf amerikanische Investitionen verzichtet. Aber dann wäre die Bundesrepublik wirtschaftlich isoliert, denn mit einer so hohen D-Mark würde sie kaputtgehen. Diese Finanzpolitik, die heute von der Bundesbank und dem Finanzministerium gemacht wird, wird von der Wirtschaft sehr negativ aufgenommen. Wenn ich heute die Geldpolitik kritisiere, speziell die Politik von Dr. Helmut Schlesinger, der wahrscheinlich unterstützt wird von Stoltenberg, dann bekomme ich jedesmal großen Beifall. Schon Helmut Schmidt, der ja alles andere als ein dummer Mensch ist, sagte seinerzeit sehr richtig: »Lieber 5 Prozent Inflation als 5 Prozent Arbeitslosigkeit!« Und heute denkt Schlesinger – er sagt es nur nicht –: »Lieber 8,5 Prozent Arbeitslosigkeit als 1 Prozent Inflation.« Er will die Inflation auf Null bringen. Dafür nimmt er 8,5 Prozent Arbeitslose in Kauf.

Es gibt auch technische Gründe, warum der Dollar so gefallen ist. An die hat niemand gedacht. Zum Beispiel die internationale Spekulation, die heute so eine unerhörte Bedeutung hat und mit der die Politiker nicht rechnen. Die Spekulanten spielen auf die Aufwertung der D-Mark in der Währungsschlange gegen den Franc. Heute schwankt der Dollar schon aus dem Grunde, weil die Mark in der Schlange zu fest ist. Ende letzten Jahres konnten wir das wieder sehr gut beobachten. Der französische Franc war aus politischen Gründen in Schwierigkeiten, also verkaufte die Banque de France Dollar gegen D-Mark, um der Spekulation D-Mark zu liefern. Daraufhin fiel der Dollar erneut um 20 Pfennige, denn es waren immerhin 10 Milliarden Dollar, die die französischen Banken verkaufen mußten.

Immer, wenn eine Währung in Gefahr ist und sich verteidigt, muß das betroffene Land Dollar verkaufen. Die Banca d'Italia mußte das ebenfalls einigemal machen, als die Lira angegriffen wurde. Also: Die D-Mark war so fest, nicht der Dollar war schwach. Nur der Yen und die Mark sind fest.

Ein weiterer Grund für den Kursverfall: die Bemerkungen des US-Finanzministers Baker. Er vertritt eine gewisse Ideologie oder eine gewisse Politik, von der nicht einmal sicher ist, daß sie weitergeführt wird, denn er ist ja nur noch ein Jahr im Amt. Sein Ziel: Er will das Handelsbilanzdefizit total abbauen. Also predigt er den Dollar herunter. Und was passiert? Die Tinte auf dem neuesten Kommuniqué ist noch nicht trocken, da laufen schon Tausende von »Devisenfritzen« los und verkaufen, verkaufen Milliarden Dollar – auch auf Termin.

Speziell die Japaner hatten eine panische Angst davor, daß der Dollar von den Amerikanern weiter heruntermanipuliert wird. Allein diese Angst macht schon den Kurs. In dem Moment, wo alles davor Angst hat, daß der Dollar auf 1,60 fällt, steht er auch schon auf 1,60 – als Ergebnis ihrer Panikverkäufe. Und so haben die japanischen Exporteure in letzter Zeit Milliarden verkauft, um sich den gegenwärtigen Dollarkurs noch zu sichern für ihre Exporte in zwei Jahren.

Circa 400 Milliarden Dollar täglich werden auf diese Weise rund um die Welt gehandelt; nur ein ganz kleiner Teil davon – maximal drei bis fünf Prozent – sind wirkliche Wirtschaftstransaktionen. Das meiste ist reine Spekulation. Jedesmal, wenn handelspolitisch etwas auf dem Devisenmarkt geschieht, wird es aufgeblasen durch die Spekulanten, Spieler und Mitläufer.

Spielen diese Spekulanten und Mitläufer wirklich eine so große Rolle, daß man sagen könnte, ein wesentlicher Teil der starken Schwankungen, die wir zum Beispiel im Augenblick beim Dollar beobachten, gehen auf ihr Konto?

Genau das ist der Fall. Der beste Beweis dafür ist, daß die amerikanische Handelsbilanz in den letzten Monaten sukzessive besser geworden ist. Inzwischen wissen wir auch, daß man beim Handelsbilanzdefizit anders kalkulieren muß. Schon im letzten Jahr war das Defizit ja etwas kleiner geworden – wenn auch nicht so sehr, wie man es erwartet hatte. Über die Ursachen hat man sich allerdings keine Gedanken gemacht. Ich sage Ihnen die Gründe: Wegen der gestiegenen japanischen Exporte und wegen der Ölimporte, die als Reaktion auf die Golfkrise erhöht wurden, ist es nicht so klein geworden. Das wird sich auch noch in den nächsten Monaten widerspiegeln. Denn die Bilanz setzt sich aus Zahlen zusammen, die das Zollamt meldet: Ware rein, Ware raus. Das ist immer solche Ware, die heraus- und hereinkommt aufgrund von Abschlüssen, die man schon ein Jahr vorher gemacht hat, allerdings auf einer anderen Dollarbasis. Also wenn man einen Artikel bei einem Kurs von 2,20 DM noch importieren oder bei 2,20 noch nicht exportieren konnte, dann sieht das bei 1,80 schon ganz anders aus; das ist ein ganz neues Kapitel.

Ich möchte noch mal bei den Personen bleiben, die hinter der Spekulation stehen, also bei den »Devisenfritzen«, wie Sie sie nennen. Haben die denn freie Hand?

Wie freie Hand sie haben, dafür ist der beste Beweis, daß sie bei Herstatt und bei Volkswagen jeweils über eine halbe Milliarde Mark in die eigene Tasche stecken konnten. Sie sind frei zu kaufen, zu verkaufen. Wenn das

Geschäft gut läuft, wirtschaften sie in die eigene Tasche – wenn nicht, geht es zu Lasten der Firma.

Geht Ihnen diese Freiheit zu weit?

Ja, natürlich. Dagegen kämpfe ich doch seit zehn Jahren. Man müßte sie unter Kontrolle halten, aber zuallererst dürfte man ihnen keine freie Hand lassen. Bisher scheint es allerdings so gewesen zu sein, daß die Banken selber wollten, daß diese Leute spielen. So nach dem Motto: »Mal schauen, wo der Dollar in den nächsten 10 Minuten steht!« Das ist ein Skandal!

Welche Chancen sehen Sie denn, das einzugrenzen? Nach Herstatt haben Sie gemahnt. Es ist nichts passiert. Bei VW ist der Betrug noch mal möglich gewesen. Welche Chancen sehen Sie, und wie könnte man es machen?

Eine Kontrolle wäre sehr einfach. Heute gibt es doch so perfekte Computer und Registriermaschinen, wie es sie noch nie gegeben hat. Jede Devisentransaktion, die man am Telefon abschließt – »Ich gebe dir 3 Millionen zu dem und dem Kurs« –, kann von einer Maschine notiert werden, mit der auf die Minute genauen Uhrzeit: »Um 2.45 Uhr habe ich 3 Millionen verkauft.«

Und als zweites sollte man auch die Spekulation selbst begrenzen, das heißt den Leuten keine Vollmachten geben.

Bei allem Leichtsinn, hat man denn nicht auch verdient an solchen Devisengeschäften?

Oft verdient, oft verloren. Doch meist verloren. Heute spekuliert ein Devisenhändler auf die vierte Zahl hinter dem Komma. Der Dollar steht zum Beispiel 1,6842 DM. Der Händler kauft eine Million, bei 43 verkauft er schon wieder und hat 100 DM verdient. Wegen 100 DM wird eine Million Dollar hin und her geschoben, und zwar immer hin und her, her und hin.

Sind denn bei diesen kleinen Gewinnen die Gefahren nicht eigentlich größer als die Chancen, Geld zu verdienen? Wenn man eine Bilanz aufmachen würde zwischen Gewinn und Verlust . . .

. . . ist die Chance zu verlieren größer als die zu gewinnen. Schon einmal, weil zwischen Brief und Geld doch immer ein kleiner Unterschied ist.

Also zwischen An- und Verkauf?

Ja, aber noch mehr. Man kann hängenbleiben. Das war zum Beispiel die Geschichte von Lacy Kux, der hängenblieb in dem Moment, als der Suez-Krieg ausbrach. Er blieb hängen mit einem großen Posten englischer Pfund und war pleite. So kann das gehen.

Das heißt also, man kann die Währungsposition nicht mehr loswerden?

Genau das. Es geschieht etwas über Nacht, und man kann es nicht mehr loswerden oder nur mit Verlust. Es wäre schon eine sinnvolle Begrenzung, über Nacht keine Position halten zu dürfen. Man dürfte dann nur während des Tages handeln. Aber ich frage Sie, warum soll man überhaupt so hin und her spielen? Ich finde, das ist ein absolutes Verbrechen aller Großbanken der Welt, daß man das erlaubt. Ich bin ja kein Sozi, ich bin unbedingt für die Freiheit. Aber diese Freiheit würde ich begrenzen.

Die Devisenhändler, die in den Großbanken sitzen, sind ja oft noch sehr jung. Müßten sie denn nicht zumindest besser ausgebildet werden, wenn Sie schon so frei in ihren Entscheidungen sind?

Da stimme ich Ihnen hundertprozentig zu.

Die mangelnde Qualifikation der Spieler ist also auch ein wesentlicher Grund, warum es abwärts geht?

Ja, natürlich.

Was würden Sie sich denn zu dem Thema wünschen?

Daß die Banken verbieten, daß ihre Devisenfritzen mit den Millionen der Bank auf eigene Faust verrückt spielen. Bei solchen Praktiken könnte man manchmal ein Gegner des kapitalistischen Systems werden.

Aber wie kann man dem Einhalt gebieten? Wie sollen die Banken verhindern, daß so etwas überhaupt passiert?

Die Schuldigen müssen Prügel bekommen, viele Male. Man muß sie bestrafen, aber nicht mit drei Tagen Gefängnis, sondern mit Verlusten. Das hat in der Vergangenheit gewirkt, und das würde auch heute wirken. Aber die heute spielen, das ist eine ganz neue Generation, die wissen ja noch gar nicht, daß man auch verlieren kann.

Zum Stichwort »Generation«: Sie sind ein Mann wie viele ältere Banker auch, die eigentlich etwas Künstlerisches tun wollten. Sie haben Philosophie studiert . . .

Ja, und Kunst. Ich wollte Kunsthistoriker und Kunstkritiker werden.

Alfred Herrhausen von der Deutschen Bank zum Beispiel sagt auch, daß er eigentlich viel lieber etwas mit Kunst zu tun hätte. Es fällt auf, daß viele Leute Ihres Schlages sich mehr mit schöngeistigen Dingen beschäftigen. Glauben Sie, daß eine solche zweigleisige Ausbildung, die Sie ja auch haben, zu mehr Vernunft führt in Ihrem Metier, zu einem weiteren Horizont?

Ja, absolut. Wenn mich Freunde fragen, was ihre Söhne studieren sollen, sage ich stets: Nicht Volkswirtschaft, unter keinen Umständen. Weil das nichts nützt. Wenn schon studieren, dann Jura oder vielleicht Philosophie oder Theologie. Jedenfalls eine Wissenschaft, bei der man denken muß und nicht nur büffeln. Aber das ist auch eine Frage der Erziehung, schon als Kind, als Jugendlicher. Es ist die Atmosphäre, in der man erzogen wird – auch später während des Studiums. So viel hängt vom Charakter ab. Ob man sehr materialistisch ist etwa. Um wirklich klar zu sehen oder klarer zu sehen in spekulativen Sachen, zum Beispiel an der Börse, muß man einen gewissen Abstand zu Geld haben.

Was glauben Sie, was zum Beispiel so ein Studium der Philosophie einem Spekulanten im guten Sinne, aber auch einem Devisenfritzen im schlechten Sinne vermitteln kann?

Das klare Denken. Global denken zu können, überlegen.

Sie haben eben gesagt, man sollte nicht so materialistisch sein. Kann man das so verstehen, daß Geld die vielleicht wichtigste Nebensache der Welt, aber eben eine Nebensache bleiben müsse?

In der Welt ist Geld eine wichtige Sache, weil es der Motor der Wirtschaft ist. Das gebe ich zu. Und zwar ist vor allem das *Geldmachen* wichtig. Denn die Ambition, Geld zu machen, fördert die Initiative der Unternehmen. Das ist wichtig.

Bei mir persönlich ist das etwas anderes. Ich bin Spekulant. Und wenn ich ein guter Spekulant sein soll, darf mich Geld nicht so sehr interessieren. Ich muß einen gewissen Abstand haben, zumindest seelisch. Bernard Shaw sagte einmal: »Geld ist nicht alles, aber viel Geld ist schon etwas.« Sie werden fragen: »Wie kann man diesen Abstand zum Geld bekommen? Wer sind diese Leute, die schon einen Abstand haben?« Da gibt es verschiedene. Zum Beispiel solche, die nicht einmal 10 Franc in der Tasche haben und trotzdem Abstand besitzen . . .

Ich selber bin schon seit meinem 35. Lebensjahr materiell unabhängig, ich kann natürlich leicht einen Abstand haben. Ich habe einen bestimmten Maßstab in Gelddingen, weil ich alles so arrangiert habe, daß mein Lebensniveau nicht dadurch sinken wird, weil die Börse zurückgegangen ist. Ich habe die Papiere, die ich heute besitze, vor sieben Jahren, vor sechs, fünf oder vier Jahren gekauft. Erstens stehen sie heute immer noch viel höher als damals, als ich sie gekauft habe. Und zweitens darf man ja nicht jeden Tag Bilanz machen. Soll ich etwa jeden Tag rechnen? Ich habe die Papiere, ich habe mein Portfolio. Mein Lebensunterhalt und meine Kosten sind gesichert, also habe ich einen Abstand. Ob ich jetzt im Moment mehr Geld verbuchen kann oder weniger, das ist nicht so wichtig.

Sie sagen, man darf nicht jeden Tag . . .

. . . Bilanz machen. Unter keinen Umständen!

Aber genau das passiert ja eigentlich an den internationalen Devisenmärkten, zum Teil auch an den Börsenmärkten. Geht es nicht auch deshalb rauf und runter?

Ja, natürlich. Nehmen wir als Beispiel die Broker bei den großen Handelshäusern: Jeden Tag rechnen Sie aus, wieviel Provision sie verdient haben. Und es würde mich nicht wundern, wenn man in einer Bank jeden Tag berechnen würde, wieviel Geld ein Trader gemacht hat oder nicht, was er zum Beispiel am Dollar verdient hat. Diese Leute betrachten den Dollarhandel als ein laufendes Geschäft, aber nicht auf Provision für die Kunden, sondern als Spiel für sich selbst . . . Da muß man die Banken, vor allem die Großbanken, wirklich angreifen. Der Deutschen Bank habe ich mit Richard Wagner mal gesagt: »Daß Ihr mit aller Biederkeit der Ärgste aller Spitzbuben seid!«

Richard Wagner? Wie kommt es, daß Sie immer wieder musikalische Zitate anführen?

Wissen Sie, die Musik ist eine phantastische Erziehung für den Spekulanten.

Warum?

Musik ist unterbewußte Mathematik. Das ist vielleicht ein bißchen überspitzt ausgedrückt. Definition von Leibniz. Mathematik nicht in dem Sinne, wie wir sie gemeinhin verstehen, sondern in puncto Logik. Musik ist reine Logik, nach den Gesetzen der Harmonie, der Akustik etc. Und man kann keine »Witze« in der Musik machen, denn wenn einmal gegen das Gesetz gehandelt wurde, wird es falsch. Die logischste und reinste Musik ist Johann Sebastian Bach.

Da klingt es immer: Zwei mal zwei ist fünf minus eins, zwei mal zwei ist fünf minus eins, zwei mal zwei ist fünf minus eins etc. Moderne Musik ist nicht so einfach. Da heißt es vielleicht: Zwei mal zwei ist 31 plus soundsoviel minus ich weiß nicht was; zum Schluß muß es jedenfalls vier sein. Solange das nicht der Fall ist, besteht eine Spannung, und diese Spannung wird erst in dem Moment aufgelöst, wo sich zum Schluß vier ergibt.

Das erinnert mich an die Börse.

Mit Recht! Nur daß die Börse jeden Tag einer neuen Logik unterworfen ist, weil sich die Verhältnisse laufend ändern.

Jeden Tag eine neue Logik? Das klingt nach Hektik. In früheren Zeiten, die Sie ja noch erlebt haben im Gegensatz zu den jungen Leuten, die heute an der Börse sind, gab es wohl mehr Ruhe. Da gab es einen größeren Abstand zwischen dem Handel zum Beispiel in Europa und in Amerika. Heute ist das durch die moderne Technologie vollkommen zeitgleich gemacht. Ist das auch ein Grund für die starken Schwankungen der Währungskurse?

Absolut. Das ist ein wesentlicher Grund, aber noch etwas: Es ist viel zuviel heißes Geld in den Taschen der Leute.

Heißes Geld?

Hot money. Geld, das sich nicht anlegen lassen will, sondern umher irrt. Damit wird nur spekuliert, gespielt, wo immer man einen Gewinn zu machen hofft. Das ist heißes Geld, das sehr schnell von einem Land ins andere geht, von einem Finanzmarkt zum anderen. Es ist zuviel heißes Geld da, heute. In den Taschen von uneingeweihten Menschen, die kein Training haben, keine Erfahrung, die auch nicht überlegen. Das ist an der Börse genauso, nicht nur auf den Devisenmärkten. Man überlegt nicht, man geht mit der Masse. Schon Sir Isaac Newton sagte: »Die Bahn der Himmelskörper kann ich auf Zentimeter und auf Sekunden berechnen, nicht jedoch, wohin eine verrückte Menge den Kurs treibt.« Das ist reine Hysterie, hat nichts mit Denken zu tun.

Was soll man denn nun mit dem »heißen Geld« machen? Ist es sinnvoll, es irgendwo, irgendwie abzuschöpfen.

Man kann es nicht abschöpfen.

Auch nicht mit der Quellensteuer?

Nein, die Quellensteuer würde nicht ausreichen.

Ist es überhaupt sinnvoll, es abzuschöpfen? Über Steuern zum Beispiel?

Ja, es wäre eher sinnvoll, durch Steuern abzuschöpfen. Das ist überhaupt meine Einstellung: Ich bin weder Monetarist noch Fiskalist – aber der Fiskalismus hat seine Vorteile. In Deutschland ist man monetaristisch eingestellt, während Reagan ein Anhänger von Keynes ist.

Computerhandel und Spekulation lassen die Kurse steigen und fallen. Kann man das überhaupt eingrenzen?

Ja, natürlich, durch Verbote.

Halten Sie Verbote im Ernst für sinnvoll?

Ja, sicher. Schauen Sie, ich muß wieder zitieren. Montesquieu sagte einmal, freier Handel bedeutet nicht, daß man alles machen dürfe, was man wolle. Das ist das eine. Und eine Beschränkung in bestimmten Dingen bedeutet doch nicht, daß man nicht frei ist. In einem zivilisierten Land und genauso auch auf einem zivilisierten Finanzmarkt muß man nicht alles erlauben. Es muß Grenzen geben.

Glauben Sie eigentlich, daß man die Schwankungen, die wir im Augenblick haben, eingrenzen könnte, indem man die Wechselkurse wieder festlegt?

Natürlich, aber die Tendenz ist nicht dafür. Bei dem heutigen Welthandel wäre es äußerst schwierig, die Kurse wieder festzulegen. Und es würde auch nicht genügen. Man müßte eine Devisenzwangswirtschaft einführen.

Halten Sie das für machbar?

Nein, heute nicht. Es wäre absolut gegen den Zeitgeist, der die Freiheit eines jeden Landes betont, und genausowenig machbar wie ein Fußballspiel, bei dem der Ball auf das Feld hingesetzt und festgenagelt wird.

Welche Rolle spielen internationale Abkommen, wie zum Beispiel das Louvre-Abkommen?

Gar keine. Wie Sie gesehen haben, spielt das gar keine Rolle. In dem Moment, wo ein Land seine eigenen Interessen verfolgt, hält es sich nicht mehr an Vereinbarungen.

Das würde aber heißen, daß sowohl politische Abkommen als auch das, was die Notenbanken nachher tun, eigentlich sinnlos ist?

Schauen Sie, das ist schwer zu sagen. Es könnten vielleicht Abkommen geschlossen werden, die man einhalten würde. Aber es wäre sehr schwierig. Darum wird auch der Ecu nie mehr als eine Rechnungseinheit sein. Warum nicht? Bei einer gemeinsamen europäischen Währung müßten die Notenbanken alle Offerten aufnehmen, die sich bieten. Die Bundesbank müßte zum Beispiel alle französischen Francs aufnehmen, die angeboten werden. Und irgendwann käme dann der Moment, wo sie sagen müßte: »Ich brauch' keine Francs mehr, ich nehme nichts mehr an.« Solange nationale Interessen existieren, ist das alles sehr schwierig.

Was müßte denn eigentlich jetzt geschehen, um dem schwachen Dollar wieder auf die Beine zu helfen?

Auf die Beine helfen? Aber der Dollar ist doch gar nicht schwach, innerlich jedenfalls nicht. Warten Sie ab! Wenn die Amerikaner das Haushaltsdefizit weiter so abbauen, wie es geplant ist, und auch das Handelsbilanzdefizit dadurch schrumpft, vielleicht sogar ganz verschwindet, dann wird das die größte Katastrophe für Europa. Dann kann der Dollar bei 4 DM stehen.

Na, da werden die Europäer schön ausschauen! Das kann der deutsche Konsum nicht ausgleichen. In Deutschland macht man nichts für den Konsum. Es gibt auch einen anderen Grund: Die Ansprüche der Deutschen sind nicht so groß wie die der Amerikaner. Die Leute wollen ihre Rente haben, und ansonsten soll man sie in Ruhe lassen.

Dazu eine kleine Anekdote: Ich habe eine gute Freundin, eine Dame, die in München lebt. Sie hat einige Millionen Dollar Vermögen, teilweise in Deutschland, teilweise im Ausland angelegt, ganz offiziell. Ihre Ausgaben sind geringer als die Zinsen. Eines Morgens ruft mich ihr Sohn an, mit dem ich befreundet bin. »Herr Kostolany, meine Mama hat die ganze Nacht nicht geschlafen.« Frag' ich: »Was ist geschehen?« – Sie war abends mit einigen Freundinnen zusammengewesen, alle ältere Damen, und die haben den ganzen Abend nur über ihre Rente gesprochen. Und als die Mama nach Hause ging, fiel ihr auf einmal ein: »Mein Gott, ich hab' doch keine Rente.« Keine Rente! Daß sie soundsoviel Zinseinnahmen hat, aus ihrem Wertpapierdepot, das war im Moment vergessen, das war Nebensache. Keine Rente! Da geriet sie in Panik und konnte die ganze Nacht nicht schlafen. Können Sie sich etwas Typischeres vorstellen?

Erklären Sie bitte den Zusammenhang zwischen Haushaltsdefizit und Handelsbilanz!

Also zunächst: Ein Zusammenhang besteht, aber nicht so, daß man feste Regeln aufstellen kann. Japan zum Beispiel hat ein großes Haushaltsdefizit und nichtsdestoweniger einen großen Handelsbilanzüberschuß.

In Amerika sind höchstwahrscheinlich die Folgen des Haushaltsdefizits noch nicht einmal so groß. Die Konjunktur ist angekurbelt worden, das führt zu erhöhtem Konsum. Die Amerikaner sind ein Volk, das konsumiert, – was ihnen vor ein paar Jahren sogar den Vorwurf eingetragen hat, die Jugend würde Champagner trinken statt Coca-Cola. Also, wenn sie jetzt von Champagner wieder auf Coca-Cola zurückgehen und wirklich nach der Parole »Buy American« handeln oder die Zölle erhöhen, dann würde das Handelsbilanzdefizit schrumpfen. Auch durch den »Oktober-Krach« wird der Konsum zurückgehen. Europa hat schon Angst davor. Jeder Amerikaner steigert sofort seinen Lebensstandard, wenn er mehr verdient, genauso wie er ihn zurückschraubt, wenn er weniger bekommt. Bei den Deutschen ist das anders; bei mir ebenfalls: Ich ändere auch nicht sofort meinen Lebensstandard, nur weil die Börse steigt oder fällt.

Das heißt also: Wenn die Amerikaner jetzt anfangen zu sparen, dann ist das schlecht für Europa?

Genau!

Aber gut für Amerika?

Richtig!

Dann aber mit Rückwirkung auch wieder für Europa?

A la longue ja, natürlich. Wenn die Lokomotive Amerika fährt, dann zieht sie auch Europa mit. Die Amerikaner sind immer der Ansicht, der ganzen Welt müsse es gutgehen. Sie leben nicht nach der Devise: »Uns wird es gutgehen!«, während die anderen hungern.

Zurück zur »Lokomotive«. Nun, sind dieser Lokomotive nicht ein bißchen die Kohlen ausgegangen?

Nein, überhaupt nicht. Die Gewinne steigen. Dieser »Krach« wird eventuell im Konsum seine Wirkung haben, aber wirtschaftlich geht es phantastisch. Die Arbeitslosigkeit ist auf dem Minimum. Man kritisiert Reagan ununterbrochen. Aber man kann sagen, was man will, eines ist sicher: Er hat die Inflation auf die Hälfte heruntergebracht und die Arbeitslosigkeit ebenso. Was wollen Sie mehr? Alles übrige ist Theorie.

Und woher kommt das Haushaltsdefizit?

In einem demokratischen, freien System ist es sehr schwer, das Haushaltsdefizit zu vermindern; es sind immer Interessen da, Lobbys. In der Demokratie wird zuviel debattiert, und um das zu verhindern, ist Amerika schon unter Johnson langsam in den Monetarismus hereingerutscht. Ein Haushaltsdefizit auszugleichen ist normalerweise Aufgabe des Parlaments. Das führt – genauso normalerweise – zu monatelangen Debatten. Die einen wollen die Steuern nicht erhöhen, die anderen wollen die Ausgaben nicht kürzen und so weiter. Währenddessen beschleunigt sich die Inflation immer mehr . . . Der Monetarismus hat demgegenüber den Vorteil, nicht auf das Parlament angewiesen zu sein. Monetarische Maßnahmen trifft die Notenbank, souverän.

Ich gehe mal davon aus, daß Ihnen die Planwirtschaft sozialistischer Prägung nicht sonderlich liegt.

Sie hat doch Pleite gemacht.

Gilt das nicht inzwischen auch für die sogenannten Reagonomics, die Wirtschaftspolitik Reagans?

Unsinn, wo ist die Pleite? Arbeitslosigkeit und Inflation sind auf ein Minimum zusammengeschrumpft, die Unternehmen gewinnen. Wie der Dollar steht, was interessiert das den Amerikaner? Den Amerikaner interessiert, was der Hamburger kostet. Er kümmert sich nicht darum, wie die Mark steht.

Aber ist es nicht so, daß alles das, was Sie jetzt an positiven Dingen beschrieben haben, auf Kosten der anderen finanziert worden ist?

Nein, das ist schon wieder Unsinn. Das hat man wieder erfunden. Es ist genügend Geld in Amerika. Phantastisch viel Sparkapital – liquide Gelder, kurzfristige Obligationen, in Money-Market-Fonds und verschiedenen anderen Medien. Das Geld ist nach Amerika gekommen, weil es dort höhere Zinsen gibt. Es ist freiwillig gekommen, man hat es nicht hereingelockt. Und die Zinsen wurden auch nicht erhöht, um das Geld hereinzulocken, sondern um die Inflation zu bremsen. Auch im Inland müssen höhere Zinsen angeboten werden, damit die Amerikaner ihr Geld hergeben. Sonst kaufen sie lieber Aktien. Das war auch einer der Gründe des Börsendebakels: Die Diskrepanz zwischen der Rendite der Aktien und der Rendite der Anleihen war zu groß geworden. Die Amerikaner zeichnen keine Anleihen, wenn die Zinsen zu billig sind und an der Börse und in den Unternehmen größere Chancen bestehen.

Die Amerikaner haben weit über ihre Verhältnisse gelebt und mehr Geld ausgegeben, als sie de facto hatten. Sehen Sie das auch so?

Sie haben seit hundert Jahren über ihre Verhältnisse gelebt, und was war die Folge? – Ein Riesenimperium haben sie aufgebaut. Sie können amerikanische Verhältnisse nicht mit europäischen vergleichen, weil die Instrumente anders sind. Das Sparen hat in Amerika eine ganz andere Bedeutung als in Europa. Die Amerikaner sparen auch sehr viel. Aber sie kaufen Aktien, Lebensversicherungen und so weiter. Es stimmt, daß die Amerikaner nach einem hohen Lebensstandard leben. Das hat mit der Psychologie des Volkes zu tun. Aber eine bescheidene Lebensführung bringt die Wirtschaft nicht in Bewegung.

Herr Kostolany, was sie sagen, hat durchaus eine bestechende Logik. Nur hat Amerika die Probleme, die es ja offensichtlich gibt, nicht bewältigt.

Welche Probleme? Arbeitslosigkeit auf Minimum, Inflation stark zurückgefallen von 16 Prozent auf 4. Wo ist da das Problem?

Trotzdem machen sich die Europäer Sorgen. Man kritisiert, daß in demselben Moment, wo die Bundesbank die ohnehin heikle Geste einer Zinsverbilligung macht, in Washington die Dollarstabilisierung aufgegeben wird. Werden da nicht eigentlich europäische Stabilisierungsmaßnahmen konterkariert?

Was sollen darauf die Amerikaner antworten? Jedes Land macht doch seine souveräne Politik.

Nur, wenn der Dollar wirklich eine Weltleitwährung ist und wenn die Amerikaner die Verantwortung auch für die Weltwirtschaft haben, können sie sich dann ein solches Denken erlauben?

Was stört es eigentlich die Deutschen, wenn der US-

Haushalt ein Defizit aufweist? Außerdem ist es viel kleiner als das japanische und auch nicht größer als das deutsche, sogar etwas kleiner.

In der Relation zum Bruttosozialprodukt?

Natürlich! Wie soll ich es sonst vergleichen? Natürlich in Relation zum Bruttosozialprodukt. Die amerikanische Haushaltsbilanz ist sogar besser, weil in Deutschland sehr viele Subventionen und andere Ausgaben vom Staat und den Ländern finanziert werden, was in Amerika nicht der Fall ist. Denn in Amerika gibt es im Gesamtbudget der Bundesstaaten derzeit sogar einen Überschuß von 50 Milliarden Dollar – während die Länder der Bundesrepublik alle im Defizit sind. Und außerdem: Wieso nörgelt man hier ununterbrochen am Handelsbilanzdefizit herum, wo es doch das größte Glück ist für die Welt?

Sie können sagen, Amerika müßte eigentlich eine ganz andere Politik betreiben, weil es die Verantwortung habe für die ganze Welt. Aber warum ist der Dollar die Weltwährung? Hat *Amerika* den Dollar zur Weltwährung ernannt? Überhaupt nicht, der Dollar ist zur Weltwährung geworden durch seine Potenz, weil die USA jahrelang der größte Produzent waren, jahrelang auch der größte Konsument. Die Welt war es also, die den Dollar zur Weltwährung ernannt hat. Was eine Weltwährung ist, wird ja nicht am grünen Tisch beschlossen. Das muß sich von selbst entwickeln.

Das hat sicher auch mit Psychologie zu tun, mit Vertrauen?

Mit Vertrauen, ja. Das Vertrauen ist in Amerika heute sehr groß. Der beste Beweis dafür ist, daß die amerikanischen Staatspapiere in den ersten 14 Tagen nach dem 19. Oktober 1987 rasant gestiegen sind, *rasant*! Seit Jahren haben sie nicht so einen Höhenflug gemacht wie jetzt. Wo ist da das angeblich schwindende Vertrauen, wenn die amerikanischen Staatspapiere auf einmal so steigen? Sie können sagen, weil die Zinsen heruntergehen. Gut, aber die Zinsen können heruntergehen, und wenn kein Vertrauen ist, dann werden die Anleihen trotzdem nicht steigen!

Nun mal zum Außenhandelsdefizit: Man hat gesagt, als der Dollar bei 3,40 DM stand, der Dollar müsse sinken, damit das amerikanische Handelsbilanzdefizit schrumpft. Jetzt steht der Dollar unter 1,70 DM . . .

Die Folgen werden sich erst in einem Jahr zeigen. Es besteht ja immer eine Diskrepanz in der Zeit.

Noch gibt es viele amerikanische Finanzpolitiker, die sagen, der Dollar müsse noch wesentlich weiter fallen . . .

Das sind Meinungen, jeder hat seine Meinung. Der Baker auch.

Aber mit diesen Meinungen wird Politik gemacht?

. . . wird Politik gemacht. Heute ist doch schon quasi Wahlkampf. Und Reagan wird nicht wieder kandidieren. Vielleicht dankt er schon früher ab und überläßt sein Amt George Bush, das ist möglich; aber der Wahlkampf ist da. Also, kritische Stimmen aus Amerika selber haben heute nichts zu bedeuten, genausowenig wie die aus Frankreich oder Deutschland. Das hat alles mit Wahlkampf zu tun.

Also Sie sind optimistisch für den Dollar, weil die Politiker nicht viel ausrichten können? Weil der Markt es macht?

Genau, weil der Markt es macht. Aber der Markt bekommt nur langfristig recht. Zwei mal zwei ist nicht vier.

Sondern?

Fünf. Minus eins. Man muß das »Minus eins« überleben, das ist meine ganze Philosophie. Zwei mal zwei ist eben nicht vier, sondern fünf minus eins. Darauf ist auch die christliche Religion aufgebaut. Zwei mal zwei ist vier: Danach müßte doch jeder gute Mensch seine Belohnung schon hier auf Erden bekommen, auch an der Börse. Aber hier unten kriegt er sie nicht, nur dort oben. Das ist das »Minus eins«!

Sehen Sie eigentlich die Gefahr einer Deflation durch den schwachen Dollar?

Wir sind bereits hereingerutscht in eine kleine Deflation, psychologisch jedenfalls, durch den Börsenkrach. Aber ich sehe darin keine Gefahr. Eine Deflation ist sehr leicht zu bekämpfen. Gegen Inflation kann man nicht kämpfen oder nur mit außerordentlich schmerzhaften Mitteln, und das könnten demokratische Regierungen nicht durchhalten.

Und wie bekämpft man eine Deflation?

Indem man die Geldmenge erhöht. Nichts ist leichter als das. Wissen Sie, wie es Roosevelt gemacht hat 1932? Er hat die Geldmenge erhöht, so sehr, daß ich zum Schluß aus Spaß gesagt habe, er schicke Dollar überall hin, an jede Straßenecke, man gebe sie den Zeitungsverkäufern und die würden nicht nur die Zeitungen verkaufen, sondern auch die Dollar nach links und rechts verteilen. Man hat Geld gemacht, und die Deflation war vorbei. Natürlich braucht man dazu Vertrauen. Vertrauen nicht vom Ausland, man braucht das Vertrauen der eigenen Bürger zur eigenen Regierung.

Nun zur Zukunft. Sie sind also der Meinung, langfristig werde der Dollar wieder steigen?

Ja.

Sie sind auch der Meinung, die Börse werde langfristig wieder anziehen?

Ja.

Warum?

Weil ich optimistisch bin für die amerikanische Wirtschaft. Zum einen wegen der Steuerreform, die viel mehr ist – eine Steuerrevolution. Zum anderen, weil auch das Haushaltsdefizit kein Problem ist, wenn die Amerikaner es lösen wollen. Die Wirkung der Steuerreform wird erst am 1. Januar 1988 einsetzen.

Wie wird diese Wirkung aussehen?

Positiv, nach Meinung der Experten sehr positiv. Für die Unternehmen. Es lohnt sich, zu investieren, wenn man so wenig Steuern zahlt. Und man wird nicht mehr abschreiben können wie bisher. Dieses Negativum verschwindet 1988.

Das heißt, es wird nach diesem neuen Steuergesetz belohnt . . .

. . . Investitionen werden belohnt, Abschreibungen werden bestraft.

Das heißt, es wird das reale Wirtschaftswachstum gefördert und nicht die Abschreibungskünste.

So ist es. Sie haben den Nagel auf den Kopf getroffen. Jetzt gehe ich weiter: Ich bin optimistisch wegen der enormen Chancen, die dadurch entstehen, daß Rußland und Amerika die ersten Schritte machen zu einer Abrüstung und dadurch zu einer neuen Freundschaft, Zusammenarbeit sogar, eventuell mit Joint-ventures! In diesem Falle bin ich davon überzeugt, daß die »Schwarze Liste«, auf der Zehntausende verschiedener Artikel stehen, die man nicht nach Rußland exportieren darf, auf die die Russen aber sehr erpicht sind, das diese »Schwarze Liste« gelockert wird und daß diese Artikel wieder exportfähig werden. Und wenn das geschieht, dann kommen Aufträge in einem Maße, wie man es sich nicht vorstellen kann, die sogar wieder inflatorisch wirken könnten – aber das nur nebenbei.

Sie sind sehr positiv gestimmt für die Weltwirtschaft. Sie sagen, es gebe große Chancen.

Es wird auch immer Krisen geben, Ebbe und Flut. Wenn die Wirtschaftskonjunktur zu groß ist, kommt es zu einer kleinen Überproduktion. Dann muß eine Krise kommen, um das wieder abzubauen. Ja, und dann fängt der Kreislauf wieder von neuem an.

Was glauben Sie, warum die Leute im Augenblick so wenig in Gold investieren?

Ja, warum? Weil unsere momentane Krise psychologisch eher eine Deflationskrise ist. Man hat keine Angst, daß sich das Geld entwertet, man fürchtet sich davor, daß die Preise der Sachwerte zurückgehen. Und Gold ist natürlich *das* Symbol für Sachwerte. Es besteht ja keine inflatorische Stimmung zur Zeit, überhaupt nicht. Darum gehen die Leute nicht in Gold.

Es gibt das Argument: Jedesmal, wenn die Börse schwach war, war das Gold fest.

Das stimmt nicht. Wenn die Börse schwach ist aus außenpolitischen Gründen, wegen einer Krise in Kuba etwa, wenn Spannungen in der Welt auftreten, dann ist das Gold natürlich fest. Bei Kriegsstimmung etwa gehen die Goldpreise immer herauf, und dann sieht es auch an der

Börse schlecht aus. Heute ist die Börse nicht schwach aufgrund einer politischen Krisenstimmung, sondern ganz einfach, weil sie zu hoch aufgeblasen war und dann zusammenfiel. In Deutschland hatten sich die Papiere in den letzten Jahren doch vervierfacht, verfünffacht. Das war der Grund.

Sie werden von vielen Leuten der »Börsenguru« genannt.

Das bin ich nicht.

. . . und der »Börsenpapst«?

Der Papst ist unfehlbar, und ich bin fehlbar.

Gut. Mit der Chance, fehlbar zu sein, folgende Frage: Blicken Sie in die Zukunft und sagen Sie, welchen Dow-Jones-Index wir in fünf Jahren haben werden!

Ich äußere gerne meine Meinung für die Zukunft, aber nicht in Zahlen und nicht in Daten. Ich bin Optimist, aber ob dieser Optimismus 3000 Index-Punkte rechtfertigt oder noch mehr, weiß ich nicht. Ob in sechs Monaten eine neue Aufwärtsbewegung eintritt oder in einem Jahr, weiß ich auch nicht. Aber eines kann ich Ihnen sagen, alles ist möglich.

1962 war ein großer internationaler Börsenkrach, ein Debakel, genauso dramatisch wie jetzt. Man bekam aus der Schweiz nicht einmal Antwort, wenn man verkaufen wollte. In dieser Zeit gab es eine Roundtable-Konferenz, von der Herald Tribune organisiert. Ich erinnere mich noch, in dieser Runde saßen zehn Gurus, und jeder hatte seine Meinung, der eine war Optimist, der andere Pessimist. Nehmen wir an, der Krach war so, daß der Dow Jones von 1000 auf 750 zurückgegangen ist. Bevor die Experten dann auseinandergegangen sind, hat der Moderator noch eine letzte Frage gestellt: »Also sagen Sie, meine Herren, was halten Sie von einem Dow Jones von 1000 am Jahresende?« Darauf haben alle im Chorus geantwortet: »Are you kidding?« (Machen Sie Spaß?) Und wissen Sie, wie es war? Ende des Jahres stand der Dow Jones nicht auf 1000, aber 14 Tage später.

Es geht also wieder aufwärts?

Das kann man sich immer nur sehr schwer vorstellen, wenn der Pessimismus so verbreitet ist wie heute. Die Hausse kommt immer in einer Phase des allgemeinen Pessimismus' zur allergrößten Überraschung des Publikums – und der Fachleute, speziell der Börsianer. Denn die Börsianer wissen doch nichts, die sehen doch nicht in die Ferne. Sie reagieren rein emotional, wie alle anderen.

Es ist sehr schwer, gegen den Konsens zu gehen, gegen die allgemeine Stimmung, bei »himmelhoch jauchzend« zu verkaufen und zu kaufen, wenn man zu Tode betrübt ist. Aber genau das muß man machen, immer gegen den Konsens.

Haben Sie persönlich richtig gehandelt in Ihren Aktien- und Finanzengagements?

In letzter Zeit sehr richtig. Sie sehen doch, wie gut gelaunt ich bin. In den letzten beiden Jahren habe ich nichts mehr gekauft. Ich habe Bargeld gehalten, weil ich auf einen Rückschlag gewartet habe, einen großen Rückschlag. Daß der an einem einzigen Tag geschehen würde, habe ich natürlich nicht gewußt, das konnte ich nicht voraussehen. Aber ich habe gut gehandelt; jetzt kann ich wieder – ich weiß nur noch nicht, wann – einsteigen in die Börse.

Im Augenblick warten Sie ab?

Ich brauche Abstand. Augenblicklich warte ich noch, denn meiner Meinung nach ist Deutschland momentan stark unter Druck, weil zu viele große Kreditengangements bestehen, die man nicht exekutiert hat. Aber der deutschen Börse wäre außerordentlich geholfen, sie könnte sogar in die Höhe springen, wenn eventuell eines Tages der Dollar um 10 oder 20 Pfennig steigen würde, was nicht ausgeschlossen ist. Ich sage nicht, daß es so kommt, aber wenn es geschieht, dann würde die deutsche Börse eine ganz große Aufwärtsbewegung machen . . .

Glauben Sie, daß die Menschen im Augenblick in so einer Stimmung sind, daß sie sagen, wir warten eigentlich nur auf gute Nachrichten, um ganz schnell wieder einzusteigen?

Nein, nicht viele, aber es gibt sie natürlich. Aber die, die es so sehen, haben mehr Geld als die anderen. Das sind die sogenannten Hartgesottenen. Das sind nicht sehr viele. Sie greifen bei diesen Schleuderpreisen zu.

Aber das deutsche Publikum, das seit Jahren gekauft hat, ist ja auch nicht im Verlust. Nur haben leider zu viele bei überhöhten Kursen gekauft. Darum waren ja die Preise so hoch, weil so viel gekauft wurde.

Eine letzte Frage: Sie haben eine sehr große Lebenserfahrung, nicht nur an der Börse. Sie könnten den jungen Devisenhändlern, Börsenmaklern bestimmt sehr viel beibringen.

Könnte ich.

Haben Sie nicht Lust, Ihre Memoiren zu schreiben?

Ich werde es machen – aber nicht in der üblichen Weise. Heute ist doch jeder Mensch wild darauf, daß man seine

Memoiren liest. Meine Erinnerungen würden eher in Richtung »Mein liebes Ungarn«, »Mein liebes Budapest« gehen; das könnte ich eventuell machen. Aber nicht Memoiren, das überlasse ich Weltstars, ob sie nun Politiker sind oder Filmschauspieler.

Die Fragen stellte Thomas Knipp.